U0656489

中小学概率统计教学研究

李 俊◎著

华东师范大学出版社

前言

有的教师讲课时会设计一些漂亮的引入,既贴合教学内容,又引发学生学习的兴趣,十分精彩! 有的教师上课的教学结构清晰流畅、重点突出,如剥笋一般,有条不紊! 也有的教师会提出一些精心设计的问题以暴露学生的错误认知,啧啧称奇! 其实,这些教学法的深加工是以深刻认识两个对象为基础的:一是教师所要教的学科内容;二是教师所要教的学生的学情. 在我国,认真分析教学内容的"重点"和学生学习的"难点",从而寻找教学应对的"关键点"是教师备课的基本任务. 作为一本探讨中小学概率统计教学的书,本书也将对所选择的每一个专题,着重从教学内容知识本身以及学生在学习中会发生的困难这两方面予以剖析. 另外,收集一些好的教学素材以供广大教师在教学设计时参考也是作者的一个心愿.

本书共分九章. 第一章强调概率统计教育与数学教育的区别与联系,呼吁概率统计教育要有"统计味",通过数据研究随机现象,体现概率统计的学科特点. 第二章在国际人背景下,着重探讨了统计素养等概率统计教育的核心问题,展望概率统计教育的发展趋势. 第三至六章关注统计教育,依次研究了统计图表、中心与离散程度、抽样与总体分布、预测与推断的教与学的具体问题. 第七、八两章研究了概率的含义与随机变量的均值、条件概率与相互独立的教学问题. 第三至八章的内容虽然横跨小学到高中,但写作力求通俗易懂,希望能够帮助教师对中小学概率统计教育形成一个宏观的认识,了解学生已有的学习经验或将要面临的学习困难,加强不同学段教学的内在联系. 每一专题中,我们会先对知识内容加以梳理和解释,从知识的联系上揭示其内部与外部的联系,从而深化我们对学科内容的认识. 接着,我们会以文献综述的方式把中外相关的关于学生学习的研究成果介绍给大家,特别是学生常有的错误认知和他们认知发展的学习历程.最后是基于对内容与学生的认识,对课程与教学提出的建议.这样安排意在丰富教师面向教学的专业知识,从感觉"没啥可教"到可以"挖掘拓展"教材内容.本书最后一章是对我国概率统计教育的历史回顾与未来展望,以更好地认识现在,规划将来.

近20年来,关注国内外概率统计教育的研究一直是作者的首要兴趣,非常感谢与我共同不懈探索的华东师大数学系的19位研究生,选课题、读文献、立框架、编试题、收数据、作分析、写论文,每一步都不容易,但是他们都挺过来了,而且做得很出色.限于本书的篇幅,这里只反映了他们的部分成果,有兴趣的读者可以从他们完整的学位论文中获得更多的信息,这19篇学位论文是:

王秀军(2003):中学生对抽样知识的理解

关琪(2003):初中学生统计图理解能力的研究

吴惠红(2004):中学生对概率值的理解

苏连塔(2004):初中生统计图理解能力的调查研究

宋玉连(2005):中学生对统计表的理解能力的研究

张洁铭(2006):学生对概率统计中变异的认识

程伶俐(2006):中学数学教师对概率概念及其教学的认识

阴志红(2006):中学生对数学期望的认知

龚亚霞(2006):两所省重点中学高二学生对相互独立事件的理解

何莎莎(2007):9～12年级学生对标准差概念理解的调查研究

李慧华(2008):高中生对平均数的认知调查

陈长华(2009):高中生对变量相关性的理解的认知研究

朱迅宇(2009):新课程背景下学生对概率统计的理解

苗航(2011):新课程下高中生对抽样知识的认识

随倩倩(2012):评估学生条件概率学习的困难

李新芳(2012):中外四套教材对学生"相关"错误认知的应对策略

安婷婷(2013):关于几种概率分布的高中教材比较研究

马建芳(2013)：中澳高中概率统计教科书比较研究

黄华胜(2014)：学生对统计推断的理解

本书的写作得到张奠宙先生的热情鼓励与敦促，共事二十余载，张先生一直是我的良师益友．感谢华东师大给予我的良好的工作环境和众多的发展机遇，祝福华东师大数学系！

非常感谢本书编辑平萍的精心策划，书中提到了不少教学资源网站，为方便读者查询和使用，她提议在书的最后增加网址索引，并可通过扫二维码的方式下载相关网址快速链接的文档，这样，我们只需轻轻一点即可访问网站，真是一个为读者着想的好主意．

李　俊

2017 年 6 月

目录

第一章
概率统计： 研究不确定性的学问

　　国际数学教育大会(ICME)是最高规格的国际性数学教育工作者的大会,它是由国际数学联盟(IMU)属下的国际数学教育委员会(ICMI)每隔 4 年组织召开的.2020 年,第 14 届 ICME 将在上海召开,这是中国首次承办国际数学教育大会.我国大陆代表自 1980 年第 4 届起,越来越深入地参与着这一数学教育界的盛事.作为中小学数学课程的一部分,概率教学和统计教学与代数教学和几何教学一样,在 ICME 上都有专门的小组活动时间,进行论文交流和专题讨论.

　　在概率统计教育领域,国际上也有一个相应的学术大聚会,那就是国际统计教学大会(ICOTS),它是由国际统计学会(ISI)属下的国际统计教育学会(IASE)每隔 4 年组织召开的.2018 年,第 10 届 ICOTS 将第一次在亚洲召开,由日本承办.这个大会的规模比 ICME 小许多,但组织形式类似,有大会报告以及关于课程、教学、学习、新技术运用、评价等众多的小组学术活动.

　　目前,在上述两个会议中积极参与探讨概率统计教育问题的主要是美国、澳大利亚、英国、新西兰的学者,包括我国和韩国在内的东亚各地参与的人数都极少,但日本学者最近两届人数明显增多.这从一定程度上反映出东亚地区对概率统计教育普遍不够重视以及相应的学术研究开展还不多的现状.虽然东亚地区的学生在大型国际数学教育调查中的成绩遥遥领先,但是,唯独在概率统计领域,领先优势略逊.以经济合作与发展组织(OECD)牵头实施的"国际学生评估项目"(PISA)2012 年的测试结果为例,上海学生虽然取得了阅读、数学、科学三个第一名的好成绩,但是,在"不确定性和数据"这一部分的得分是 592 分,比数学总平均分 613 分低了 21 分.韩国、新加坡、澳门、台湾、香港、日本在这一部分的分数落差虽然小于上海,但是也全部低于其总平均分.有趣的是,英国、美国、新西兰和澳大利亚在这一部分的得分全部略高于其总平均分(OECD,2014).如果我们能够更加重视概率统计的教育与研究,毫无疑问,中国学生的成绩优势必将更为明显.

虽然从 2000 年开始的课程改革已经让概率统计成为我国所有中小学生必学的课程内容,但是要教好它,我们面临的困难还是不小的.概率论和数理统计学分别形成于 17 世纪和 19 世纪(柳延延,1996),与有理数、欧氏几何这些有上千年历史的教学内容相比,概率和统计是非常年轻的学术领域,它们进入我国大学课堂的时间不长,在数学系师范生的学习科目中只占很小的比例,所以我们普遍缺乏对其内容和思想方法的了解.教学中我们常会遇到学科知识的问题,比如:为什么求平均数有时要去掉一个最高分和一个最低分? 可不可以去掉两个而不是一个? 如果只有最高分是极端值,可不可以只去掉最高分而不去掉最低分? 最低分有两个是一样的,去掉的时候是两个都去掉还是只去掉一个? 诸如此类,不胜枚举.我们好像又变成了新手教师,不仅对教学内容缺乏深刻理解,而且对学生学习中的困难也不甚了了,害怕他们提问,于是教学容易变成封闭的单向传输知识的教学,尽管我们知道这不是好的教学.

本章我们先介绍统计的历史发展,了解它的研究对象与方法,通过例子说明什么是描述统计学与推断统计学.然后介绍概率的介入对统计发展产生的重大影响,说明随机抽样对于统计工作的重要性.之后我们将一起来体会概率、统计与数学之间的联系,看到以数学为专业背景的数学教师教概率统计所具有的优势.最后,在归纳概率统计一些重要学科特征的基础上,提出概率统计教学与数学教学不可忽视的差异.

第一节 统计

统计学家陈希孺先生在《数理统计学前沿》讲座中称:"数理统计学是研究收集数据、分析数据并据以对所研究的问题作出一定结论的科学和艺术.数理统计学所考察的数据都带有随机性(偶然性)的误差.这给根据这种数据所作出的结论带来了一种不确定性,其量化要借助于概率论的概念和方法."(陈希孺,2008)因为数据来自各行各业,所以,统计学家Rao认为:"统计学没有任何固有的对象,是一门独特的学问.统计学因解决其他领域内的问题而存在并兴旺发达."(C. R. 劳,2004,p. 105)工具性、广泛应用性是统计学的特征,它向各个领域提供一般性的认识方法和思维模式.虽然数理统计要用到很多数学知识,但统计学并不隶属于数学.

大家可能对我国建国初期中小学数学教育从体制到教学大纲全面学习苏联的历史比较熟悉,其实不仅是中小学,当时我国整个教育体制及学科分类安排等基本上都是照搬苏联的.据吴喜之先生回忆,当时所提倡的文科"统计学"是"马克思列宁主义的统计学",西方意义的"统计学"被认为是资本主义的,是受批判的(吴喜之,1997).冯士雍先生也说:"由于历史原因,我国统计学教学与研究曾长期被人为分割为'数理统计学'与'社会经济统计学'这两个几乎不相关的学科,从体制、内容到观点、方法都有很大区别."(冯士雍,2004,p. 52)理科将统计学视为一门数学专业,很少真正关心统计实践中的大量实际问题;文科则仅注重宏观统计描述,没有充分重视利用统计分析和数据计算分析指导实际问题的解决,"使我国统计专业的发展一方面长期偏向数学理论,忽视统计分析本身与多科学交叉发展的内涵;另一方面带有较强的计划经济下的定性分析角色,失去了以数据来解释现象的统计学的本质."(冯士雍,见 C. R. 劳,2004,译者的话)

随着我国改革开放与经济体制的转型,情况已有很大变化.原来我国只在农产量调查等少数领域采用抽样调查方法,改革开放后,人们发现采用传统的逐个布置、逐级汇总的全面调查方法已不适应市场经济环境,大力推广和应用抽样调查方法是市场经济体制的客观需要(权贤佐,2002,p. 9).1992 年,我国将统计学上升为一级学科,与数学、经济学等学科并列,原来分属经济与数学这两个不同学科的统计工作者逐渐融合,他们在教学、科研、人才等方面的交流也不断加强,绝大多数人已认同"大统计"思想,认识到统计学是一门既不隶属于经济,也不隶属于数学的一门独立的一级学科,它的发展方向正如贺铿先生所呼吁的,应该既坚持以概率论等数学理论为指导,加深对统计方法的理性认识,提高统计科学水平,又必须密切结合有关应用领域的实质性科学研究,推进分支统计学科的深入发展(贺铿,2001).

历史上,统计学的发展经历了从"计数"到"统计"再到"统计学"的发展过程(柳延延,1996).据介绍,"统计"一词最早的基本含义是关于国家和社会重要状况比较和记述的学问.劳在回顾统计学的早期历史时指出:统计学思想远古即存,在算术出现以前,原始人就在树木上刻痕作为计算家畜及其他财产的一种方法.有了帝制王朝,世界各地的统治者们都有会计来收集国家所拥有的人口和资源的详细数字.早在公元前 3000 年,古代的巴比伦、中国和埃及都已进行过人口调查.但是,作为一门学科,统计学的历史很短.19 世纪末,欧洲大学里才开始开设统计分析科学课程,当时的统计分析科学课程内容仍然是分析研究社会经济问题.除了政府部门内为了行政目的收集必要的数据和制作表格而雇用的少数人外,没有被称为统计学家的专业人员,高等学府中也没有为设置统计学学科学位而开设的系统课程(C. R. 劳,2004).

据福尔克斯和柳延延在他们各自的书(福尔克斯,1987;柳延延,1996)中介绍,从收集反映城邦政情的公报数据发展到开始研究这一年又一年的数据,要归功于英国的 Graunt 和他的朋友 Petty. 1662 年,Graunt 出了一本书,报告了他对死亡公报数据的一些有趣的发现,如对伦敦居民来说,新生儿的性别比例存在着稳定的关系,大约 14 个男孩对 13 个女孩,等等.他首先注意到,充分大量的观察可使事物发展中非本质的偶然因素的影响互相抵消或削弱,从而显示出整个现象稳定的、一般的特征. Petty 则发展了这一"采用数字、重量、尺度等语言表达自己想法"的方法,用数字材料来广泛地解决经济等国家显著事项问题,马克思曾称他为"政治经济学之父,在某种程度上也是统计学的创始人"(柳延延,1996,p. 4). 因为他们的思想方法在当时还太超前,直到 19 世纪初,由于比利时的 Quetlee 再次倡导才被广泛认可,他写道:"为了了解那些一般的规律,应当收集大量的观察材料,以便有可能排除那些纯粹偶然的东西."(柳延延,1996,p. 14)他研究了当时法国、比利时和英国的司法刑事机关报的汇编之后指出了许多引起轰动的结论,如每年的犯罪次数大体不变,且各种类型的犯罪次数也有惊人的重复性等等.

19 世纪中叶,气体分子运动等大数目的现象开始成为科学研究的对象,概率统计思想逐渐进入物理等科学领域. 如 1857 年,德国物理学家 Clausins 指出,单个分子的碰撞是由大量不同条件、错综复杂的因果联系决定的,试图精确确定每单个分子碰撞的详尽过程不仅是毫无希望的,也是没有科学价值的. 因为系统的宏观性质所涉及的只是大量分子碰撞的平均效果(柳延延,1996). 我们不难感觉到这是一种崭新的思想观念:放弃研究每一个原子的运动而改为研究数目巨大的原子集合的平均状态. 人们开始相信,虽然我们不能预言单个事物的表现,但按大数目平均来说,我们的预言却可以得到证实. 这正是今天我们希望通过统计教育传递给所有人的观念:随机性和规律性是随机现象对立统一的两面!从历史发展来看,人们更容易认识随机性,但对规律性的承认与研究则经历了漫长的岁月. 对于学习概率统计的学生来说,从不相信、怀疑到相信它的价值又何尝不得不经历这样的蜕变过程.

统计学按方法体系通常可以被划分为描述统计学和推断统计学. 描述统计学研究如何取得反映客观现象的数据,并通过图表形式对所收集的数据进行表示、加工和处理,进而通过综合、概括与分析得出反映客观现象的规律性数量特征. 其内容包括:统计数据的收集、数据的表示、数据的加工处理、数据分布特征的概括与分析等. 这部分对数据的处理与分析是概括性的,没有借助概率工具.

推断统计学则研究如何根据样本数据去推断总体数量特征,它是在对样本数据进行描述的基础上,对统计总体的未知数量特征作出以概率形式表述的推断.其内容包括:参数估计、假设检验、方差分析、回归分析、时间序列分析等.下面我们通过两个例子来分别说明描述统计学和推断统计学的不同特点.

例1 假如我们现在有这样一个问题,某校高一(1)、(2)两个班一次数学成绩如下:

(1)班:75,89,69,76,68,82,76,84,78,68,78,89,67,76,79,93,88,59,85,78,87,74,73,82,78,69,75,93,77,82,86,56,92,66,86,65,90;

(2)班:88,86,70,95,87,25,89,74,81,61,84,59,81,66,80,76,96,71,55,75,76,91,94,84,69,71,84,77,93,63,84,79,88,81,93.

你如何评价两个班级这次的考试成绩?

我们一定会习惯性地先计算两个班的平均成绩:(1)班学生的平均成绩是78.05,(2)班学生的平均成绩是77.89,相差一分不到,应该说"差不多".也许我们会想起"不仅要看平均值,还需要参考方差"(中华人民共和国教育部,2011,p.116),这样才能从总体上把握数据并检查平均数是否是一个好的代表.计算可得两个班成绩的标准差依次是9.41和14.10,由此可见(2)班学生成绩差异较大.也许我们希望直观地感受一下这两个数据集,用背靠背茎叶图(图1-1)来记录学生的成绩:

```
         0 2 3 3 │ 9 │ 6 5 4 3 3 1
 2 2 2 4 5 6 6 7 8 9 9 │ 8 │ 9 8 8 7 6 4 4 4 4 1 1 1 0
 3 4 5 5 6 6 6 7 8 8 8 8 9 │ 7 │ 9 7 6 6 5 4 1 1 0
         5 6 7 8 8 9 9 │ 6 │ 9 6 3 1
                 6 9 │ 5 │ 9 5
                     │ 2 │ 5
```

高一(1)班　　　　　高一(2)班

图1-1　两个班级考试成绩的茎叶图

一样的数据,只是前者按学号记录,后者按成绩档次分开记录,但是在方便读者读出信息方面后者显然强于前者,这就是现在很多教材把茎叶图这种记录数据的新方法介绍给学生的理由.让我们再把这两个班的学生成绩用直方图(图1-2的左图)和箱线图(图1-2的右图)重新表示一下,其中箱线图中箱子中间的一条分割线是中位数所在的位置,箱子两端是上四分位数(其右方有25%的数据大于该上四分位数)和下四分位数(其左方有25%的数据小于该下四分位数,第三章会具体解释它们).我们看到,虽然(1)班的平均成绩为78.05,高出(2)班的平均成绩不到1分,但是,从分数的分布情况来看,(2)班得高分的学生更多些,得低分的学生更少些,箱线图告诉我们,(2)班成绩的中位数是81,即该班有50%的学生成绩高于或等于81分,但(1)班成绩的中位数是78,即该班有50%的学生成绩高于或等于78分.(2)班有一个学生考了超低分25分,拉低了班级平均成绩,在箱线图中,这个数据被用孤立的一个点表示出来,是一个极端值.像这样,我们用平均数、方差、统计图这些工具比较了两个班级这次的考试成绩,并未将这次考试作为一次随机的抽样,用统计推断的方法对这两个

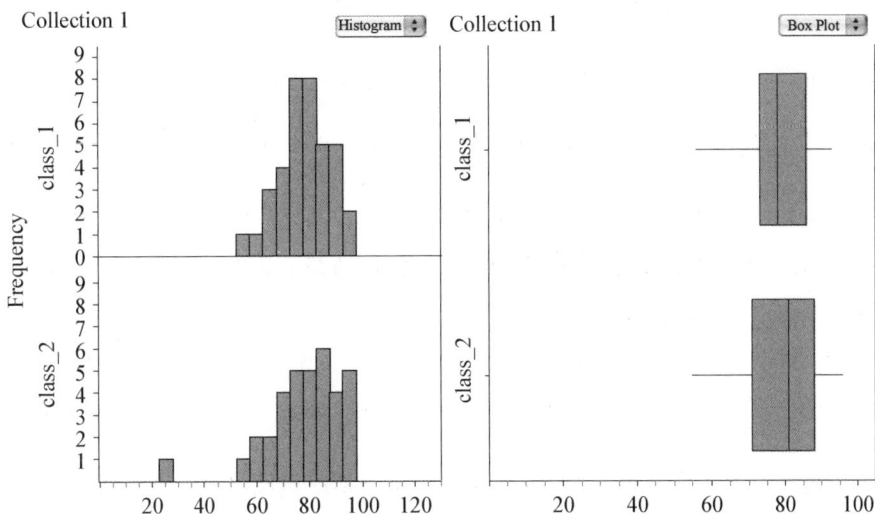

图1-2 两个班级学生成绩的直方图与箱线图

班级总的学习情况进行判断,所以只是使用了描述性统计,而非推断性统计.但有一点必须说明,描述性统计虽然没有用到概率,但这不意味着它就比推断性统计低级,比如,如果我们直接用假设检验去比较这两个班级的平均成绩,那么上述关于"(2)班有 50%的学生成绩高于或等于 81 分"这样的重要信息就会被忽略.

例2 假设我们现在要解决一个实际问题:怎样知道一个池塘里有多少条鱼?我们知道可以用一种叫做"捉——放——捉"的方法来估计.先捉一批鱼,在鱼身上作标记,然后全部放回池塘,过一段时间,等我们认为这些鱼已经很好地与其他鱼混合在一起了,再捉第二批鱼,数一数第二批鱼中有多少条鱼是作过标记的,就此可以估计池塘里鱼的总量.

假设第一次捕捞时一共捕捞到 c 条鱼,它们全被作上了标记,第二次捕捞到 r 条鱼,其中 t 条鱼身上有标记,那么可以估计:

池塘里鱼的数目 $N = \left[\dfrac{cr}{t}\right]$($[\quad]$ 表示运算结果取整数).

可以有两种途径来理解这个结果:一是替换原理,既然样本有很好的代表性,那么我们可以用样本中的比例 $\dfrac{t}{r}$ 替代总体中的比例 $\dfrac{c}{N}$,这一想法学生比较容易接受;二是基于推断统计学中点估计的最大似然法(maximum likelihood estimation,译为"最大概率估计法则"含义将更清楚),先写出"捕捞 r 条恰有 t 条已作标记"出现的概率:

$$P(T = t) = \frac{C_c^t C_{N-c}^{r-t}}{C_N^r}$$

它是关于 N 的函数,我们可以认为 N 的真值应该使得上述概率达到最大,利用求导,不难求得当 N 的估计值 $\hat{N} = \left[\dfrac{cr}{t}\right]$ 时,上述概率取得最大值.最大似然法是解决问题过程中常用的一种参数估计方法,它的想法是根据手头有的数据资料,在要估计的这个参数的所有可能的取值中,找一个使得出现子样观察值概率达到最大的,作为该参数的估计值.虽然这种想法也很自然,但是在数学上需要的预备知识比第一种要多得多.

要了解事物的状况,如果可能,我们总想通过普查来实现,但在现实生活中,如本问题情境,若要逐条数池塘里的鱼不仅不容易操作,也费时费力,而且还容易数错,这时采用随机抽样方法,从被调查总体中获得样本数据,再用样本数据推断总体数量就显得更加可行而科学.当然,因为简化了方法,减少了工作量,我们也不得不付出代价,即失去了结果的唯一性和精确性,原本池塘里鱼的数目是唯一而精确的,但现在我们得到的是一个估计值.

比较上述两个例子,我们已经能够体会描述统计学与推断统计学在研究方法上的区别,解决其他一些涉及推断、预测的问题,如检验一组数据是否来自一个呈正态分布的总体、判断两种药物对某一病症的疗效是否有明显差别、用罪犯的鞋印来预测罪犯的身高等等都涉及样本数据,需要进行比较复杂的计算得出判断,都属于推断统计学研究的范畴.

第二节　概率与统计

在现实世界中,有一些现象在相同的条件下,重复同样的试验,该现象却有时发生,有时不发生.这些现象就其个别来看,发生与否是没有规则、不可预测的,但是通过大量的试验和观察以后,就其整体来看却表现出一种非偶然的规律性,这些现象被称为"随机现象".概率论研究的便是随机现象所服从的规律.

概率统计是概率论和统计学的合称,虽然二者都研究不确定性、随机性,但从学科本身研究基础和研究方法来看,它们还是有较大区别的. 概率论的研究基础是定义和假设,有公理体系,使用逻辑演绎获得定理,这些定义、公理、定理和分布都是确定的,这些方面与传统数学很相似;统计学的研究对象则是数据,来自于从现实世界实际收集到的数据,统计是从数据中通过归纳取得数学模型的科学,它从来不证明什么,不绝对地说"是"或者"不是",它的"是"常常含有概率意义,在给出统计推断的同时常要给出下此论断会犯错误的概率.

按我国现行的学科分类来说,概率论被认为是数学的一门分支学科,统计学则是与数学并列的一门学科. 18 世纪之前,它们各自发展着,长期毫不相干,18 世纪数学分析的确立,使概率论"能推开赌桌去解决实际的统计问题"(柳延延,1996,p. 11),也使推断性统计得以诞生. 统计与概率相结合,有着发展的必然性. 概率论研究的是随机现象,而绝大多数统计数据也具有随机性,两者研究对象有相通之处;还有,在推断统计的理论与方法中,概率论是不可或缺的数学工具,统计与概率的结合,提高了统计研究的理论水平,也使概率找到了用武之地. 这种"形影相随"的密切联系在教育中就反映为人们强调"应加强统计与概率之间的联系"(中华人民共和国教育部,2001,p. 47). 国际上,把"统计教育"理解为既包括统计也包括概率的教育,是一种广泛约定,如国际统计教育学会(IASE)和国际统计教学大会(ICOTS),都是涵盖概率教学的. 下面这个统计问题的解决就反映了统计与概率在解决问题中的密切联系.

一位顾客买了一袋标有"5 公斤装"的面粉,回家称后发现分量不足,于是向消费者协会投诉. 在正常情况下,这种面粉重量的分布是正态分布 $N(5,0.25)$(均值是 5,方差是 0.25 的正态分布). 消费者协会实地随机抽检了这种面粉 25 袋,发现其平均重量为 4.8 公斤,的确比标示的分量少. 问是否可以说该工厂有不实包装之嫌?

很明显,如果仅以这二十几袋面粉的平均重量低于 5 公斤为由判工厂损害了消费者的利益是过于武断了,因为由于袋装是机械化的,所以一袋面粉的具体分量不是常量而是一个随机变量,我们需要看一看在工厂诚信生产的情况下,出现 25 袋面粉平均重量小于或等于 4.8 公斤这件事可能性有多大.

因为实地抽检也有成本问题,我们不妨先在网上用免费的小程序做一个模拟试验(http://www.rossmanchance.com/applets/OneSample53.html? population=model),在 $N(5,0.25)$ 条件下随机抽取 25 袋面粉,这样重复 100 次模拟试验,其平均重量的频数分布图如图 1-3 所示,这 100 次中只有 1 次样本的平均数小于或等于 4.8 公斤,99 次大于 4.8 公斤,说明在 $N(5,0.25)$ 条件下很少会发生

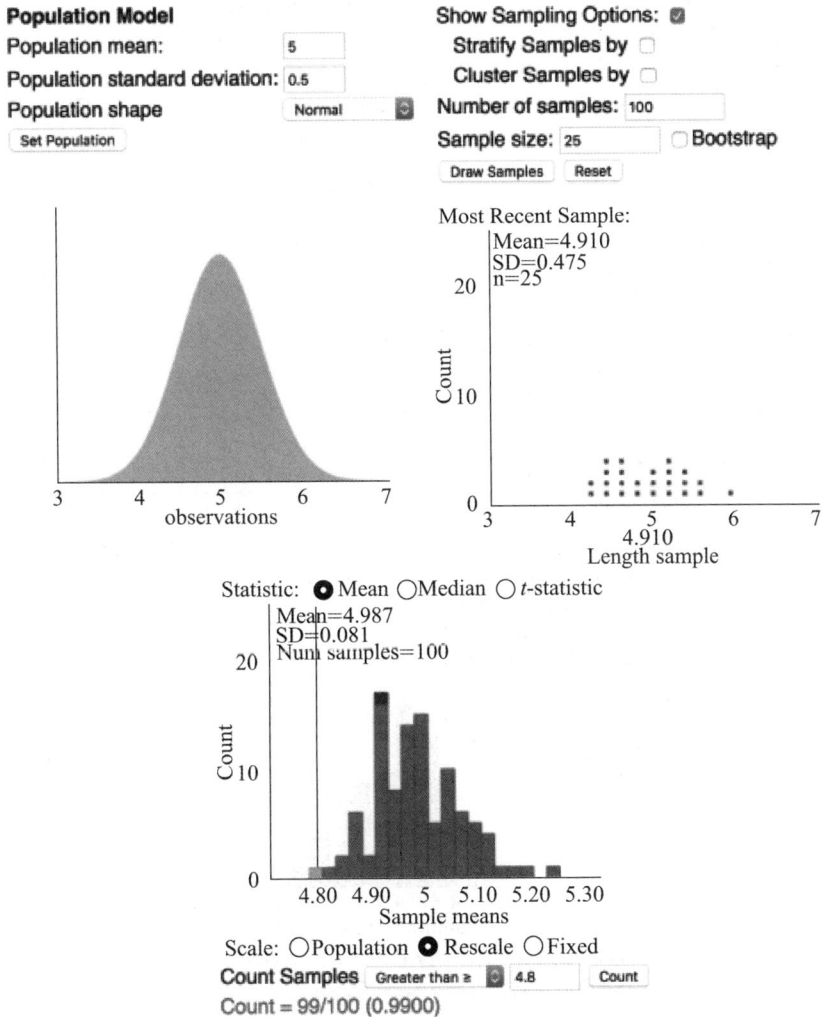

图 1-3　在 $N(5,0.25)$ 条件下抽取 25 袋面粉 100 次其平均重量的频数分布图

分量只有或不足 4.8 公斤的事. 如果我们将 5 公斤调低至 4.9 公斤,在 $N(4.9,$ 0.25) 条件下再做同样的模拟试验,结果如图 1-4 所示,这 100 次中有 16 次样本的平均数小于或等于 4.8 公斤,发生的概率比前面大多了,看来,该工厂有较大的短斤缺两嫌疑.

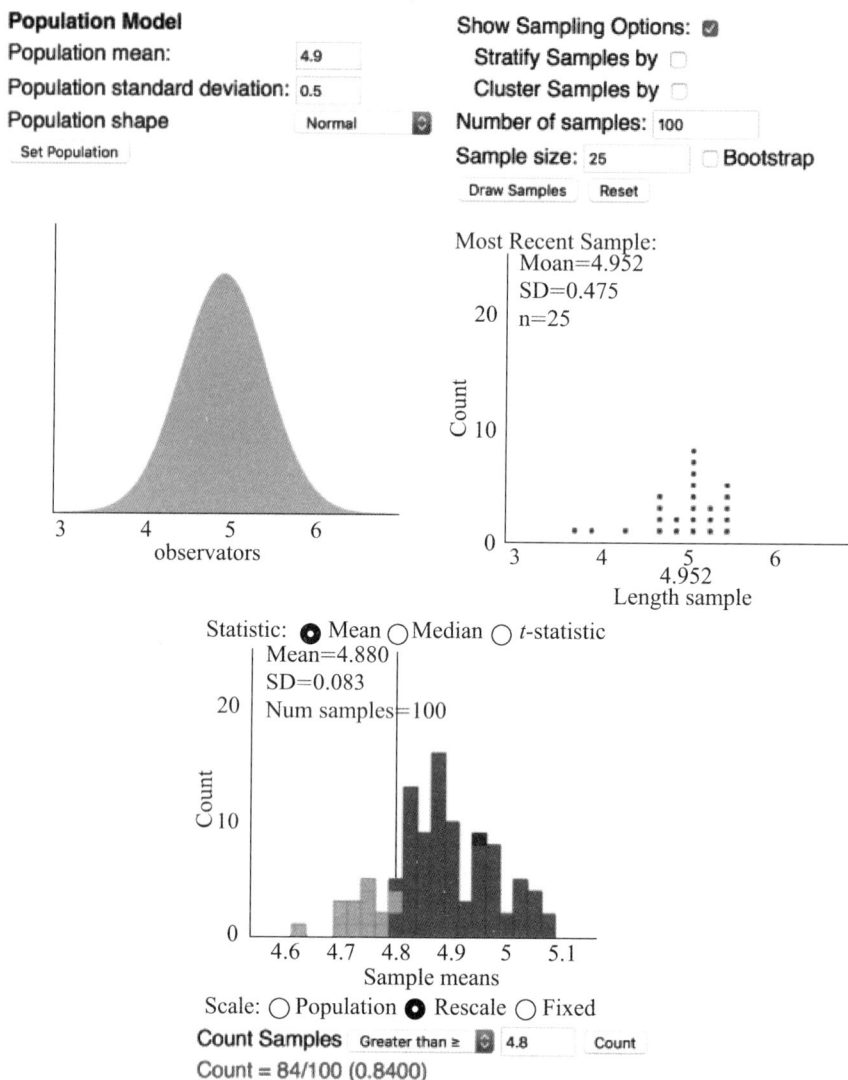

图 1-4　在 $N(4.9, 0.25)$ 条件下抽取 25 袋面粉 100 次其平均重量的频数分布图

然而,我们这样下判断还是盲目的,因为我们不清楚自己结论的可靠程度是多少,我们还是求助于数理统计来作推断.

归类的话,这当然是一个假设检验问题:单个正态总体标准差已知时对总体均值的检验.做假设检验时,先要对研究总体的参数(这里是每袋面粉的重量)作出某种假设,本题中我们提出原假设:这 25 袋面粉重量属于均值为 5.0 的这个总体,即 $H_0 : \mu = 5.0$(厂家诚信生产);相对的备择假设:这 25 袋面粉重量属于均值小于 5.0 的总体,即 $H_a : \mu < 5.0$(厂家缺斤短两).

如果在 $N(5, 0.25)$ 条件下发生"25 袋的平均重量小于或等于 4.8 公斤"的概率并不小,那么我们不能拒绝原假设,即可以宣布该工厂包装流水线无异常,应将这次检查结果分量不足归为完全是由随机性造成的.

那么这件事在 $N(5, 0.25)$ 下发生的概率到底是多少呢?

我们可以计算一下下面这个检验统计量相应于左边尾(小于或等于 4.8)概率

$$U = \frac{\bar{x} - \mu}{\sigma / \sqrt{n}} = \frac{4.8 - 5.0}{0.5 / \sqrt{25}} = -2.0.$$

还是利用刚才 Rossman/Chance Applet Collection 网站提供的学习工具,这次我们在网站首页选择正态分布概率计算器(Normal Probability Calculator)(http://www.rossmanchance.com/applets/NormCalc.html)来计算此概率值(Rossman 和 Chance 均为美国概率统计教育专家,Allan Rossman 在 2007~2009 年为国际统计教育学会主席,Beth Chance 是国际统计学会出版委员会统计教育学会代表),可以得到图 1-5,并自动获得所求概率(p-值)为 0.022 8,即在 H_0 为真(工厂诚信生产)的假设下,出现样本结果(25 袋面粉均值小于或等于 4.8 公斤)的概率是 0.022 8. p-值越小,数据所提供拒绝 H_0 的证据就越强.现在该值小于 0.05(统计假设检验中通常的一个判断标准),所以可以拒绝原假设,认为该工厂有不实包装之嫌,错误拒绝原假设的概率是 0.022 8.

从上面这个问题的解决过程我们不难发现,如果仅凭一个样本的平均数小

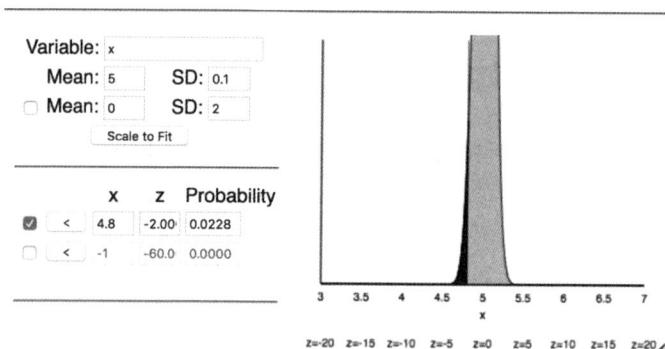

Normal Probability Calculator

图 1-5　统计量 $U=-2.0$ 相应于左边尾概率（p-值）为 0.022 8

于包装袋上的标示而判断工厂包装流水线缺斤短两使用的是一种没有随机观念的简单的算术处理方法,主观性大,缺乏说服力,但经过统计推断,我们可以自信地下结论:该工厂有不实包装之嫌,而且清楚此结论下错的概率很小,为0.022 8.

　　类似这样基于随机抽样数据下判断的问题还有很多,我们无法保证结论的准确无误.客观上通常只允许我们对随机现象进行有限次观察,数据有不确定性,所以基于样本信息对总体作估计或推测就会产生误差,就有犯错误的可能.如果我们的抽样以随机原则进行,那么运用概率论的原理,根据整体与部分之间的内在联系进行分析和推断,就可以使归纳推断产生的不确定性得到度量和控制,即对我们判断出错的概率心中有数.这是与上述算术处理方法完全不同的思路.

　　如果说古典统计学的功能主要是描述事物的局部和现状的话,那么,现代统计学的功能则主要是借助概率工具推断事物的总体和未来.从古典统计学到现代统计学实现的是质的飞跃,飞跃的主要标志之一就是统计推断,是概率与统计的结合.当然,统计现代化是一个永无止境的发展过程,比如大数据时代的统计研究又有了新的特点,我们将在本书最后一章提及.

　　至此,我们看到借助概率(还有微积分、线性代数)等数学工具,统计学从传统的描述统计学发展到了现代的数理统计学,在这个过程中,概率不再只服务于赌博和游戏,其应用价值得以体现.

第三节　概率、统计与数学

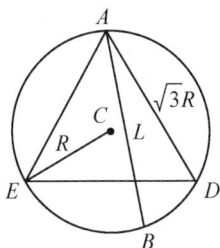

图 1-6

我们知道,罗素悖论的出现促使数学家认识到将数学基础公理化的必要性,同样,在概率领域也有一个"Bertrand(贝特朗)悖论"(张敏、何小亚,2015),它是1899 年由法国学者 Bertrand 提出的,引发了对概率定义的大讨论.如图 1-6,在半径为 R 的圆 C 中任意引一条弦,试求弦长 L 大于圆的内接正三角形边长 $\sqrt{3}R$ 的概率.

对这个问题,Bertrand 给出了导致三个不同答案的三种解法,令大家疑惑不解.

解法一:如图 1-7,由对称性,不妨先固定弦的一端点 A 于圆 C 上,于是弦的另一端点 B 是任意的.考虑正三角形 AED,如果点 B 落在 $\angle EAD$ 所对的 $\overset{\frown}{ED}$ 上,则有 $L > \sqrt{3}R$,而 $\overset{\frown}{ED}$ 占圆周的 $\dfrac{1}{3}$,故所求的概率 $P = \dfrac{1}{3}$.

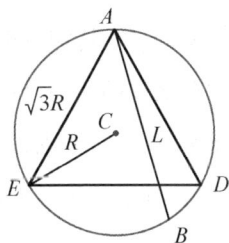

图 1-7

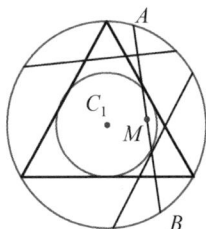

图 1-8

解法二:如图 1-8,以 $0.5R$ 为半径作圆 C 的同心圆 C_1,该圆也是正三角形的内切圆.任意弦 AB,当且仅当其中点 M 落入圆 C_1 内,有 $L > \sqrt{3}R$,故由几何概率公式知,所求的概率 P 等于内切圆与外接圆的面积之比,$P = \dfrac{\pi(0.5R)^2}{\pi R^2} = \dfrac{1}{4}$.

解法三：如图 1-9，有了任意弦 AB，作与其垂直的直径 EF，那么当且仅当弦的中点 M 落在 EF 与内切圆的两个交点之间，有 $L > \sqrt{3}R$，而直径 EF 被这两个交点分成三段，长度之比为 $1:2:1$，所以由几何概率公式知，所求的概率 $P = \dfrac{2}{4} = \dfrac{1}{2}$。

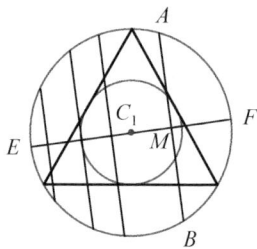

图 1-9

解决同一个问题，因为作了三个不同的转化，解法一是转化为端点在圆周上运动，另一端点只有落在 $\dfrac{1}{3}$ 的圆弧上才有 $L > \sqrt{3}R$；解法二是转化为弦的中点在大圆内运动，中点只有落在内圆中才有 $L > \sqrt{3}R$；解法三是转化为弦的中点在直径上运动，中点只有落在直径中间一段（占整个直径的一半长度）才有 $L > \sqrt{3}R$，结果得出三个不同的答案。仔细检查，每一种方法都没错，真奇怪！

这样的悖论如果局限于概率的古典定义、几何定义和频率定义解释，都说不清楚，因为这些方法定义的概率都是对概率的直观描述，其中没有一种定义能够适合一切随机现象。要使概率不受悖论的困扰，必须建立适合一切随机现象的概率的最一般的定义。1900 年，希尔伯特提出了这一想法，要求与数学的其他分支一样，把概率论公理化。1933 年，柯尔莫戈洛夫首次提出了概率的公理化定义，并迅速获得举世公认。大学教材中给出如下的概率公理化定义（茆诗松等，2004，p.11）：

设 Ω 为一个样本空间，F 为 Ω 的某些子集组成的一个事件域。如果对任一事件 $A \in F$，定义在 F 上的一个实值函数 $P(A)$ 满足：

(1) 非负性公理　若 $A \in F$，则 $P(A) \geqslant 0$；

(2) 正则性公理　$P(\Omega) = 1$；

(3) 可列可加性公理　若 $A_1, A_2, \cdots, A_n, \cdots$ 互不相容，有

$$P\left(\bigcup_{i=1}^{+\infty} A_i\right) = \sum_{i=1}^{+\infty} P(A_i),$$

则称 $P(A)$ 为事件 A 的概率,称三元素(Ω, F, P)为概率空间.

由概率的公理化定义可知,概率是事件域 F 上的函数,当这个函数满足上述三条公理时它就被称为概率.Bertrand 在上述三种解题方法中,其实构造了三个不同的概率空间,定义了不同的等可能假设,但都满足概率公理化定义,所以有了三把"刻度不同"但都合理的"尺子",这样,度量结果不一样就不足为奇了.

公理化定义的建立虽然无助于直接计算随机事件 A 的概率,但使概率论有了严谨而坚实的理论基础,避免了历史上各种概率定义各自的局限性以及像Bertrand 悖论等的产生.

在说理方式上,概率统计因为是从偶然性中探求规律性,所以几乎总要使用合情推理,比如用大数次重复试验得到的频率作为概率,用"小概率事件在一次试验中几乎不可能发生"作为假设检验的基本依据等等,但是同时,概率统计也离不开逻辑推理与数与式的演算,比如用排列组合知识计算理论概率,用反证法思想指导的假设检验等等,就像众人身高分布用正态分布,出售冷饮数量与气温的关系用回归直线表示那样,可以说,概率统计对随机现象的研究常常要使用数学模型转化为对确定现象的研究,因此与数学有着密不可分的联系.

虽然统计的应用性很强,其他学科也会常常用到它,但在世界各国,统计教学的任务一般都由数学教师担任.以数学专业为背景的数学教师教概率统计优势在哪里?

首先,概率本来就是数学的一个研究分支,概率论与数理统计是数学系学生的必修课,他们在这方面的修养理应好一些;其次,如上所述,以数学专业为背景的数学教师很容易理解概率统计研究中所需的说理以及微积分运算等操作;再次,近十年来,大学数学系课程内容正在逐步加强其应用性,函数模型、运筹学、控制论、模糊数学、数值运算、计算机数值模拟等数学方法的教学受到重视,它们都是统计分析重要的研究工具.新颖的遥感技术方面的课程也已经在一些数学系开始开设,该技术在国防、农业、环保、人口等信息的收集与处理中都有应用.最后,中小学概率统计教学中也会涉及一些数学知识,如概率概念与

"部分与总体的比"有关,理论概率的计算与排列组合等计数知识有关,几何概率的计算常与面积计算有关,认识统计图与直角坐标系知识有关,回归和相关性与函数、方程知识有关,变异大小与绝对误差和相对误差概念有关等等,由数学教师来教,可以更好地加强知识之间的联系.

第四节　概率统计的学科特点

概率和统计虽然与数学有密切关系,甚至概率本身就是数学的一个分支,但从前面的一些例子中,我们已经能够体会到概率统计与数学在研究对象和方法上仍有很多差异.笔者认为,概率统计的以下特点尤其值得我们在教学中注意,以区别于其他数学内容的教学:(1)数据是含有背景并带有随机性的数字;(2)随机性和规律性是随机现象对立统一的两面;(3)深入研究对象进行观察,基于数据得到回答.

一、数据是含有背景并带有随机性的数字

"数据"是统计工作不可或缺的基本材料,收集、组织、描述和解释数据是基本的统计活动,统计学就是通过收集数据来研究事物规律的,有人提出"统计学"还不如更名为"数据科学"(Data Science)更确切.近十几年来,受到计算机技术发展的影响,概率的频率定义(也称统计定义)的地位迅速上升,无论是大学还是中小学,流行通过观察大量重复试验的频率来研究概率,使原本理论性很强的概率教学也走上了具体化、数值化、机械化、大众化的道路.

统计数据按其取值可分为以下四种类型(王静龙、梁小筠,2005):(1)计量数据,如人的身高等,取值可以是某个区间内的任意一个实数;(2)计数数据,如

人数等,取值为整数,大部分仅在非负整数范围内取值;(3)名义数据,如颜色、性别等,常用数来表示属性的分类,如用"1"代表"男性","0"代表"女性"等,但这些数只起名义的作用,没有大小关系,也不能进行运算;(4)有序数据,如学历程度分为文盲、小学、初中、高中或中专、大专或大学,相应地分别用数 0、1、2、3、4 表示,但这些数只起顺序的作用,不同水平之间的差别不能用数的差表示.计量数据和计数数据合称定量数据,可以进行运算;名义数据和有序数据则合称定性数据,用数表示是为了机器统计数据的方便,进行运算通常没有意义.平时教学中,我们组织学生调查他们对水果的喜好、出生的月份时,各种水果、每个月份都是变量的可能取值,它们是名义数据,因为数据不多,所以我们不会把这些水果再用代码来表示,可以直接说:统计结果显示,"香蕉是众数","十月是众数"等等. 对于这种名义数据,找学生最喜欢的水果用众数作代表是恰当的,若求喜欢各种水果人数的平均数就没有什么意义了,更不能拿来当代表. 在有序数据集中,我们则常常关注中位数,求学历程度的平均数也是没有意义的.

概率和统计中的数据其实是关于随机变量的观察值,所以这里的"数据"绝不是一般的"数"或"数字",而是含有背景的数字,是在具体背景下观察到的数字. 在不同的问题背景下,处理数据的方法有可能不同,甚至在相同的问题背景下,如果数据表现出不同的分布特征,那么相应的处理方法也有可能不同. 相比之下,数学教学中涉及的数据要"单纯"许多. 先看下面这一对问题:

(1) 求"20,21,21,22,22,22,22,23,23"这组数据的平均数、中位数和众数;

(2) 9 名学生的鞋号由小到大是:20,21,21,22,22,22,22,23,23.问这组数据的平均数、中位数和众数中哪个指标是鞋厂最不感兴趣的? 哪个指标是鞋厂最感兴趣的?

第一个问题是一个纯粹的根据定义回答的问题,可以说与算术问题没有什么区别,只是起到熟悉和巩固概念的作用.第二个问题则不同,除了要知道这三个概念分别是什么,还要明了这三个统计量对鞋厂组织生产有没有实际意义,有什么意义.尺码为众数的鞋子应该是鞋厂生产得最多的,中位数能够告诉厂家比这个号码大的鞋与比这个号码小的鞋应该保持产量相当,但鞋号的平均数就没有什么实际意义,所以是厂家最不关心的,也是不必去计算的.

上述两个问题因为提供的是现成的数据,所以体现不出数据随机性的特点,如果给出下面这个问题,也许会更接近一个实际的统计问题:

(3)某鞋厂在你们全年级中随机抽取 2 个班级,调查并记录每个学生的鞋号,你认为这组数据的平均数、中位数和众数中哪个指标是鞋厂最不感兴趣的?哪个指标是鞋厂最感兴趣的?鞋厂据此调查数据组织生产一定与现在你们全年级学生所需各种尺码鞋子的数量一致吗?

引入抽样概念之后,问题变得更像一个统计问题了,涉及的统计概念也丰富了,既有数据代表的含义与选择,也有抽样方法、抽样误差、抽样的意义等等,这样的问题才是好的统计问题.

再看下面这个问题:"已知总体的各个体的值由小到大依次为:2,3,3,7,a,b,12,13.7,18.3,20,且总体的中位数为10.5,若要使该总体的方差最小,则 a、b 的取值分别是_____."这是 2008 年某省的一道高考题,表面看来题目中有中位数、方差,似乎在考统计,但实际上它主要是考代数,当然也涉及中位数、方差的概念.数据既无现实背景,也无随机性,完全是确定性数学领域的一个问题.所以,如果我们把它算作考察学生统计学习的一道考题那是缺乏效度的.

二、随机性和规律性是随机现象对立统一的两面

一方面,随机现象的发生与否具有不确定性和不可预见性,致使样本观察值具有变异性;另一方面,对同一个随机现象作持续的反复观察,随机现象就其

整体来看会表现出一种非偶然的规律性.那么怎样才可称得上对随机现象研究清楚了呢？是使原来无法预料结果变为能够预料结果(如预料彩票结果)？不是！这是任何人经过任何努力也不可能做到的,随机现象的本质决定了我们永远不能预见任何一次的结果.如果我们知道某个随机现象所有可能出现的结果(随机变量所有可能的取值)及每个结果出现的概率(取每个值时的概率),即随机变量的分布,那么我们就已经把握住这一随机现象,知道了大数次的反复尝试中每个结果平均会出现的次数.有人号称研究已经开出奖的号码有助于预测,那纯属欺骗.每次开奖之前,都要对每一个奖珠称重、揩拭,以保证每一个奖珠除号码不同外没有可察觉的区别,保证每一个奖珠被选中的概率都一样.西方有一句话:"骰子是没有记忆的",骰子不会记住它以前扔出的结果,很形象地说明了以往开奖结果对预测下一次开奖结果没有参考价值.

"变异(variance)"这个术语我们可能不是很熟悉,但是我们对于"样本的信息与总体的信息存在着一定的差异""每次抽样所获得的信息都不能保证是完全一样的,有一点小的变化很正常"这些说法一定不会觉得陌生,统计上把总体各单位由于随机因素引起的某一标志表现的差异称为变异,它是由抽样的随机性所决定的.David Moore 的一句话说明了认识变异的重要,他说:"变异是统计思想的核心要素,在过程中无处不在."(L. A. 斯蒂恩,2002, p. 154)

在概率和统计情境中,变异主要体现在两个方面:一个是理论概率和实际频率之间、总体和样本之间存在差异;另一个是重复试验所得结果之间、样本和样本之间存在差异.我们用下面这个问题的解决来加以说明.

问题　某人声称他只要用手摸扑克牌,就能猜出花色.为了要测试他到底有没有吹牛,我们可以让他从一副扑克牌(没有大小王的 52 张牌)中用有放回的方式先后抽取 10 张来猜,看他说对几次.我们都同意如果 10 次中猜对 7 次或 7 次以上就认为他有此特异功能.问:他并没有此特异功能,却蒙对 7 次或更多,这种事情发生的概率是多大?

假设这道题的参数 p 是他猜对扑克牌花色的概率,那么显然他若没此特异功能,那他猜对的概率也就是 $p = \frac{1}{4}$,因为 52 张牌一共有 4 种花色. 若他真有此特异功能,则 $p > \frac{1}{4}$,故此题的原假设 H_0 为 $p = \frac{1}{4}$,相对的备择假设 H_a 为 $p > \frac{1}{4}$.

设统计量 T 表示 10 次中猜对的次数,则 T 满足二项分布 $T \sim bin(10, p)$,假如全凭运气 10 次中猜对 7 次或 7 次以上概率很小,而他却能够猜对 7 次甚至更多,那我们应该可以拒绝 H_0,认为他不是全凭运气猜对的,有此特异功能.

我们先在 H_0 为真(即他无此特异功能)的情况下计算:P(10 次中猜对 7 次或 7 次以上)$= C_{10}^{7} \left(\frac{1}{4}\right)^{7} \left(\frac{3}{4}\right)^{3} + C_{10}^{8} \left(\frac{1}{4}\right)^{8} \left(\frac{3}{4}\right)^{2} + C_{10}^{9} \left(\frac{1}{4}\right)^{9} \left(\frac{3}{4}\right) + \left(\frac{1}{4}\right)^{10} = 0.0035$,概率非常小,也就是说“在他没有此特异功能却真能做到 10 次中猜对 7 次或 7 次以上”这件事发生的概率只有 0.0035(这个概率的计算也可以使用 Excel 软件进行),以至少猜对 7 次作为我们的判断标准的话,我们推断错误的概率很小.

如果想把解决这个问题的数学门槛降低一些,不涉及分布、组合数,也可以用模拟试验方法去估计这个概率. 我们可以准备 4 张分别写有“1”“2”“3”“4”数字的纸条,或者用一个正四面体的骰子,或者做一个四等分的转盘,或者拿一个可以产生随机整数的计算器进行模拟试验,总之,就是产生许多组由 1~4 四个数字组成的数组,每个数组由 10 个数字组成. 假定出现数字“1”表示他猜对花色,出现数字“2”“3”“4”表示他猜错花色,即他猜对的概率 $p = \frac{1}{4}$. 数一数 10 个数字中出现了几个“1”,如果“1”的个数达到 7 或 7 以上,记这次试验为“成功”,否则为“失败”. 比如:

2223432132;(失败)

4221334213;(失败)

4122411442;(失败)

......

1431114111;(猜对 7 次,成功)

1211324331;(失败)

......

1311142411;(失败)

......

如此反复进行成千上万次,假如一共有了 N 个数组,其中 n 个数组为"成功",那么,在没有此特异功能的情况下,10 次中猜对 7 次或 7 次以上的概率近似等于成功率 $\frac{n}{N}$. 虽然这里必须用"近似"这个词,但是精度还是相当好的. 笔者用 Matlab 软件模拟试验,每回进行一万次试验(即得到一万组上面这样的数组),一共进行 12 回这样一万次的试验,得到下面的实验结果:数字 1 出现至少 7 次的次数为 23,40,32,33,41,42,37,38,36,30,29,35,平均为 34.667 次,频率为 0.003 466 7,与上面的理论计算值 0.003 5 在小数点后 3 位都是一样的,如果只取上面 12 个实验数据中的一个进行估计,那么在小数点后 2 位也都是一样的,这样的近似程度在一般应用问题中应该是令人满意的,如果是学习,那就更加无大碍了. 进行 12 回一万次的试验,听上去很累人,其实计算机最擅长做这种机械式的重复工作了,上述的计算机模拟试验每进行 1 回一万次的试验也只不过 1 秒钟而已,回车键一按,答案也就随之出来了.

我们看到,理论概率是 0.003 5,实际频率是 0.003 466 7,两者之间有些微差异;每回一万次试验中数字 1 出现至少 7 次的次数也是随机的,23,40,32,…,样本和样本之间存在差异,但是整体来看,都与 35 次很接近. 图 1-10 描述的是这 12 回一万次试验中,我们观察到的该事件实际发生的频率变化情况,虽然图中已经把频率单位调到很小,定在 0.05 一格,但是频率变化仍是一条波动范围极小的波纹线,说明变异存在,但这 12 回试验频率的极差仅是 0.001 9,全部在一个固定的值附近微幅波动,这个固定的值不是别的,就是理论概率 0.003 5,这就是其整体表现出的一种非偶然的规律性! 当试验次数足够多时,

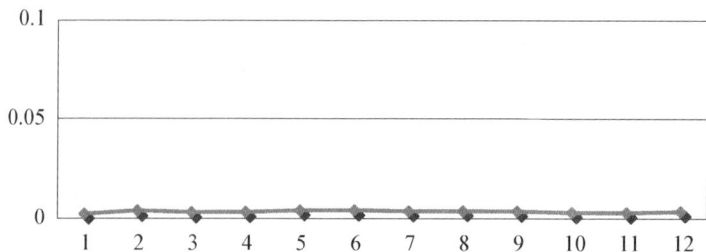

图 1-10 12 回一万次试验中观察到的该事件实际发生的频率

理论概率与试验中随机事件实际发生的频率非常接近,用概率论的贝努里大数定律来说,就是"随机事件发生的频率依概率收敛于其概率".

许多研究表明,在现实生活经验的基础上,学生比较容易接受随机性,但仅靠平时一些零散的生活经验,学生往往意识不到不确定性背后会有规律可循,不知道重复试验有利于发现规律,且重复大数次比重复小数次获得的规律更可靠.有的学生更相信"重复次数越多,结果越可能不准"(李俊,2003a).由于变异的存在,学生对随机现象的直觉往往不如他们对数学对象的认识可靠.为此,我们在教学中要更加重视规律性的揭示,要给予学生足够的时间并创造机会让他们看到随机现象就其整体而言的确具有一种非偶然的规律性,从而真正相信概率.

三、深入研究对象进行观察,基于数据得到回答

在人类绝大部分的说理过程中都要注意合乎逻辑,却较少能够仅用三段论的逻辑演绎而完成说理过程.比如,要说明"抛掷一枚硬币出现正面和反面的几率是一样大的"这个常用的事实,你可能会说:因为硬币是质地均匀、形状对称的,所以随机抛掷时,两个面出现的几率应该是一样的.可是再追问一下:"你怎么证明硬币是质地均匀、形状对称的?我看硬币两面的花纹就不同嘛",也许你就不得不说那么就做抛硬币的试验,让数据来说话吧.但是抛硬币的结果有随机性,怎么叫做几率是一样大的呢?这个例子告诉我们,虽然在数学教学中我

们一再训练和认可的证明方式是逻辑演绎推理方法,但它也是很有局限性的,连证明"抛掷一枚硬币出现正面和反面的几率是一样大的"这个常用事实都办不到.

现实世界中,除了逻辑演绎推理,允许使用的说理方式还有很多,统计推断就是一种.统计推断思维方式和数学思维方式有所不同,数学思维更强调逻辑演绎,要求证明过程脱离于任何具体的对象,如果要证明给每个学生"分数都加一样的分,那么班级平均分也会提高这个分",你举再多具体的加 5 分、加 10 分的例子都不是论证,只是一再获得证实罢了,只有一般地设每个学生都加 n 分,进行超越具体对象的论证,才会被认为是数学证明.统计推断则不同,它是一种归纳的思维方式,像解决前面提到的估计池塘里鱼的数量、检查面粉包装重量等等问题,就要深入研究对象,获取样本数据,基于这些具体的数据得到问题的回答,或借助样本特征数来认识总体特征数,或在承认某一假设前提下看发生样本这样情况是否超出了随机变异的正常范围.

在小学和初中概率统计教学中,我们比较重视组织学生自己开展调查或者做试验,观察、收集和整理他们自己获得的数据,让数据支持他们的猜想或者推翻错误的认知,其中较多使用归纳推理.到了高中和大学,概率统计教学会较多使用统计推断.归纳推理和统计推断都属于合情推理,与数学逻辑演绎推理虽有联系,但还是有很大区别,如果教师不能有意识地加以引导和说明,容易造成学生说理时的思维混乱.

以上,我们结合一些具体例子试图说明概率统计具有自己的学科特点,它与数学之间在研究对象和解决问题方法上虽有联系但也有明显区别.作为以数学为专业背景的数学教师,我们既有概率统计教育的先天优势,但我们也要看到概率统计的学科特点,积极思考、探索适合它的教育方式和方法.

第二章
概率统计教育的国际大背景

    自 20 世纪八九十年代以来,大学要培养概率统计专业人才及中小学要普及概率统计知识的呼声席卷全球,人们越来越感觉到在日常生活、学习和工作中自觉或不自觉地要与数据打交道,要在不确定的情况下作决定.随意取一份通俗报纸,我们很快发现,在今天的大众媒体上带有统计数字的文字随处可见,直观的统计图表也是频频出现在财经证券版面.大到国家经济决策,小到个人购物出行,都离不开数据信息.将数据作为论据,运用图表加强表现力,这些已经成为人们信息交流中的有效手段.Batanero 和 Borovcnik(2016)认为主要有三个原因促使概率统计进入了中小学课程:(1)统计和概率在批判性说理(critical reasoning)中起重要作用;(2)多门学科的教学要用到概率统计;(3)许多职业在计划和决策中离不开概率统计.可见,概率统计教育的基本意义在于其广泛的应用价值和独特的说理方式,是数学或其他任何学科的学习无法替代的.

    从全球来看,自 20 世纪 90 年代开始,概率统计已经逐渐进入各国的中小学课程,但是,各国之间在教多少、怎么教以及给教师多少专业支持上存在很大的差异.比如乌干达,据 Opolot-Okurut 和 Eluk(2011)报告,和许多其他非洲国家一样,2010 年左右统计教育从小学低年级就开始了,到高中的最后两年也会开设选修课,但是概率统计课时在数学课时中占比不多,考试与教材要求持平,教学以教师讲授为主,很少使用新技术.这在概率统计教育刚刚起步的任何国家都是普遍现象.我们再来看看德国,据 Martignon(2011)报告,德国学生在

2003 年 PISA 的"不确定性"部分测试成绩不好,影响了总分排名,之后的 10 年中,德国的课程发生了巨大的变化:概率统计教育贯穿小学到 12 年级,以培养学生的统计素养为目标,教学重点放在数据分析和数据直观化上. 与此同时,他们还更新了培养教师的概率统计课程,视概率统计教育与几何、代数教育一样重要. 他们引进了德语版的概率统计教学软件 Fathom(http://fathom.concord.org)供学校使用,还出版了帮助教师职业发展的书籍与杂志. 德国在初中课程中就安排了不少概率统计内容,比如其他国家一般在高中才教授的条件概率等.

在中小学教育的早期就让学生开始接触数据与概率已经成为普遍的认知,一些新的理念也已经广为宣传,如从传统的以计算现成数据为主的课程模式转变为让学生经历统计过程来完成学习. 但是,作为中小学教师,我们依然面对着一些具体的现实问题,比如,许多学者提出统计教育要以提高学生的统计素养为目标,那么,什么是统计素养? 有哪些知识技能和思想方法是培养统计素养的基础? 怎样教才能既不把概率统计教成"菜谱",也不把它教成脱离应用的理论? 教学中我们可以如何利用新技术? 下面,我们就来探讨这些各国教师都面临着的问题.

第一节　提高学生统计素养

提高全民统计素养是各国普及概率统计教育的宗旨,那么,什么是统计素养? Batanero 和 Borovcnik(2016)提出:"一个有统计素养的人必须对统计有基本的理解,这包括知道统计术语和符号的含义、看得懂统计图和其他数据表达形式、明白统计的基本逻辑、能理解日常生活中见到的统计结果并作出评判. 统计素养也能帮助我们对那些不符合统计思考规范的方法提出质疑,了解方法的同时也看到它们的局限性,能向专家提出重要问题并听懂他们的回答."
(Batanero & Borovcnik,2016,p.13)Watson的看法很类似,但说得更简明,她认为,统计素养的培养可以分为三个层次:第一是理解基本术语,第二是在社会问题背景中理解术语,第三是能够对没有恰当说理的统计论断提出质疑(Watson,2006).她的观点其实反映的是书本知识、实践背景下使用书本知识、对不正确的使用能够提出质疑这样由低到高的三个层次.上述两种论述提示我们,统计素养应该包含基础知识和基本技能、在新的背景下运用这些基本知识和基本技能解决问题的能力以及质疑的意识和技能.

Gal(2004)则认为统计素养可以分为知识和情感态度两大方面.在知识方面,又可分为读写技能、统计学知识、数学知识、背景知识、质疑技能.他启发我们:培养统计素养不能忽略情感态度的培植,而且统计素养的表现还与其他因素有关,如一般的读写能力、相关的背景知识、数学知识等.Wild 和 Pfannkuch(1999)建议统计的情感态度教育可关注如下态度的培养:"怀疑、设想、好奇心、警觉、开放、好钻研、讲逻辑、投入和忍耐"(Wild & Pfannkuch,1999,p.226),这样的细分对我们教学设计中考虑情感态度目标很有帮助.

借鉴我国教育部 2011 年版的《义务教育数学课程标准》中对课程总目标的阐述以及上述文献的观点,笔者提出如图 2-1 的模型(李俊,2009),用以表示生成统计素养的元素和影响统计素养表现的因素.该模型中,基本知识、基本技能、基本思想方法、基本活动经验、问题解决能力、质疑的意识和技能、情感和态度都用射入箭头与"统计素养"联系起来,虽然这七个元素都为单列,但是很显然它们密切相关,比如基本思想方法的形成基础是基本知识、基本技能和基本活动经验.具有良好统计素养的人对归纳或统计推断得出的结论不会轻信,要看它是怎么得到的,实验的设计是否科学,处理数据是否使用了正确的统计方法并附有结果的误差界限,只有严格符合这些规范,得出的结论才可信.这种敏感、批判的眼光既要有基本知识作基础,也离不开对他人的说理具备不盲从的"职业"习惯.图中"统计素养"下方有很多箭头,表示的是统计素养的发挥,拦截的横线表示影响统计素养表现的因素,这里罗列了读写能力、数学知识、背景知识这三项.当解决某个问题不受这些影响因素影响时,统计素养的发挥就不受影响,用一样的实线表示,若学生因阅读困难而影响统计素养的正常发挥,那么穿过横线的直线就由实线变成了虚线,表示受到了影响.

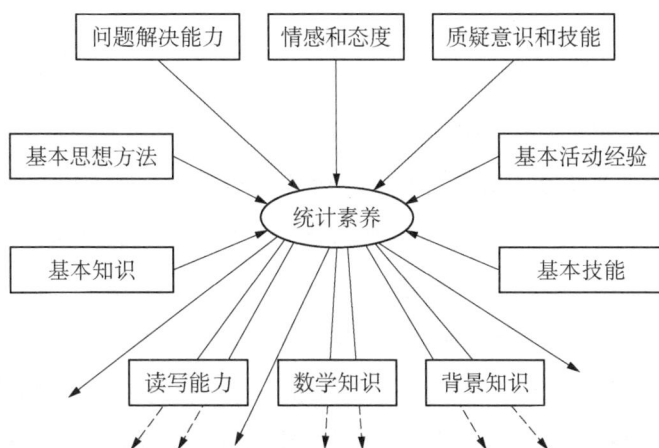

图 2-1 生成统计素养的元素和影响统计素养表现因素的
        示意图

画这样的示意图并把生成元素人为分离意在帮助我们思考统计素养的培养途径,让我们以下面这个安排在华东师大版 9 年级下册数学教材中的问题为例,探讨统计素养的培养.教材中的问题是这样的:"一家冷饮厂在电视里做广告,说他们厂生产的雪糕在小木棍上印有四种图案,集齐四根印有不同图案的小木棍就能够拼成一幅图,凭此可以在指定的商店领取一份奖品.假设该厂准备的四种图案的小木棍一样多,而且每支雪糕中夹入哪种图案的小木棍也完全是随机的,那么,平均要买多少支雪糕才能得奖呢?"(王建磐,2014,p.95)请你先猜猜看,再继续阅读.

看完这个问题,学生给出了以下几种想法:(1)如果幸运,买四支就能够得奖,但也可能运气实在太差,要买四十多支才得奖,这全凭运气,怎么回答啊;(2)理论上,四种图案买到的概率相同,都是 $\frac{1}{4}$,所以似乎只要买 4 支就会中奖.

但实际情况要复杂得多,你可以在认识的人之间互相交换图案,这样 4 支就足够了;(3)4 支可以得到一幅图,所以四幅图需要买 16 支;(4)买到每种图案的概率都是 $\frac{1}{4}$,所以集全四种的概率就是 $\left(\frac{1}{4}\right)^4$,也就是买 256 支中奖一次,我感觉不会那么多吧,奇怪;(5)让我做试验看看.

持有想法(1)的学生尚未在头脑中树立"人们虽然不可能对随机现象发生与否作出准确预言,但依然可以通过获取数据、分析数据,从宏观上对研究对象进行科学的推断和决策"的观念,只看到随机性,未觉察随机现象也有规律性,概率统计的基础极为有限.持有想法(2)的学生知道机会在 4 种结果中平均分配,但是对概率的含义不理解,确定性思维和统计思维在他的头脑中打架,于是他把"理论上"与"实际上"分开,避免发生他也无法解释的矛盾,这样的学生所学的概率统计知识只是用来回答老师和考官问题的,从内心来说他看不到这些知识在现实世界中有什么用.持有想法(3)的学生用比例的思想来解决问题,看到答案也像,就不多想了,所用语言也显示他在用确定性思维解决这个随机问题.持有想法(4)的学生有一些基本的概率知识,但不知道这是一个求数学期望的问题,看看答案与自己的经验不符,提出质疑.唯独持有想法(5)的学生具备了"用试验尝试,根据数据作出估计"的思想方法,估计他以前有过类似的活动经验.

从理论上解决这个问题会涉及数学期望、无穷级数求和、复杂的概率计算(对此有兴趣的读者可以阅读本章附录),这对初中生来说要求肯定高了,不是教材编写者的意图.教材中采取的是计算器模拟试验的方法.令这四种图案的小木棍的编号分别为 1 号、2 号、3 号和 4 号,让计算器在 1~4 的范围内每次产生一个随机整数,作为买到的那支雪糕小木棍的编号(如果没有计算器,当然也可以用摸 4 张编了号的小纸片代替,不过每次摸出一张,记录完毕后要将小纸片放回搅匀,再摸下一张),记录下每次买到的编号以及每次集齐买了多少支雪糕,最后计算这几个试验平均尝试多少次才集齐 4 种图案.表 2 - 1 就是做了 10 次模拟试验的一个结果.

表 2-1 10 次模拟试验的数据记录

试验序号	试验结果												成功时次数
一	3	2	1	2	3	1	2	3	2	2	1	4	12
二	3	4	1	1	2								5
三	1	1	2	2	3	3	1	2	4				9
四	3	3	2	4	3	4	1						7
五	1	4	2	3									4
六	4	1	3	2									4
七	4	2	3	2	1								5
八	2	4	4	1	4	4	1	3					8
九	1	1	1	1	4	2	1	4	1	4	4	3	12
十	4	3	1	4	4	4	2						7

第一次模拟试验,前 3 个结果依次是 3 号、2 号和 1 号,但是 4 号一直等到第 12 个结果才出现,所以,这次模拟试验买了 12 支雪糕才集齐 4 种图案.重复这样的模拟试验过程,我们看到上述 10 次试验结果成功次数的平均数是 7.3,虽然与理论值 8.3 有一定误差,但是这个估计还是相当接近的. 如果我们希望估计得更准一点,可以把全班同学的数据汇总起来,试验次数就很大了.笔者用计算器模拟试验的第一个 100 次,得到的试验结果的平均数是 7.98,第二个 100 次,平均数是 8.16,从这 200 次来看,平均数是 8.07,如果需要,可以继续反复试验,直到发现即使再重复试验,答案在我们要的精度上已没多少变化(允许偶尔出现大些的波动),说明我们已经得到了稳定值,可以用这个值作为我们对答案的估计. 当然,这样的反复模拟试验还是可以通过编写小程序快速完成的,可以成为高中生学习算法时解决的一个实际问题.

很明显,在解决这个问题的过程中,编者想要强调的是通过活动,帮助学生树立"做试验,收集数据,用数据也能估计答案"的观念,认同"统计思维也是一种重要的科学的思维方式,是对确定性思维的必要补充".编者也想要告诉学生,解决问题的方法可以是多样的,我们借助反复模拟试验,不需要高深的数学概念,也能得到令人满意的近似答案,学会解这个问题之后,我们可以举一反三,毫无障碍地去解决五种图案、十五种图案或是其他数目图案的得奖问题,或是继续加以变式,解决新的问题.问题解决之后我们还可以与学生一起再回顾先前的想法(3)和(4),讨论我们可以从错误中学到什么.在解决这个实际问题的过程中,基本知识、基本技能、基本思想方法、基本活动经验、问题解决、质疑的意识和技能、情感和态度都有涉及,为培养学生的统计素养提供了机会.

要成为一个有独立见解的消费者,对统计方法、结果不盲从,持有警惕和批判的态度也是很重要的.比如,某药品广告声称经过临床试验,该药对某种疾病的治愈率达到了80%,但广告中对于试验样本容量是多少等重要信息都未提,那么这"80%"的治愈率很可能是被过分夸大的(5个人参加试验还是500个人参加试验,说服力可大不一样),如果看到80%就相信它的药效好,那就不是高统计素养的表现了.

有时,尽管我们具备了基本的统计知识、技能、活动经验和思想方法,但还是不能够很好地解决问题,有可能是因为我们在背景知识、文字阅读理解能力和相关的数学知识等方面受到了限制.比如,从图2-2中我们可以获得哪些信息?

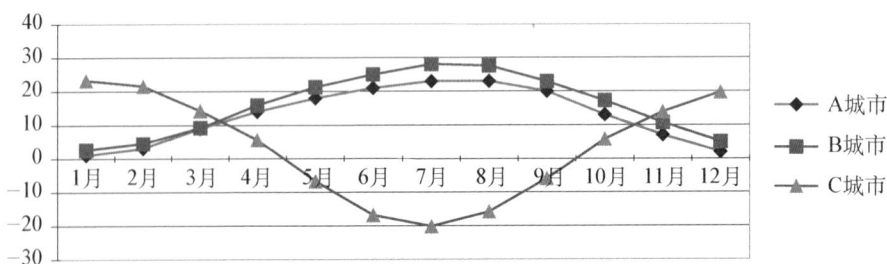

图2-2 三个城市一年中月平均气温图

图2-2反映的是三个不同城市在一年中月平均气温变化的情况,根据图中信息,我们容易看出各城市一年中月平均气温最高、最低的月份以及冷暖变

化的趋势,通过比较,也容易看出某个月份哪个城市更冷或更温暖,哪个城市一年中温差最大,哪个又最小,无论哪个城市一年中气温的分布基本上都是对称的,等等,但是如果要看出更多、更深入的信息,如 C 城市在南半球,A 城市和 B 城市都在北半球,但 A 城市的纬度可能要比 B 城市略高等信息则需要有相应的地理知识.这是其他学科教学要用到统计的一个例子.

统计学家陈希孺(2008)认为,"统计方法是一种观察世界事物的方法,它使人有一种全局的、均衡的观点,避免拘执一端的片面性."基本活动经验在概率统计学习中非常重要,不可或缺,它是指学生在"调查或试验""表示数据并归纳或探索""实施模拟试验"等过程中获得和积累的学习经验.开展统计活动正是克服统计教育困难(如帮助那些确定性思维和统计思维在头脑中打架的学生解开心结)的一项有效对策.

∧

第二节　关注核心内容

将概率统计教育目标定位于提高统计素养,那么相应的,哪些知识技能和思想方法是最为基础的? 陈希孺先生在一次谈他对基础教育的建议与对中小学生的期望的采访中说:"关于抽样、数据、误差、平均值、标准差、统计规律、统计相关性、大数定律等等内容,与我们的现实生活密切相关.可以说是一个有文化的人素养的一部分."(陈希孺,2008)

据 Gal(2004)介绍,Scheaffer 等人在 1998 年曾经对面向中学生的统计素养教育提出过七个专题:(1)数感;(2)理解变量;(3)读懂统计表和统计图;(4)设计一个调查或试验所需要考虑的各个方面,比如怎样获得一个好样本,收集数据的方法,问卷调查的设计等等;(5)数据分析过程,比如在单变量或双变量的频数数据中发现规律,或者用汇总统计量概括主要特征;(6)概率和统计之间的联系,比如随机样本具有怎样的特征,显著性检验的理论背景;(7)推断统计,比如置信区间或假设检验(Gal,2004,p.56-57).

Gal自己也提出了一个框架,它包括五部分:(1)知道为什么需要数据以及如何产生数据;(2)熟悉描述统计学的基本术语和思想方法;(3)熟悉统计图表表示法的基本术语和思想方法;(4)理解概率的基本概念;(5)知道统计结论或统计推断是怎么来的(Gal,2004,p.58).

Burrill和Biehler(2011)认为以下7项是必教的:数据、变异、分布、表示、两个变量之间的相关等模型关系、数据产生过程中的概率模型(如概率的统计定义)、抽样与推断.

虽然上述学者的表述不尽相同,但提出的内容非常接近,涉及数据以及数据的收集、表示、分析和解释过程,也涵盖了统计与概率的联系,要求理解统计推断这种说理方法.这也是当前包括我国在内的很多国家中小学概率统计教育的主要内容:会整理数据,会恰当地选择图表来表示数据,从数据集尤其是统计图表中读出信息,会通过画图、求平均数、方差等从整体上把握数据集信息并描述数据的分布.能通过调查、试验等方法收集数据解决一些统计问题,体会用样本估计总体和运用统计模型解决一些实际问题的思想方法.会判断两个变量之间的相关性并利用线性回归进行预测.了解常见的分布,如二项分布和正态分布等.能够认识随机现象的随机性与规律性,会用模拟方法估计概率或用古典概型等计算概率.当然,各个国家在教的深度和教的学段上存有差别."中心极限定理""区间估计""大数定律""和事件的概率"已经出现在某些国家的课程中,但是我国当前中小学教材中还没有这些内容.

"教什么"也要根据学生的学情.学生对概率统计常常存有一些需要消除和纠正的错误认知,所以中小学统计教育中会把它们有针对性地安排到教学内容中.Garfield从文献中总结出以下六类需要中小学教育认真对待的错误认知(Garfield,2002):(1)关于平均数的错误认知,如认为平均数是出现得最多的数字,会不管极端值机械地求平均数,以为平均数和中位数没什么区别,在比较组间差异时只知道看其平均数的差;(2)预言结果法,这是一种对概率的错误解释,即把概率看作是用来判断结果是否会发生的,而不是用来衡量结果发生得是否频繁,如认为天气预报说下雨的概率为70%,那就应该在这样预报的10天都下雨才表明预报得准;(3)好样本须代表很高比例的总体,如担心随机产生的大样本会不会代表性很差,不知道一个小的认真抽取的样本也可以是一个好样本;(4)"小数定律",即以为样本总是与总体很像,样本与样本也总是很像,哪怕是两个很小的样本;(5)代表性错误认知,即以样本与总体的相似程度来估计概率大小,如认为出现很多次正面了那下一次出现反面的概率就变大了,这样才与抛出正面与反面的概率一样相吻合;(6)等可能性偏见,即以为试验的每一个结果发生的可能性都相等,因为不知道哪个结果最终会发生. 的确,这些错误在初学者中比较普遍,我们在后面章节中会详细分析. 这些内容涉及对平均数、概率和用样本估计总体的理解,都已经涵盖在上述的核心内容中了.

从各行各业对概率统计知识技能的共同需求来看"教什么"也是一个重要的角度,只是这方面的研究太少. 人民教育出版社在 2000 年左右曾就高中数学的社会需要对理科的物理、化学、计算机,工科的工程、机械、电工、无线电,文科的文学、艺术、历史、政治,农科的农业、林业、渔业、地理,以及经济学等专业进行过调查,调查方式采用问卷调查、走访提问、资料搜集等形式. 该调查把当时人民教育出版社出版的高中数学教材内容分为"经常用到""有时用到""偶尔用到"和"基本不用"这四个选项,也列出了一些新的知识点选项分为"可以"与"不可以"进入新的高中课程内容进行了调查,同时还调查了上述专业最需要的数学知识. 这个研究规模宏大,很有意义,但可能限于各种条件,发表的调查报告写得过于简单,比如没有对样本选取方式以及具体组织实行过程进行陈述,没有提供具体数据,只是在"各方面的意见不一致,大致统计"的注解下给出了一系列概括性的文字结论. 据该报告反映,概率统计知识的应用性受到普遍认可,所有当时概率统计必修内容除"总体分布的估计"被列入"有时用到",其他内容(如概率的意义、等可能事件的概率、互斥事件有一个发生的概率、独立重复试验发生的概率、离散型随机变量的分布列及其期望与方差、抽样方法、正态分布、线性回归)都被列入"经常用到",没有一个知识点被列入"偶尔用到"和"基本不用". 被调查者建议,在列出的新的知识点中,除"回归函数"外,其他知识点(条件概率、概率密度、连续型随机变量的分布列及其期望与方差、区间估计、相关系数、二项分布)都可以进入新的高中课程. 调查还反映,实验物理和实验化学两门课程中应用的数学知识主要集中于概率统计,计算机基础课程也需要概率统计知识(颜其鹏,2002). 考虑到即使从事同一个行业,做不同的工作,需要的知识可能也会有很大差异,所以进行这样的调查的确是非常艰巨的,但是调查信息对于思考在中小学要"教什么"是重要的. Holmes 于 1985 年在英国对来自 25 个商业领域共计 155 名年龄在 18~25 岁的从业人员进行过一个他们对统计需求的调查,但调查结果中与概率和概率分布有关的技能需求百分比之低令他非常吃惊,也非常担忧(Schield,2002). Joram 等人于 1995 年调查过《读者文摘》《国家地理》等发行量很大的七本杂志,发现"百分比是杂志用来传递统计信息最常用的有理数形式;除了统计图,杂志也使用统计表"(Gal,2004,p. 58). 就上述各项调查显示的需求而言,均已反映在核心内容之中了. 社会各行各业的需求在不断变化,期待将来能够再组织类似大型的调查.

第三节　着眼理解基础上的应用

当学生看到所学内容是有用的,是他们所能够理解的,也有一定的悬念或智力上的挑战时,他们会对学习内容产生兴趣. 但是传统的统计教育一个明显的弊端是教学缺乏直观,偏重理论,学生没有机会对心中的怀疑、设想通过自己收集的数据进行检测. 其实,我国 20 世纪 80 年代之后毕业的师范生一般在职前培训时都学习过概率统计课程,但是,知识遗忘率普遍比较高,即使是"新出炉"的师范生也对自己教好概率统计缺乏足够的信心. 所以,在我们的课堂上,一定要把基于理解基础上的"会用"作为重要的课程目标.

应该承认,我国当前使用的教材在课程内容的选取和安排上还是有点偏重于书本知识学习,忽视实际应用的知识和技能,忽视对学生学习过程中常见认知错误的矫正.比如,我们会比较详细地介绍简单随机抽样、分层抽样、系统抽样等抽样方法的含义,但是对如何提出有价值的研究问题,如何根据具体研究问题设计调查内容、确定抽样方法和调查规模、实施调查等具体操作性的问题讨论不细致.诸如对"普查总比抽样调查好""分层抽样总比简单随机抽样好"这些错误的看法也没有加以讨论和澄清.虽然教材有时也会给出若干课题学习任务,诸如"分别研究数学成绩与物理成绩的关系,数学成绩与语文成绩的关系,你能得到什么结论",但是开放性似乎过大,缺乏示范的案例和问题的引导,恐怕很多教师都不会布置这样的作业,更何况这样的题目是不会在考试中出现的.

概率统计进入中小学课程,这只是第一步.有统计应用背景的人才参与编写教材与教学资料,帮助中小学教师了解统计广泛应用价值,这将为概率统计教育注入活力,但由于我国概率统计应用本身尚处在发展初期,因此关于概率统计应用方面的材料目前还很稀缺.不了解统计的应用价值,就不理解为什么要把它们从大学课程中下移到中小学来,就会产生抵触情绪.在一篇题为《对〈普通高中数学课程标准(实验)〉的研究》的硕士论文中,我看到接受访谈的一位高中教师坦言:概率、数学期望、最小二乘法等内容学生不理解,应该从课本中删掉.另一位接受访谈的高中教师则认为小学、初中已经学了统计,这就够了,高中教师教统计也是走马观花,跟学生读读书,认为高中统计内容拿掉都不要紧.他相信,一个高中毕业生,假如说不考大学,不学统计对他将来的生活也没有太多影响.读着这两位教师的话,我们可以感受到他们对高中新课程加强概率统计教育的不理解和抵触,也让我们又回想起概率统计在我国中小学教育中起起伏伏的发展历史.

许多数学家、数学教育家,如荷兰的 Hans Freudenthal 先生都倡导数学教学要重视知识的发生过程,这样,学生不仅能够了解知识是怎么来的,为什么要有,而且通过参与知识的发生过程能够实现某种程度的再创造.这里,笔者要强调,统计教育特别重视让学生经历统计活动的过程还有其特别的原因.

第一,人类的统计思想是在操作活动中逐步形成的.例如,当物件不多的时候,人们会逐一地数数来清点物件,当物件很多或不止是一个种类时,人们会发现,先分类,再分别计数更加有效,于是基本的统计思想就开始萌生了.儿童的学习过程常常也会重复人类文明进步的历程,只是在教师的引导下,他们的学习过程要比人类走得更为快捷.所以,概率统计的学习,尤其是在一个全新的方法、思想的启蒙教学阶段(可能出现在各个学段),为了帮助学生更好地理解,应该特别重视学生活动经验的积累.

第二,提出问题、收集数据、记录与表示数据、提炼与分析数据、把握概率、解释与推断,这些都是统计的基本技能,由于应用领域的广泛性,它们不能通过"读读书,做做题"获得,学生必须要经历完整的统计活动过程,积累他们自己的统计活动经验,方能获得这些基本技能并进而发展为能力.

第三,对概率统计产生的错误直觉和认知归根到底是我们缺乏经验,经历统计活动正是积累经验的途径.人们对无限和随机现象的直觉相对较差,比如,自然数的数量多还是自然数中奇数的数量多,凭直觉,我们可能会认为部分总是少于全体,但是,事实却是两个数量一样多,因为我们能够在这两个无限集合的元素之间建立一一对应的关系.又如,如果甲、乙两个口袋都装着一些黑球和白球,且两个口袋中的黑球数量都多于白球的数量,凭直觉,我们可能会认为从两个口袋中各随机地取出一个球的话,那么取到两个黑球的概率要大于取到两个白球或者一个白球一个黑球的概率,但事实上结果不总是如此,要取决于袋中黑球与白球的比例,要通过计算才能判断.

在日常生活中,有几次的活动经历我们就可以归纳出关于度量、平行、垂直的经验,如"平面上两点之间的距离总是以连接两点的直线距离为最短",用于归纳的这些经验之间通常没有矛盾.但是,我们对随机现象经验的总结就不那么容易,因为即使试验条件完全一致,结果也可能不同,所以体验不确定性很容易,但了解随机现象的规律性却难得多.有人会因为遇到矛盾的结果而干脆不相信随机现象有什么规律可循;有人则会因为在个别的观察经验中没有遇到矛盾的结果,或者他们忽略了矛盾的结果,归纳出错误的认识而不自知.年长的人概率直觉并不好于年幼的人,日积月累的个人日常生活经验不足以纠正我们的错误直觉,随机现象的规律只有在反复观察它大数次时才能被发现,这是我们必须开展统计活动的又一个重要原因.

第四,经历统计活动还能够引领我们发现新的研究问题.比如,我们在第一章中提到过的用于估计总体数量的"捉——放——捉"方法,为了知道一个池塘里有多少条鱼,我们先捉一批鱼,假设是 25 条,我们在这些鱼身上作标记,然后全部放回池塘.过一段时间,等我们认为这些鱼已经很好地与其他鱼混合在一起了,再捉第二批鱼,假设这次共捉到 20 条鱼,数一数其中有 4 条鱼是作过标记的,就此可以估计:

$$池塘里鱼的数目 N \approx \frac{25 \times 20}{4} = 125.$$

如果教师就这样把方法教给学生了,那不会出现新问题,但是假如我们换一种教法,让学生用黑、白两色围棋子亲自经历这个统计活动,那就可能出现新情况了.

教师向学生演示上述方法之后,请学生以小组为单位用围棋子进行模拟试验,每组学生领到一袋围棋子(共 140 颗,其中有 25 颗黑棋子,115 颗白棋子).学生只知道里面有 25 颗黑棋子,要求他们估计棋子的总数.学生从袋中随机摸出 20 颗棋子,记录下摸出的黑棋数量,放回并搅匀,再摸第二次、第三次……,总共摸 10 次,那么这时候就有了 10 个而不是 1 个数据,比如说 10 次的结果依次是:2,1,4,2,2,5,4,4,2,3.师生就面临一个新问题:怎么依据这 10 个结果作出估计?

方法一,将 10 次被捉到的鱼的数量先作平均,再用上面的公式估计,即:

$$\frac{1}{10} \times (2+1+4+2+2+5+4+4+2+3) = 2.9,$$

则池塘里鱼的数目 $N \approx \dfrac{25 \times 20}{2.9} \approx 172.$

方法二,先用上面的公式计算每次的估计值,再将 10 个估计值求平均,即算出池塘里鱼的数目 N 的估计值依次是 250、500、125、250、250、100、125、125、250、167 后再求平均,估计值为:

$$\frac{1}{10} \times (250 + 500 + 125 + 250 + 250 + 100 + 125 + 125 + 250 + 167) \approx 214.$$

两个估计值相差较大,尤其是方法二,要比真实值 140 大很多,于是出现一连串问题:"捉——放——捉"方法可行吗? 做 10 次误差是比较大的,使用时如果只"捉——放——捉"一次,答案可靠吗? 实际工作中人们是如何进行估计的? 从这次结果来看,方法一比方法二的结果更接近真实值,是否总是这样? 如果是实际捕鱼,重复做两遍这样的估计程序,那么每次捕捉鱼的数量很可能都会不一样,这时方法一不完全适用了,方法二仍然可行,估计的结果对不对?

这许多问题完全是因为开展活动而自然产生的,活动不仅使学生了解了一种估计总体数量的方法,而且围绕它还产生了一个个既有趣又实际的研究问题,由此将激发师生对这种方法及其应用产生更多思考,也会在问题的解决过程中沟通统计与数学知识间的联系,比如这里需要用到平均数不等式的知识来解释为什么用方法一得到的结果总是比用方法二得到的结果小,研究型学习的氛围很自然地形成了,教师也可根据学生的学业情况,对学生提出个性化的学习目标.

所以,统计知识学习如果仅仅停留在纸笔层面,那么学生对实际应用中会遇到什么问题就会一无所知,还自以为都会了,即人们常说的"眼高手低".而教学中融入真实的活动,将积累学生应用或实战的经验.类似的例子还有很多,比如如何记录心率,如何设计问卷,如何获取样本,如何分析数据,如何提炼结果,如何展示成果等等,这些基本技能的获得都需要有实际经验的积累.

统计学家 David Moore 曾指出:"统计思想并不深奥难懂,也不背离日常生活经验.但是,孩子们要不上统计课程,就不能开发统计思想.学生的教育从拼写和乘法开始总是认为世界是决定论的,他们很快学会设想一个答案是正确的而其他的都不对,至少当答案用数字形式来表示时是如此.变异则没有想到,也让人不舒服."(L. A. 斯蒂恩,2000,p. 154).学生想不到,才更需要教师创设机会让学生去感受.新课程为什么在小学低年级就要开展统计的启蒙教育?不是因为有很多的统计知识要学习,也不是因为统计知识很简单,而是因为要让孩子们从小就知道数据在描述、分析、预测以及解决一些日常生活现象与问题中有其独特价值,统计思维不同于确定性思维,每个人都需要它.如果我们坐等学生习惯了确定性思维之后再开始,到那时,遇见估计、不确定性,学生就会觉得不习惯、不舒服,还常会说错话,所以不如早些开始,与数学思维一起发展.

∧

第四节　融合新技术

新技术的发展不仅改变着统计学家工作的方式方法,也对概率统计教学产生了很大的影响.在课程内容上,以前要回避的"不好算"的真实问题可以大胆启用了,使用统计软件后,一些简便计算公式(如标准差)、查表来决定拒绝域等内容不需要教了(Garfield & Ben-Zvi, 2008),非正式地考察相关关系和推断可以提前了,抽象的中心极限定理也变得看得见了.尤其是直观的"resampling"(反复抽样)方法异军突起,降低了学习概率、数学期望和假设检验的门槛,使不同的人以不同的途径学习核心内容成为可能.在教学上,融合新技术有助于教学重点从计算、画图转向知识理解、活动经验积累和探索能力培养,并为学生创设合作、交流的学习环境. Garfield 和 Ben-Zvi 将当前新技术在高中和大学统计教育中的使用归纳为以下几种类型:统计软件包(如 SPSS)、教学软件(如 Fathom)、数据软件(如 Excel)、专门用于某个概念(如置信区间)学习的小课件、图形计算器、多媒体资源、数据存储库.笔者认为,连着互联网的计算机应该是我们近期中小学统计教学融合新技术的主要装备,百元之内可以产生随机数的计算器也很实用,图形计算器价格不菲,但在速度和功能方面仍有局限. 比较适合我国现状的,主要有以下四种使用新技术的途径和意图.

一、计算制图,节省劳力

处理数据离不开计算与制图,使用科学计算器和 Excel 软件基本上可以解决中小学概率统计的计算和作图问题,比如平均数、方差、排列数、线性回归直线方程的计算和画折线图、条形图和饼图等等. 使用计算机软件绘制统计图表、计算统计量并作出相应的估计和判断可以减轻我们的机械劳动,尤其是在使用大量的真实数据时可以提高工作效率,留出时间去做那些更加需要人类智慧的活动,如提出要调查的问题、设计好的调查方案、寻找和解释变量之间的关系等. 但是 Excel 也有一些缺陷,比如不方便画箱线图,有两个众数时只显示一个等等.

二、直观表示,帮助理解

这是指用来学习某个概念或解决某个问题而制作的小程序. 以学习变量之间相关关系为例,使用 Beth Chance 编制的免费在线小程序"猜相关系数游戏"(http://www.rossmanchance.com/applets/GuessCorrelation.html),我们可以选择样本的大小,可以使用它随机产生的数据(见图 2 - 3),也可以选择修改它的数据或者输入自己的数据(比如班上所有学生的身高与其父亲的身高),根据右边的散点图,输入猜测的 r 值,然后点击核对(Check Guess),实际的 r 值(红色的)就会出现了. 想再玩一次的话,点击重置(Reset)即可. 如果你勾选散点图下方的 Track Performance,那么你猜测的每个记录都会显示出来,可以检查自己的直觉是否越来越好了.

接着,在线性相关的情形下我们可以猜回归直线了. 同样,我们可以使用网站现成的数据(http://www.rossmanchance.com/applets/RegShuffle.htm)或者

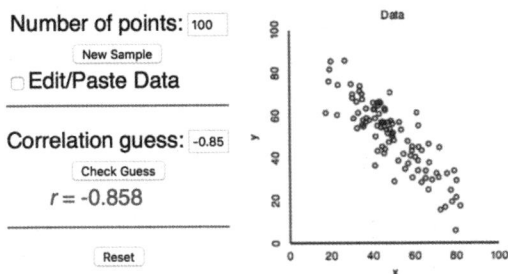

图 2-3 猜相关系数游戏的界面

自己的数据.勾选"显示可移动直线",经过平移、旋转,将它移到我们认为最合适的位置,我们猜测的回归直线方程就显示出来了.勾选"显示回归直线",答案即揭晓.还想看看误差大小的话,再勾选"显示残差"和"显示残差平方",SAE(差的绝对值之和)与SSE(差的平方之和)即可显示,我们还可以看到SAE小不一定SSE小,用最小二乘法得到的恰是使SSE最小的那条直线.这样学习相关关系最大的好处是将抽象的概念与方法直观化,在这个操作平台上,学生可以探索和比较不同的寻找回归直线的方案,只是目前中文界面的优秀小程序网上还很少,所以本书只能介绍相关的英文网站.

三、储存数据,分享资源

概率统计教学中用到的数据基本来自于三个方面:教材和教师提供的、学生自己收集的、计算机或计算器实时产生的.过去考虑到课时和计算量,统计教学主要使用现成的、较少的、比较简单的人造数据,这样的统计教学虽然能快速切入问题的解决,但学生没有参与收集数据的实践,也无法在如此少的数据中进一步随机抽样以考察样本与总体之间的关系.现在提倡的是把从各国中小学生中收集到的真实数据上传至数据库,大家共同分享,如已经在世界范围内开展十余年的 CensusAtSchool(中小学普查)项目. 不妨进入 CensusAtSchool 新西兰网站(http://new.censusatschool.org.nz),打开 Explore the Data(探索数据)选择某一年份的问卷,如 2017 Questions,可以看到所有的 34 个问题,其中约三分之一的问题是其他国家,如澳大利亚、英国、加拿大和美国学生都回答的共同问题. 这些问题有的是学生的基本信息,如性别、生日,有的是学生的身体数据,如身高、颈围,有的是学生的学校生活,如上学的方式、喜欢的活动,有的是他们对一些事物和现象的感受与看法,如手机等电子设备的使用、学业负担、喜欢的名人等等. 在数据探索页面,如果我们选 Random sampler(随机抽样),希望获得样本容量为 1 000 的样本数据,点击 Get my sample(获得我的样本)并下载即完成收集数据的过程,得到一个可以用 Excel 继续分析的文件. 我们可以将数据库里学生的数据、结果与我们自己的进行比较,丰富我们对世界的认知. 因为是关于学生的数据,所以学生容易提出想要研究的问题,并愉快地经历整个统计过程. 网站提供了通过问卷调查研究问题的样例,学生可以学着就自己关心的问题开展调查. 目前,我国尚未参与到这个项目中,希望不久的将来,也能在数据库中查找我国学生的数据.

四、模拟试验,降低门槛

历史上,概率统计教学原本采取的是理论的、形式的方式,所要求解的概率问题基本上都是可以通过公式计算解决的,概率的频率定义因其后验、不精确的特性而没有地位,不受重视,这是各国在开展概率统计教育初级阶段普遍出现过的重理论、轻实验的老问题. 但是,1977 年 Efron 发明了可以处理大量复杂统计学问题的重复抽样技术(resampling technique)之后,情况发生了变化. 这一技术的发展和应用,尤其在计算机模拟技术的辅助下,原本理论的、抽象的概率统计知识得以数值化和具体化(Peterson, 1991). 以常见的生日问题为例:全班 45 人中至少有两人生于同月同日的概率是多少?按照传统的计算古典概率方法,可以列出如下算式:

$$1 - \frac{C_{365}^{45} \times 45!}{365^{45}} \approx 0.941.$$

计算过程颇为复杂,门槛不低.但是如果用大数次重复试验计算频率以估计概率的方法,则用如下的小程序就可以解决问题:

```
REPEAT 1 000              (重复 1 000 次)
    GENERATE 45 1,365 a  (在 1～365 范围内产生 45 个随机整数,放入 a)
    MULTIPLES a>=2 j     (记录 a 中出现重复数字的次数,放入 j)
    SCORE j z            (跟踪每次试验结果 j,放入 z)
END                      (结束)
COUNT z>=1 k             (对大于或等于 1 的 z 计数,放入 k)
DIVIDE k 1 000 kk        (将 k 除以 1 000,放入 kk)
PRINT z kk               (显示 z 及 kk)
```

借助计算机软件,只需 0.6 秒(运行后屏幕上有用时显示),计算机就可以完成这个 1 000 次的模拟试验,而且 1 000 次试验中恰有几人生日相同的数据都有显示.笔者的试验结果是 1 000 次中有 938 次都出现了 45 人中至少有两人生于同月同日这种情况,于是估计所求概率为 0.938.

显而易见,用计算机模拟大数次重复试验得到的频率来处理概率问题不仅直观,降低了学习门槛,而且也有相当好的精度.如果只要求估计概率大小的话,也可以不涉及编程,使用在线模拟小程序"随机数生成器"(图 2 - 4)(http://www.rossmanchance.com/applets/RandomGen/GenRandom01.htm).笔者将模拟试验结果复制并粘贴到 Excel 里,计数得到 50 次中有 45 次出现了至少有两人生日相同,得到所求概率的估计值为 0.9,误差也不大.计算机模拟试验这种方法可以毫无困难地用到其他类似的生日问题中,如"恰有两人""至少有四人"或是"出生于同月".这一教学途径在美、英等国家,尤其是一些大学的概率统计课程中已经发展得比较成熟了,有相应的教材和计算机平台软件,大学的"数学实验"课有专门章节学习这方面的技术.有兴趣的读者可以尝试上述 Alan Rossman 和 Beth Chance 网站上的其他 Java 小软件.

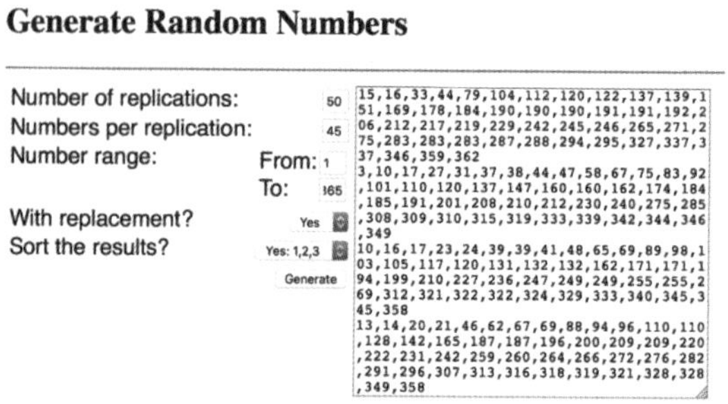

Generate Random Numbers

Number of replications:	50	15,16,33,44,79,104,112,120,122,137,139,1
Numbers per replication:	45	51,169,178,184,190,190,190,191,191,192,2
Number range:	From: 1	06,212,217,219,229,242,245,246,265,271,2
	To: 165	75,283,283,287,288,294,295,327,337,3
		37,346,359,362
		3,10,17,27,31,37,38,44,47,58,67,75,83,92
With replacement?	Yes ☑	,101,110,120,137,147,160,160,162,174,184
Sort the results?	Yes: 1,2,3 ☑	,185,191,201,208,210,212,230,240,275,285
		,308,309,310,315,319,333,339,342,344,346
	Generate	,349
		10,16,17,23,24,39,39,41,48,65,69,89,98,1
		03,105,117,120,131,132,132,162,171,171,1
		94,199,210,227,236,247,249,249,255,255,2
		69,312,321,322,322,324,329,333,340,345,3
		45,358
		13,14,20,21,46,62,67,69,88,94,96,110,110
		,128,142,165,187,187,196,200,209,209,220
		,222,231,242,259,260,264,266,272,276,282
		,291,296,307,313,316,318,319,321,328,328
		,349,358

图 2-4　模拟产生 50 批 45 人生日的界面

　　我国现在为中小学概率统计教学开发的平台软件或小课件也有一些,有些是教材出版社配合教学提供给教师的,有些是中小学教师自己开发的,如陈翔和喻华老师利用《超级画板》做的模拟试验课件(投针试验、抽牌试验、生肖相同的概率试验和投硬币试验)(陈翔、喻华,2012),都是非常可贵的探索,相信类似的教育资源今后会更丰富.新技术的发展不仅为学生,也为教师创造了思考和探索的机会.

　　必须说明,使用这些软件有个前提,就是一定要让学生自己动手试验、记录和观察数据在先,等学生感觉到频率随试验次数增多会表现出稳定性之后,才使用机器模拟试验.其次,要选用允许查验任何一次试验结果的软件,如机器抛掷一枚骰子 1 000 次,假如学生想要查第 456 次抛掷的结果,软件应该能够显示.有了这些保证,学生会比较乐意接受机器试验的结果,否则快速的"黑箱操作"无法让学生相信机器真的已经完成了大数次的模拟试验.

　　从新课程的实践来看,将容易理解的频率概念替代排列组合技巧成为学习概率的基础是可行的,其优点在于降低了学习的门槛,提供了学生反复观察同一随机现象的机会.华东师大版 9 年级上册数学教材(王建磐,2014)中有一个拼图片问题:三张大小一样且印有不同图案的纸片均被剪成大小相同的两小张,充分混合以打乱次序,然后闭上眼睛随便抽出两张拼在一起,问恰好能够拼成原图的机会大吗? 猜一猜,大概平均几次里会有一次成功呢?

　　如果以传统方式处理,那么解决这个问题可能会列出算式:

$$\frac{3}{C_6^2} = \frac{1}{5},$$

或者用表格法或画树状图法予以解决,但是这些方法学生都还没有学过.教材采取的是实际试一试的教学方案.活动开始前,先让学生猜测恰好能够拼成一张原图的几率有多大,极小? 很小? 拼成与拼不成的几率各半? 很大? 极大? 再组织全班学生分头进行 20 次的重复试验,如实地记录实验结果,然后将全班学生(甚至是教师教过的上一届学生)的试验结果汇总起来,这样就得到了大数次重复试验的结果,图 2-5 记录的是两个 2 000 次重复试验获得的频率数据.从图上可以看到,随着试验次数的增加,成功拼成原图的频率会逐渐稳定在理论值 0.2 附近.

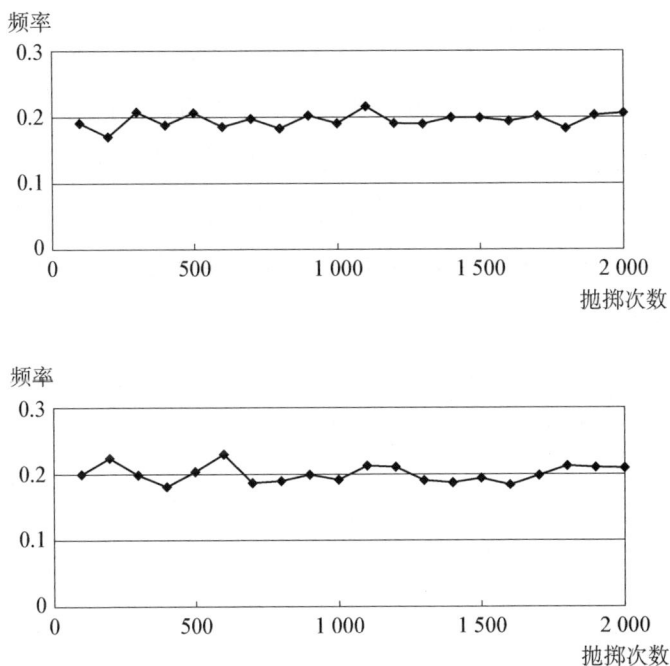

图 2-5 两个 2 000 次试验中恰好能拼成原图的频率均随试验次数增多而趋于稳定

教师经常在反复试验后用类似的折线图描述数据发展趋势,有助于学生真切地看到随机现象的随机性和规律性.在做完试验之前,没人能够预测成功的频率,这是随机性,但随着试验次数的增加,频率总表现出逐渐稳定的趋势,这是规律性.最后,让学生将自己先前的猜测与稳定值 0.2 对照,校正自己的直觉,再想一想能否对为何稳定在这个值作出合理的解释.比如,设想一共 6 小张纸片在布袋里,你取定一张后,袋内还有 5 张,但只有一张可以与你手中取定的那张匹配,所以拼成功的概率是 $\frac{1}{5}$,非常合理.

通过一系列类似的试验,学生将逐步认识到"试一试"方法在概率学习中的价值,以后遇有不会计算的概率问题,学生也会首先想到能否尝试用反复试验的方法求解.计算机模拟试验产生的数据是重要的学习资源.

在本章的最后,我想引用英国 Peter Holmes 教授在第 6 届统计学教学国际大会上总结的过去四十多年英国和美国在中小学推广统计教育的经验教训(Holmes,2002)作为结束语,与关心概率统计教育的同行们共享:

(1)国家需要成立一个统计教育的中心,以推动学校统计教学的发展.完全接受哲学观上的大变化需要时日,要有长期作战的准备;

(2)在制定统计教育大纲时,要有应用统计学家参与,实际的统计技能与统计理论都重要;

(3)小学生能够学习而且也乐意学习概率与统计,如果教学联系实际又不急于进入计算的话,他们会学得更好.当然,只有有趣的活动也不够,教学要同时进行;

(4)不同的人需要不同的学习内容和不同的学习方式;

(5)如果希望贯彻某一课程计划,那么就要考它,不能只是选修.考什么,教什么,不考的话,也就不会教;

(6)为教师提供丰富的教学材料固然很重要,但教师培训更重要,不能坐等有了合格教师才进行改革.各国发展统计教育最初遇到的困难大多相似,如中小学如何处理原来大学教育的内容、合格教师的培训、教学材料的研制与开发等等.

我个人认为这些经验教训非常中肯,也很值得我们思考,比如如何让更多的统计学家来关心和指导中小学概率统计课程设计就是非常中肯的建议.

第二章附录 从理论角度解决买雪糕问题

可以这样考虑:

第一次买,得到第一根小木棍的概率是1;

第二次买,得到第二根小木棍的概率是多少?不能与第一根所印图案重复,所以应该是 $\frac{3}{4}$.那么平均买多少支可以得到第二根小木棍?假设答案是 a 支,a 的大小应该与 $\frac{3}{4}$ 有关;

第三次买,得到第三根小木棍的概率是多少?应该是 $\frac{2}{4}$.那么平均买多少支可以得到第三根小木棍?假设答案是 b 支;

第四次买,得到第四根小木棍的概率是多少?应该是 $\frac{1}{4}$.那么平均买多少支可以得到第四根小木棍?假设答案是 c 支.

则要凑齐 4 根小木棍,平均要买 $(1+a+b+c)$ 支.

于是首先要解决下面这个准备问题:已知概率 p,平均要尝试多少次才发生?这是一个求数学期望的问题.我们不妨分析熟知的掷正方体骰子的情形:要掷出"6",平均要尝试多少次?

显然,掷 1 次,得"6"的概率是 $\frac{1}{6}$;

掷 2 次,才得"6"的概率是 $\left(\frac{5}{6}\right) \times \left(\frac{1}{6}\right)$;

掷 3 次,才得"6"的概率是 $\left(\frac{5}{6}\right)^2 \times \left(\frac{1}{6}\right)$;

掷 n 次, 才得"6"的概率是 $\left(\dfrac{5}{6}\right)^{n-1} \times \left(\dfrac{1}{6}\right)$.

于是掷的次数的平均值或者说数学期望为:

$$M = 1 \times \dfrac{1}{6} + 2 \times \dfrac{5}{6} \times \dfrac{1}{6} + 3 \times \left(\dfrac{5}{6}\right)^2 \times \dfrac{1}{6} + \cdots + n \cdot \left(\dfrac{5}{6}\right)^{n-1} \times \dfrac{1}{6} + \cdots,$$

变形一下, 在上式等号两边都乘以 $\dfrac{5}{6}$, 再两式相减, 便可求出 $M = 6$. 从概率的意义再来看这个结果也是颇为合理的, 反复抛掷一个正方体骰子的话, 平均抛 6 次可以抛到一个"6". 一般地, 已知概率 p, 那么平均要尝试 $\dfrac{1}{p}$ 次才发生.

回到原来的买雪糕问题, 则 $a = \dfrac{4}{3}$, $b = \dfrac{4}{2}$, $c = \dfrac{4}{1}$, 要凑齐 4 根小木棍, 平均要买 $1 + \dfrac{4}{3} + \dfrac{4}{2} + 4 = 8\dfrac{1}{3}$ 支.

第三章
交流信息: 统计图表

　　2009 年,上海第一次参加由经济合作与发展组织牵头实施的 PISA 测试,取得了阅读、数学、科学三个第一名的好成绩,但是 PISA 中国上海项目组在介绍评估结果时却冷静地指出,"PISA 阅读测评中有三分之一的内容涉及图表、表格、清单等学生不太接触到的内容,数学测评中也有大约三分之一学校数学课程以外的知识,特别是概率和不确定性方面,我们学校课程涉及较少. 在这些方面,上海学生表现不及那些熟悉的、与学校课程相关度高的方面",要求学校加强学生非连续文本阅读能力的培养(陆璟、朱小虎,2011).2015 年,由北京、上海、江苏、广东组成的中国部分地区联合体在 PISA 阅读测评排名中列第 27 名,表现不佳,看来这也是我国其他地区学生表现的"短板".

　　以普通公民为读者对象的大众媒体经常用统计图表来传达数量信息(Gal,2004,数学课程标准研制组,2002),尤其是当同类数据较多,结构复杂时,使用文字表达显得冗长累赘,改用统计图表则具有活跃版面气氛、清楚明了、信息量大、对比度强等好处. 近年来,新型媒体发展迅猛,也给数据表达带来了新的变化. 图 3 - 1 是国家统计局网站公布的 2010 年我国人口数据(http://data.stats.gov.cn/swf.htm? m=turnto&id=429),只要在图上滑动鼠标,相应的单岁年龄(如 94 岁的男性)人口数随即显示. 网络上还有一些世界实时统计数据(如当前世界人口数),它们是基于资料估计得到的数据,在这些动态数据的变化中我们可以感受到变化的方向以及快慢程度(如 http://www.worldometers.info/cn),继而提出我们感兴趣的问题,查找相关资料予以解答.

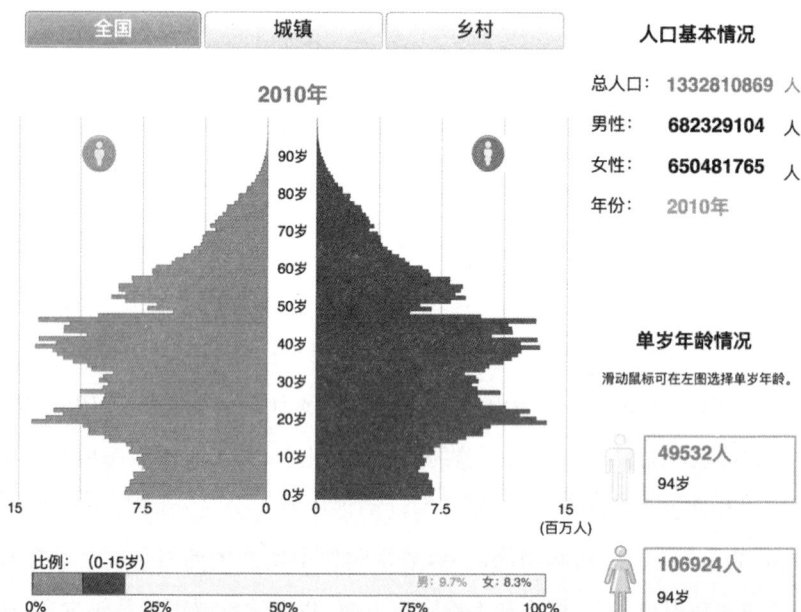

图 3-1　2010 年中国人口基本情况

　　我国《义务教育数学课程标准(2011 年版)》对不同学段的学生在学习统计图表方面提出了不同的要求. 在第一学段(1~3 年级),要求学生能用自己的方式(文字、图画、表格等)呈现整理数据的结果,比如调查了全班同学最喜欢吃的水果之后把结果直观地呈现出来,互相交流所看到的信息. 在第二学段(4~6 年级),要求学生认识条形统计图、扇形统计图、折线统计图,并用条形统计图和折线统计图直观且有效地表示数据,能从报纸杂志、电视等媒体中,有意识地获得一些数据信息,并能读懂简单的统计图表,能根据问题情境,使用适当的统计图,用自己的语言解释报纸、杂志上看到的统计图. 学生在这个学段的图形与几何领域会学习直线的平行和相交关系,会认识圆、扇形、长方体、正方体,会画圆和 30°、45°等特殊角,会求一些图形的面积,会在方格纸上用正整数的数对表示位置,会画图(包括按比例放大或缩小),这些知识为统计图表的学习提供了必要的语言和技能储备. 在第三学段(7~9 年级),要求学生会制作扇形统计图,会列频数分布表,画频数直方图和频数折线图,用表格列出简单随机事件所有可能的结果,通过表格、折线图、趋势图等读取信息,感受随机现象的变化趋势.这个学段结合函数图象讲故事的活动也可以选用统计图类似地进行.高中阶段,概率与统计必修课程中要求学生学会列频率分布表、画频率分布直方图、频率折线图和茎叶图,能够利用散点图直观认识变量间的相关关系.相比较而言,我国课程标准中对统计图的教学要求比较明确,统计表的教学要求则比较模糊.

对于统计图的教学,Friel, Curcio 和 Bright(Friel, Curcio & Bright,2001)给出如下课程安排建议:学前至小学 2 年级学习实物图、象形图、折线图、条形图(图上有帮助读图的格线,条形旁边加注数字).3 年级至 5 年级学习条形图、茎叶图、扇形图(主要强调读图).6 年级至 8 年级学习扇形图(读图和制图)、直方图、箱线图、折线图.与我国当前课程标准相比,他们的建议主要有以下两点差异.第一,他们的设计提到了更多图的类型,如小学高年级的茎叶图以及初中的箱线图.第二,他们主要把读图时辅助多少和要不要制图作为难度的区别,这点可以借鉴.按照我国义务教育阶段的课程标准,小学高年级(第二学段)学生才开始学习在方格纸上用正整数的数对表示位置,所以小学低年级的统计图上在格线、条形旁加注数字是恰当的,小学高年级的读统计图也应以读正整数点为主.到了初中,学生有丰富的直角坐标系经验,读图的精确性会大幅提高,制图也有了很好的基础.

Frances Curcio 在她的博士论文中把读图能力分为基础、中级和高级这 3 个水平:基础水平指学生在图、表、文字这些描述形式之间的直接转换,是最基本的读取原始数据信息的水平(read the data).比如调查今天大家穿的是哪种鞋,小朋友能够从实物图上数出分别有多少人穿了系带的、搭扣的和套脚的鞋.中级水平指对直接读取的信息内容进行重新组合,将重要的信息与不太重要的信息区分开来,能够看出图中数据信息反映出的一些数量关系(read between the data).如从孩子身高变化的成长曲线图上可以看出几岁时孩子身高是其出生时身高的 5 倍,这个答案不能直接从图上读出来,需要把出生时的身高乘以 5

再与某年的身高作比较.高级水平指读图者要能够结合问题背景把一张或者数张图中的相关数据信息联系起来,从图中读出隐蔽的关系,经过比较,对信息加以概括,对不知道的情况作出预测,对总体或发展趋势给出较细致的推断,甚至通过思考提出新的研究问题,开始收集新的数据(read beyond the data).比如观察上述成长曲线图后能够概括出一个人从出生到身高基本定型这一过程的总体变化情况,预测其下一年的身高等.Frances Curcio读图能力分类对指导学生由易到难提出调查研究的问题和评价学生的读图能力均有实际意义,后面还会谈到.下面,我们进入对统计图表教学更为细致的探讨.

∧

第一节　统计表

如前所述,我国课程标准中对统计表的教学要求比较模糊,而学生对如何有效地记录数据,读取和制作结构比较复杂的统计表普遍感到困难.笔者在2005年曾经听过一节公开课,内容是7年级新生的第一堂数学课——"走进数学世界".这节课中教师安排的几个问题都是概率统计方面的,其中一个问题是要揭露马路上摆摊赌博的骗局,经过讨论,最后将它转化为要了解从装有两黑两白的围棋罐里一次随机摸出两个棋子都是黑色的可能性大不大的问题.这位教师让学生按四人一组进行摸棋子试验,每个学生摸10次,要求学生记录恰好摸出2个黑色棋子的次数.下面4种是我观察到的几个小组给出的记录方式:

(1)记录每人摸出两个黑子的次数,发生一次写下"1次",再次发生将"1"改为"2"(见图3-2①);

(2)将4个人的记录分别写在纸的4个角,记录每人第几次摸出两个黑子(见图3-2②);

(3)用"黑白""黑黑"或"白白"依次记录4个人每次摸棋子的结果(见图

3-2③);

(4) 将 4 个人的记录分 4 行写, 记录每人每次摸棋子的结果, 如果是"黑黑"记作"√", 如果是其他结果记作"×"(见图 3-2④).

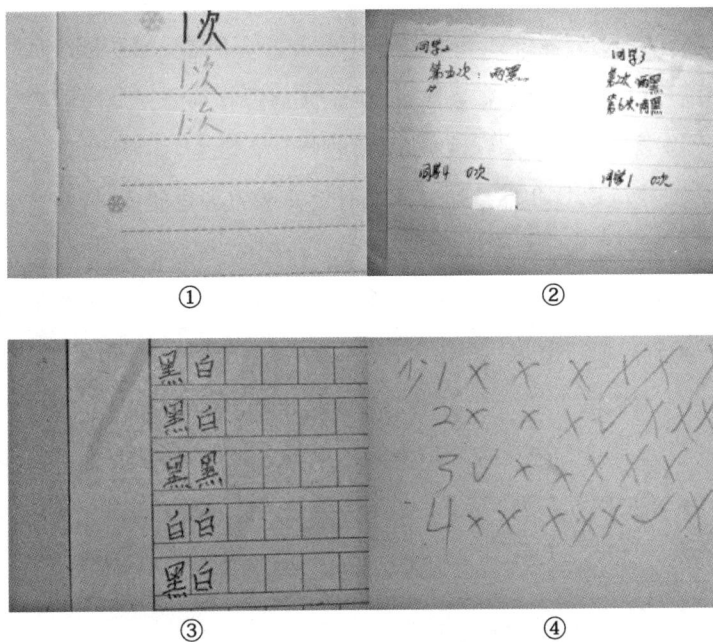

图 3-2　学生自己设计的 4 种记录试验结果的方式

学生各式各样的信息记录法很有意思, 因为每人试验次数不多, 所以这些记录都能达到回答问题的要求, 但是还是建议教师对好的记录方法加以点评和展示交流, 比如上述后两种记录方式都达到了两个基本要求:(1)具体到人, 每个学生试验的结果都要记录;(2)具体到每一次的结果, 避免了不断涂改, 也便于从试验结果的原始记录中获得更多的信息, 比如从第 3 种记录方式可以看到是否最容易摸出"一黑一白"的结果;第 4 种记录方式可以跟踪现在已经进行了几次试验, 还剩几次. 在本题中, 学生是第几次成功摸出两个黑子无关紧要, 不是两个黑子又是什么结果也不要紧, 但尽量详细地记下试验的原始数据是统计工作的基本规范, 其中第 3 种记录方式最详尽, 所含的信息量最大;第 4 种记录方式紧扣问题,最为简洁,很接近概括原始数据的统计表样式,符号"√"和"×"的使用也令结果一目了然,可以容易地观察到试验结果的不确定性,可以计算每个学生 10 次试验结果摸到两个黑子的成功率,还可以计算从个人数据到小组数据,到大组数据,再到全班数据这样样本容量逐渐扩大过程中成功率的变化趋势等等.看来,开展统计活动之前引导学生对研究问题本身以及活动的具体环节开展讨论非常必要.活动之前,学生应清楚收集数据是要解决哪个具体问题,为了解决这个具体问题,我们需要收集什么数据,如何收集这些数据,有了数据又如何记录,这些都是保证活动有效开展的必要准备,需要教材编写人员和教师都加以重视.

图 3-3 是一个统计表的示例,它的组成要素主要有总标题(全国不同规模的家庭户类别)、横行标题(总计、一人户、二人户等)、纵栏标题(家庭户户数、一代户、二代户等)、表中指标值、指标单位、附注和资料来源等.这是一个简单结构的统计表,如果我们还要进一步表示各地区有 60 岁及以上老年人口的家庭户户数这样更加细分的信息,那么就要用到复杂结构统计表了,可参见同一网页中"第五卷家庭 5-4".

5-1　全国不同规模的家庭户类别

单位：户

家庭户规模	家庭户户 数	一代户	二代户	三代户	四代户	五代及以上户
总 计	401934196	137363112	192237846	69562135	2768189	2914
一人户	58396327	58396327				
二人户	97947686	75218232	22729454			
三人户	107978654	2463294	102050486	3464874		
四人户	70598493	742461	51256083	18527039	72910	
五人户	40332512	352069	12249841	27233357	497183	62
六人户	16887554	83923	2692507	13118985	991806	333
七人户	5753970	37656	786951	4212526	716033	804
八人户	2235271	23272	272183	1657839	281117	860
九人户	942511	11050	102349	713749	114900	463
十人及以上户	861218	34828	97992	633766	94240	392

数据来源：国家统计局网站(http://www.stats.gov.cn/tjsj/pcsj/rkpc/6rp/indexch.htm)

图 3-3　简单结构统计表示例

对学生读取统计表和构造统计表能力的研究不多,宋玉连(2005)于2004年调查了江苏省连云港市市区共4所学校4个年级13个班级的667名没有正式学过统计表知识的学生,其中7年级162人(普通中学107人,重点中学55人),8年级202人(普通中学102人,重点中学100人),10年级194人(普通中学78人,重点中学116人),11年级109人(普通中学54人,重点中学55人).他发现,学生读表主要有三个问题,一是不注意从表的总标题和横行标题与纵栏标题中寻找主要信息及限定信息;二是理解复杂结构的统计表有困难;三是忽视指标单位.他调查的7、8年级学生中有超过40%的学生存在因漏读或误读表标题而出现错误,在10、11年级学生中,这个比例也超过30%.这与他要求学生制作统计表时有超过10%的学生没有给出表的总标题(题目已经提示要给出标题)是有关联的,他们没有使用总标题的意识.

表3-1　按失业原因分的城镇失业人员年龄构成(2002年) 单位:%

年龄别	合计	下岗	失去工作	毕业后未工作	其他
总计	100.0	100.0	100.0	100.0	100.0
16～19	6.6		1.4	27.9	5.3
20～24	13.6	1.7	9.1	44.8	12.2
25～29	13.4	9.7	15.4	16.3	17.6
30～34	17.2	18.5	21.5	7.2	22.3
35～39	16.8	21.0	20.4	2.7	17.5
40～44	13.3	18.9	14.6	0.8	10.4
45～49	12.0	19.1	11.3	0.2	7.3
50～54	5.2	8.1	4.9	0.1	4.2
55～59	1.7	2.9	1.2		1.3
60～64	0.2	0.1	0.2		1.7
65+	…	…	…		0.2

资料来源:《中国统计年鉴》(2003),第175页,中国统计出版社.

对统计表结构的理解错误最为突出,他的数据显示从7年级到11年级,至少出现一次这样错误的学生百分比依次为 63.6%、52.0%、39.7% 和 35.8%。表 3-1 中指标是百分比而不是人数，加上同时关注失业原因以及年龄，所以是一张复杂结构的统计表，宋玉连要求学生描述表中被圈起来的数字"5.2"和"9.7"所表示的含义。学生对这样的统计表很陌生，表现不佳。有的学生回答："失去工作或下岗的人共有 5.2%"；有的回答："年龄为 50～54 岁的城镇失业人员中，有 5.2% 是因为下岗。"；也有的回答："2002 年，年龄为 25～29 岁的城镇失业人员中，9.7% 的人失业原因为下岗"。这些回答表明他们分不清这两个百分比的总体是指什么，分不清究竟是行还是列的百分比之和为 100%，因此与正确答案"2002 年所有城镇失业人员中，有 5.2% 的人员年龄为 50～54 岁"和"2002 年城镇下岗人员中，9.7% 的人员年龄为 25～29 岁"相距甚远。

用统计表把文字信息表达出来，这自然比读表的要求更高，除了要了解构成表的基本元素，更要构思表的结构，使其简明。在宋玉连的研究中，重点中学的学生明显比普通中学的同年级学生有更强的独立制作统计表的能力。大约 50% 的重点中学初中生和 70% 的重点中学高中生能够给出完整的简单统计表（见下面问题 1）。但是在制作复杂统计表时，这种优势减小了。只有不超过 15% 的重点中学初中生和不超过 40% 的重点中学高中生能正确地制作复杂统计表（见下面问题 2）。

问题 1 我国主要河流的基本情况如下：

流域面积，长江为 1 808 500 平方公里，黄河为 752 443 平方公里，松花江为 557 180 平方公里。河长，长江为 6 300 公里，黄河为 5 464 公里，松花江为 2 308 公里。年径流量，长江为 9 513 亿立方米，黄河为 661 亿立方米，松花江为 762 亿立方米。请根据上述材料设计一个统计表，简洁而清晰地表达出上述材料的内容（要给出合适的表标题）。

问题 2 2002 年部分地区录像制品出版情况如下：

北京：VCD 种数为 361 种，数量为 1 476.0 万盒；DVD 种数为 32 种，数量

为 54.4 万盒.上海：VCD 种数为 622 种,数量为 318.3 万盒;DVD 种数为 33
种,数量为 20.8 万盒.广东：VCD 种数为 156 5 种,数量为 3 244.7 万盒;DVD
种数为 159 种,数量为 312.4 万盒.请根据上述材料设计一个统计表,简洁而清
晰地表达出上述材料的内容(要给出合适的表标题).

　　学生的困难主要出现在概括表标题、设计表结构和安置计量单位方面.比
如,有的学生把问题 1 总标题写为"我国主要河流流域面积统计表",或在表右
上角直接给出单位："公里",概括不恰当;也有的学生在表右上角写道："单位:
公里、亿立方米和平方公里",反映出这些学生对如何合理且简明地安置、表达
计量单位的困惑.图 3-4 是一名学生对问题 1 给出的解答,他的表述像超市打
印出的收银条,是一种直线式的表达,下一步他可以继续学习如何借助纵栏标
题优化表的结构.

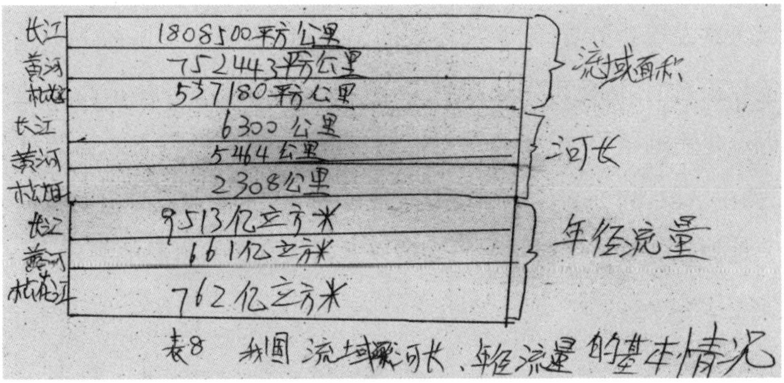

图 3-4　一名学生对问题 1 给出的解答

　　其实不仅学生缺乏制作统计表的知识,即使是教师,如果缺乏相应处理数
据的经验,也会在设计复杂的统计表时感到困难.笔者在 2005 年曾经对在同一
个会场参加培训的初中教师和高中教师作过观察,对上述问题 2,初中教师在完
成该设计任务时明显比高中教师表现得更积极、更成功,因为初中比高中早进
入新课程,他们已经有较多收集和表示数据的活动经验了.

从当前我国课程标准对统计表的有关阐述来看,对"读取统计表的信息"的关注胜过对"设计统计用以表达信息"的关注,但是,显然后者是一个更难的教学内容.宋玉连的测试结果显示,对于简单统计表,即使学生尚未正式学过统计表的知识,自 7 年级开始,学生就表现出了较高的理解水平,年级之间的差异不明显;对于复杂统计表,7、8 年级和 8、10 年级学生之间出现了较大的差异(调查中没有 9 年级学生);对于统计表的制作,7、8 年级之间同样出现了较大的差异,但 8、10 年级学生之间的差异略小.所以,他建议在初中低年级,即 7 年级或 8 年级正式地教统计表知识,包括分析复杂统计表的结构以及如何制作简单统计表.到高中,可以继续学习阅读和制作复杂统计表.

前面已经提到的 Frances Curcio 读图能力分类对阅读统计表也同样适用,小学阶段教师应培养学生注意总标题、计量单位和资料来源的习惯,会阅读简单统计表.初中阶段,学生应接触复杂统计表,分析统计表的结构,分析数据信息并作出归纳、推断和合理解释,比如观察表中的数据是否在一行或一列中逐渐增大以考察发展趋势等.至于统计表的制作,自然应该安排在学生有了统计表的阅读经验之后,从模仿到独立制作,教学重点是体会使用横行标题和纵栏标题可以优化表的结构,继续强调总标题、计量单位和资料来源为统计表的组成部分.高中阶段,除了阅读和制作复杂统计表,教师在学习材料的背景方面可以有意识地加强与其他学科学习的沟通以及对大众媒体素材的利用.

第二节　统计图

我们不妨先看 PISA 2003 年测评使用过的一道题(OECD, 2013, p. 51):

在一个关于环境保护的回家作业中,同学们收集到几种垃圾分解所需时间如表所示(表 3-2).

表 3-2　垃圾分解时间

垃圾种类	分解时间	垃圾种类	分解时间
香蕉皮	1～3 年	口香糖	20～25 年
橘子皮	1～3 年	报纸	几天
纸板箱	0.5 年	聚苯乙烯杯	大于 100 年

一名学生打算用条形图来表示这些结果.请给出一个理由说明为什么条形图不适合表示这些数据.

　　这道题的情境是学生非常熟悉的,涉及的是用统计表给出的具有自然科学情境的统计数据,考题简洁明了,考察的是统计表的阅读和条形图的基本知识,要求学生想象能否将统计表中的信息用条形图表示出来,如果不能,为什么不能并用文字说明理由.题中没有要求学生作图,但考察了学生对条形图的认识.学生可以从以下两个角度中选一个进行说明:(1)有的垃圾分解时间是一个区间如"1～3 年",有的甚至不知道具体是多久,如"几天""大于 100 年",所以无法在时间轴上表示;(2)因为垃圾分解时间的差异太大了,如果把"100 年"标在时间轴上,那在图上"几天"就只能被忽略为 0 了.这个问题 OECD 国家的平均正确率是 51%,接近中等难度.用简洁的语言说明理由和想象表与图之间的转换都是本题的关键,如果只是回答"因为这样画不出来"或"表里给出的只是估计值"都是不能得分的.

　　我们前面强调了读标题的重要性,阅读和制作统计图,同样要重视它的总标题,以了解它的主题.另外,还要看坐标轴上的标志和数量单位,要看图的类型.一般来说,表示绝对量常用条形图,当要对两个对象(如男女、前后等)的多项指标(如各项相关生理指标)进行差异比较时也常将两个条形并列或者使用茎叶图、箱线图等;表示相对量较适合用扇形图,比如想了解亚洲人口在世界总人口中占比多少,用五大洲人口在世界总人口中各占多少百分比的扇形图表示就很直观;在需要展示一个量随另一个量的变化而变化的趋势时常用折线图,比如用折线图表示上海市人均住房面积逐年变化的情况能够让人留下一个上海居民住房条件逐步改善的总体印象,如果想把两个或多个对象的变化情况在同一张图上表示,常用不同的颜色画多条折线或条形.

条形图(bar graph)与直方图(histogram)非常相像,但前者(见图3-5①)的横轴是名义数据,表示如眼睛颜色等类别的离散数据,条形与条形之间有间距,条形重新排序(如先说蓝色再说绿色)也完全没有问题,主要反映不同类别之间数量的差异,如棕色眼睛的学生最多.而后者(见图3-5②)的横轴是计量数据,表示如完成一个小游戏所需的时间这种连续数据,时间区间被平均地分为若干小区间,柱之间没有间距(除非没有一个人的游戏时间落在相应的小区间上,如80秒附近),柱按横轴大小排序,不能互换,直方图主要传递变量分布的信息,如较多学生完成这个小游戏需要36~51秒.

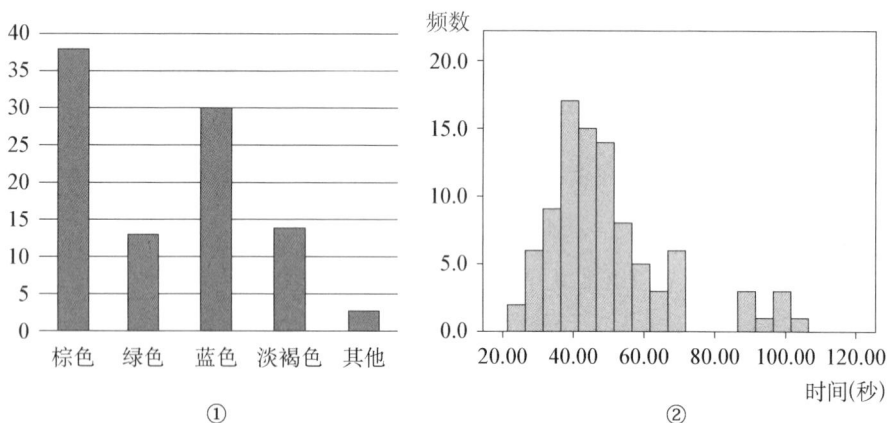

图3-5 条形图与直方图示例

散点图与折线图也比较相像,但是它们的功用不同.折线图关注的是发展趋势,散点图主要用于研究两个变量之间有没有关系,这种关系可以不是函数关系,所以横轴上的一个值可以有不止一个纵轴上的值与之对应(参见图

2-3). 当横轴表示的是一个离散量时（比如年份），可以用条形图表示，也可以用散点图表示（如图 3-6①），但是为了方便看出发展趋势，也可以画成折线图（如图 3-6②）. 但是，这时两点之间（如 1996 年与 2000 年）的线段不表示任何含义，因为奥运会每 4 年才举办一届，用折线连接仅仅是为了观察历届奥运会男子 100 米跑成绩的变化发展趋势而已.

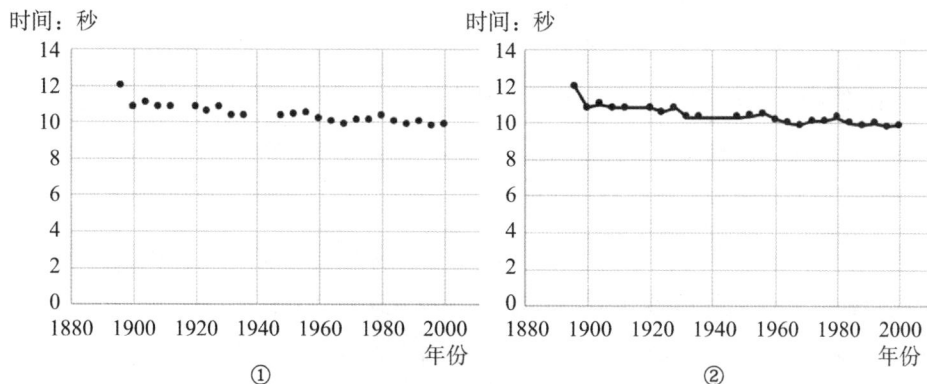

图 3-6　历届现代奥运会男子 100 米跑冠军成绩图

　　茎叶图（参见图 1-1）是 2003 年我国教育部颁布的《普通高中数学课程标准》中首次引入我国中学数学课程的一种非常实用的记录数据方法，它适用于数据不太多且比较集中的情况. 先将数据分为茎与叶，再将茎由小到大排成纵列，叶由小到大在对应的茎旁排成一行. 当我们需要比较男生与女生成绩时，采用背靠背茎叶图（也叫做"混合茎叶图"），左边记录男生的成绩，右边记录女生的成绩，数据记录完毕，男女生数据的分布形状及数据的离散状况，比如分布是否对称，数据是否集中，是否有极端值等都一目了然了. 因为简单方便，所以 Friel 等人建议在小学高年级就引入茎叶图.

　　箱线图（图 3-7）也是关注分布的，由一个箱子和两条线段组成，但是它比茎叶图要复杂得多，一般由机器自动完成作图. 它是由一组数据的 5 个特征值绘制而成的，依次是最小值、P_{25}（下四分位数，也是最小值与中位数之间数据的中位数）、中位数（P_{50}）、P_{75}（上四分位数）和最大值. 箱子的长度叫做四分位数间距(IQR),这一段中包含了中间 50% 的数据,箱子外面两边还各有 25% 的数据,所以 IQR 也可以用来度量数据的离散程度.通常,如果有极端值距离上四分位数或下四分位数超出了 1.5 倍的 IQR,则把这些极端值在线段的延长线上用点表示.

图 3-7 是北京和上海 2009 年 12 月空气污染指数的箱线图,我们可以方便地对两组数据进行比较,两地数据的中位数与下四分位数很接近,北京是 93.5 与 55,上海是 89 与 57,说明两地这个月均有约 50% 的天气是优良的,且优和良的比率很接近,但北京的上四分位数比较高,北京的 IQR(为 78)大于上海的 IQR(为 50),反映出北京比上海的数据散度大.上海中位数更接近上四分位数,说明上海的数据分布呈偏态,在中位数至上四分位数这一段上数据密度较大.极端值在箱线图上非常显眼,北京数据有一个极端值 500,提示这时以平均数作为数据中心不合适.因为中位数和 IQR 的含义比平均数和标准差更通俗易懂,所以有些国家的中学教箱线图,如美国课程安排在 12 岁左右学习,新西兰在 13~14 岁学习,澳大利亚、比利时、荷兰、南非在 15~16 岁学习,法国在 16~17 岁学习.

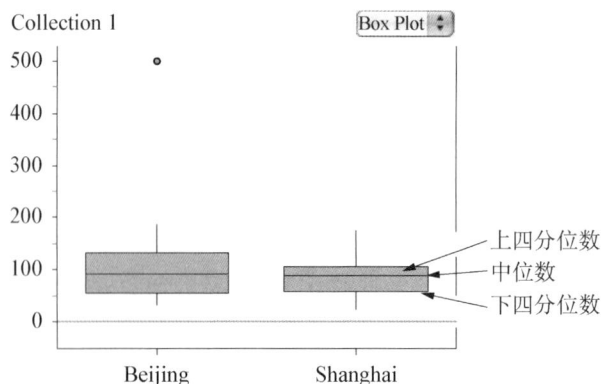

图 3-7 北京和上海 2009 年 12 月空气污染指数箱线图

无论中外,研究学生阅读和构造统计图的都相对多一些.关琪于 2003 年在上海一所初中对 6~8 年级的每个年级各两个班级(一个是就近入学学生组成的普通班,一个是入学时以学习成绩遴选出的航模班),共计 217 名学生,进行了统计图认知水平的研究.这些学生除在小学5年级接受过5课时的统计图教学外,都未曾系统学习过统计图,他们对统计图的认识主要来自于以往的各科学习以及生活中的经验.她的测试题涵盖了条形图、扇形图、折线图与散点图(关琪,2003).她发现,6年级普通班的学生中有42%的学生不会阅读统计图,45%的学生能够直接读取数据信息,达到读图的基础水平(read the data).7、8年级普通班的学生表现类似,约一半的学生达到基础水平,另一半的学生能够对直接读取的信息进行重新组合加工获得新信息,达到中级水平(read between the data).6年级航模班有71%的学生处在读图的基础水平,26%的学生处在中级水平,7年级和8年级的航模班读图水平则以中级水平为主,另有13%左右的学生能够全面分析数据信息而形成假设、看出趋势或找出普遍规律,达到高级水平(read beyond the data).她的调查结果显示,即使没有正式学习统计图,从6年级到7年级,无论是普通班还是航模班,都有非常明显的进步,但这种显著进步没有在7年级到8年级的学生中观察到.

与关琪不同,苏连塔的研究对象是已经进入新课程学习的初中生,他仅关心学生对散点图的理解,一是考察为期3周、每周2次的坐标系与函数图象教学对提高15名7年级学生读图水平的影响;二是关注了180名来自福建两所学校7~9年级使用不同版本新课程教材的学生,考察不同教材、不同年级对学生读图能力的影响.他发现,虽然只是作为课外活动,上课次数也不多,但是对这些7年级学生进行直角坐标系和函数图象的短期教学还是会在一定程度上提高他们读散点图的能力,尤其是在利用数据信息方面、读图的精确性方面以及对图中每个点所表示的含义方面有较大进步,学生在回答直接读取数据信息水平的问题时普遍不再感到困难,在局部范围内比较两点或多点之间的数据时也取得了明显的进步.在他考察不同年级学生读图水平的研究中,他报告有80%的9年级学生已经达到读图的基础水平,明显高于低年级,但是这样的优势在回答高级水平读图问题上不那么明显,达到读图高级水平学生的比例从7年级到9年级依次为15%、20%和23%,说明即使有正式学习统计图表的经验,但是初中生要达到读图的高级水平还是非常困难的,这与文献(Ben-Zvi &

Arcavi，2001)中的观点一致.

下面，基于文献，笔者对学生阅读统计图可能会遇到的一些困难以及比较常见的错误作一梳理.

(1) 忽视统计图的标题和坐标轴的名称与单位而读错信息. 比如，一张统计各家在小镇上居住了几年的条形图，回答看到的信息时，有的小学生写道："最大的家庭是 3"和"大多数人已经住了 1 年"，而正确答案是"有 4 户人家住了 3 年，比其他年数都多"和"各家住的时间大都不同，常常是只有一户人家住了那么多年"(Watson，2006，p.84).

(2) 看到显示百分比的扇形图就把总量误以为是 100，这些学生把样本全体所代表的份数 100% 与总量混淆起来了，缺乏百分比是相对量的概念. 这种错误在小学生中较为常见.

(3) 因为经常看到教材或者教师给的统计图以 0.5、1、10 或 100 为一个单位，所以想当然地以为坐标轴的刻度总是如此，造成读数错误，不过这类错误一般比较容易纠正.

(4) 从读条形图到读散点图、折线图，学生的注意力要从一维上升到二维，跨度较大. 还有一些学生因为缺乏坐标系、扇形等预备知识，不清楚图上的点或扇形代表的含义，于是就撇开统计图，凭自己的生活经验或相关知识作答，从而读错信息. 比如，图 3-6 表示的是历届现代奥运会男子 100 米跑冠军的成绩，对于问题："现代奥运会从 1896 年到现在，一般情况下每四年举行一次，从图中来看 1940 年举办奥运会了吗? 若举办了，男子 100 米冠军成绩是多少?"有一位 7 年级学生这样回答："1940 年举办了奥运会，成绩是 11.25 秒."他并不明白图上的点代表了什么，里面隐藏着何种信息. 经过 6 次关于坐标系和函数图象知识的学习，该学生这样回答："从图中来看，1940 年不会举办奥运会，要是有举办就会点出来."(苏连塔，2004，p.14)由此可见，对学生进行格点图或者平面直角坐标系、函数及其图象的教学会提高学生对散点图、折线图的理解能力.

(5) 一些学生想当然地把点的位置高(纵坐标大)与"快""好"等同起来. 在读图 3-6 这样纵坐标越小跑步速度越快、成绩越好的统计图时就会说反，不过只要别人提醒,这种常见错误容易纠正.

(6) 读图不精确.如果图上没有标原始数据,学生读出的数据常常不精确,有过大的误差.关琪发现在她调查的 6 年级学生中有 30% 存在这个问题,7 年级和 8 年级学生中相应人数的比例也超过了 10%.苏连塔发现,先学习坐标系和函数图象表示,能够大幅度地提高 7 年级学生刻度读取的精确性.

(7) 能够提取局部特定点的信息,但不会宏观概述.如苏连塔发现一些学生像报流水账似地这样描述第 11 至第 16 届奥运会男子 100 米冠军成绩的变化情况:"11 届 10.5 秒,12 届 10.6 秒,13 届 10.8 秒,14 届 10.3 秒,15 届 10.2 秒,16 届 10.1 秒,时高时低."关琪也有类似的发现.这也有可能与学生不了解"趋势""统计规律"的含义,缺少恰当的语言描述整体情况有关.因为学生长期以来在数学课上学习的规律都是没有例外,放之四海而皆准的,所以面对奥运会 100 米跑成绩图,不少学生觉得难以对男子 100 米冠军成绩得出什么结论或猜测,哪怕只有一届奥运会的冠军成绩比上一届慢,也不能得出"男子 100 米冠军成绩在逐步提高"的结论,何况历届奥运会中有好几次成绩都比上一届慢.类似地,在看了身高与体重的散点图后,一些学生虽然同意散点图上大部分点都表现出"体重随身高上升"的趋势,但是因为不是所有的点都在一条直线上,所以他们否认"身高与体重成正比例关系"的说法(关琪,2003)."不和谐"的数据给学生总结趋势带来很大困惑,教师需要帮助学生熟悉诸如"偶尔""波动""稳定""逐渐缩小""呈现迅速增长的趋势""呈现逐步减少的趋势""持平""先大幅攀升后小幅回调又缓慢上升""大方向""误差""总体上呈现……随……的变化趋势"等等语言.统计规律是指随机现象的量的规律,是对大量偶然事件(或称随机事件)整体起作用的规律,它们揭示着这些偶然事件整体的和必然的联系,如抛一枚普通的硬币大数次后,正(或反)面朝上和朝下的次数通常是一半对一半,这是一条统计规律,但并不意味着抛 10 000 次就一定是 5 000 次朝上 5 000 次朝下,每一次收集到的数据有其随机性,但两个结果出现次数一般都很接近,差距大的情况可能有,但发生概率很小.长期习惯于确定性数学思维的人在开始接触统计规律时都会感到很不适应,我们应该帮助学生认识到在探究统计规律时,个别事件的特征和偶然联系应退居次要地位.

(8) 回答高级水平的读图问题还对学生的背景知识提出了要求.比如有的学生预测下一届奥运会男子 100 米跑冠军成绩为 9 秒以下,显然缺乏相应的体育常识.

我们再来看看学生构造统计图有哪些困难或常见错误,有些与我们前面讨论构造统计表或阅读统计图的困难或错误类似,如"常遗漏统计图的标题和坐标轴单位,忽视通过标题传递主题、对象范围、地点、时间等各种限定信息"和"缺乏百分比、比例、坐标系等知识,造成画图困难",这里不再重复.下面这些是关于制作统计图可能会遇到的一些困难或者比较常见的错误,归纳如下:

(1) 作图时常把关系图画成过原点的图.这在表示人从出生以后其年龄-身高变化曲线图这样类似情境就不合适了.

(2) 画条形图时,横轴上的坐标(如年份)虽然由小到大排列,却只保留了那些频数不为 0 的年份,导致某些年份在横轴上缺失,这样的条形图不能真实地反映数据的分布情况,容易误导读者(Watson,2006).

(3) 从会画没有视觉欺骗的图到会甄别或者会画有视觉欺骗的图要经历认识上的飞跃.图 3-8 显示的是两种可能带来视觉误导的统计图,即那些"纵坐标不从 0 开始"的和那些将一维数据表示成 2 维平面图形或 3 维立体图形的统计图.图①中虽然两个条形之间标明了涨幅为 12.3%,但是一眼望去首先留下的印象是 2016 年 1 季度广告投放量是上一年的两倍多.图②中的票价是球的直径,但用立体象形图表示后,票价的视觉印象是球的体积,特殊场次票价仅是普通场次票价的一倍,但体积达 8 倍,读者很容易被误导,所以不提倡这样使用象形图.

还要警惕的统计图有:扇形图各项之和不是 100%、利用近大远小的透视原理把想要突出的扇形放在立体扇形图的最前面、通过调大或调小单位长度故意夸大或缩小量的差别.Darrell Huff 写过一本广为流传的书《如何利用统计说谎》(How to lie with statistics),书中举了很多利用统计行骗的例子,意在揭露那些故意误导受众的骗术,引起大家对这类欺骗的警惕.使用有视觉误导的统

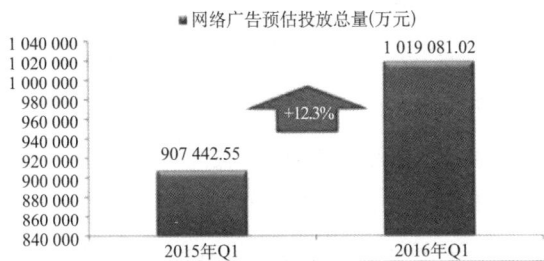

数据来源：视扬-广告雷达，2016年1季度，网站广告，预估投放价格，单位：万元
http://chuansong.me/n/762347152796
①

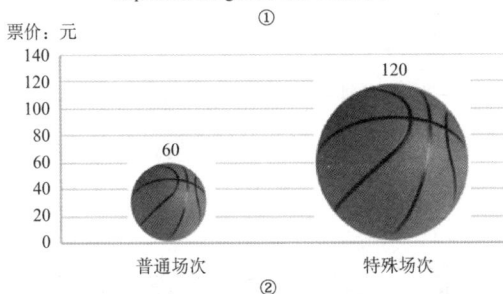
②

图 3-8　可能带来视觉误导的统计图

计图就是其中的一种骗术，书中有一章，叫做"惊人的统计图"（Huff，1954），他让读者看到同样的统计数据如何从一幅平淡无奇的折线图可以变身为一幅具有很大视觉冲击力、很夸张的折线图. 这样的视觉误导并非个别行为，而且具有很大的隐蔽性和欺骗性，Huff 的这本书因此成为一本畅销书，被翻译成多种文字（包括中文）. 从苏连塔的测试结果来看，初中生对"改变刻度可以改变人们的视觉印象"这一"变身技法"很不了解（苏连塔，2004）.

警惕可能带来视觉误导的统计图是 2000 年课程改革之后增加的一个新内容，一方面是普及制作统计图的一些规范，但更重要的是培养学生的质疑意识和技能，比如，见到纵坐标不从 0 开始的统计图，学生要敏感地再想一想画图者只是想要方便读者读取数据，还是刻意要产生视觉误导.

基于上述对学生学习困难的分析，下面我们结合一些具体素材对中小学统计图表的教学提出建议.

学校课程中，条形图一般是小学生最早学习的一种统计图. 在小学低年级，认识条形图一般会与学习数数、分类结合在一起进行,借用格子图,并先由实物图与象形图铺垫过渡,比如,先让学生按他们喜欢的体育活动站队,一格站一个人.然后如图3-9,在格子图上贴标签用象形图表示喜欢各项体育活动的人数.格子不仅可以规范实物或图片的排列,方便数量的比较,也为将来学习坐标系做准备.我们可以让学生根据这张图互相提问回答,调动他们的学习积极性.在引入条形图表达之后,可以逐步引导学生通过对直接读取的信息内容进行重新组合,看出图中数据信息反映出的一些数量关系(如有多少人参加了这次调查),争取达到Curcio读图的中级水平,并会设计、制作简单的条形图.Watson发现小学生达到Curcio读图的基础水平没有问题,经过两两比较,得出最多或最少的结论也不难,但是有的学生会因为四则运算的错误而导致结论出错(Watson,2006).

图3-9 象形图示例

到初中阶段,学生对有理数以及直角坐标系的认识为他们学习直方图奠定了基础,在读图方面,可达到中级水平,并尝试回答高级水平的问题,如作出预测或推断总体的发展趋势.在制图方面,因为数据量大且常常涉及小数,应鼓励学生利用新技术作直方图、折线图、扇形图和散点图.用Excel制作直方图需要一点小技巧,可以先通过恰当分组,作出频数分布表,再画出条形图,选中图上的柱子,点击右键,选择"数据系列格式",在"选项"中把"分类间距"调整为零,即可得到所要的直方图.另外,可以鼓励9年级学生尝试如何"改变刻度从而改变图的形状,改变人们的视觉印象",利用计算机技术,学生容易体会其中的奥秘,而且觉得很有趣(苏连塔,2004).

对于高中生,理想的安排是利用新技术,多从分布的角度去考察随机现象,用样本的频率分布直方图去了解总体的分布特征.比如,有 25 道是非题,如果一名学生完全随机地对每道题选择对或错,我们可以猜想,从整体来说(比如他考 1 万次),他全部答错或者全部答对 25 道题基本上都是不可能的,可能性比较大的是蒙对 10~14 道题.用计算机模拟试验 1 万次,得到一个试验结果的频率分布直方图(图 3-10),与我们的猜测完全一致,分布的图形呈现两头少、中间多、左右对称的特点,"猜对几题"这个随机变量按正态形式分布,直方图将正态分布理论具体化、直观化了.

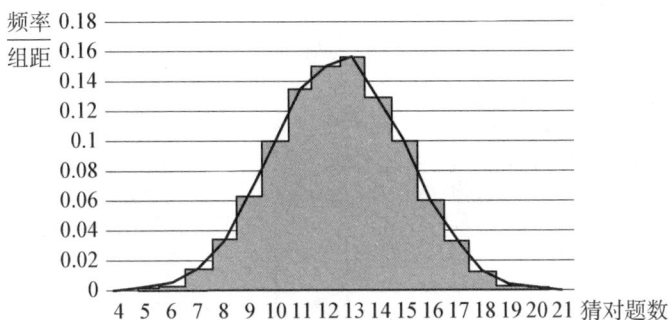

图 3-10 模拟猜测 25 道是非题 1 万次得到的一个试验结果
的频率分布直方图

至于箱线图,如果需要引入我国的学校课程,笔者认为宜安排在高中,与学习分布结合起来.在 2004 年国际统计教育学会的圆桌会议上,来自荷兰的 Arthur Bakker、德国的 Rolf Biehler 和美国的 Cliff Konold 三人联合就初中生是否适合学习箱线图以及存在哪些认知困难作了发言.他们的观点是虽然箱线图是一种很有用的统计图,但是初中生(15 岁以下的中学生)学习它还是会遇到不小的困难,如箱线图揭示的是全局信息而不是个别信息、它与学生熟悉的其他统计图差别很大、中位数对学生来说不直观,只有极少数学生能够正确理解中位数和上下四分位数把全部数据分成 4 组这件事,当中位数或四分位数处有好几个相同的数据时,这时分组的结果可能无法做到四等分,造成理解困难.所以他们提醒大家要认真考虑是否要把箱线图教给初中生,如果教的话,该如何教、什么时候教(Bakker,Biehler & Konold,2004).

学生通常擅长回答问题而不是提出问题,Curcio 的读图水平划分理论不仅有助于教师设计有层次的教学,评价学生的认知水平,同时这一理论也可以帮助学生提出问题.当我们面对一张统计图,比如下面这张堆垒条形图(图 3-11),我们可以就不同年龄人的消费数据,提出基础、中级和高级水平的问题如下(关琪,2003):

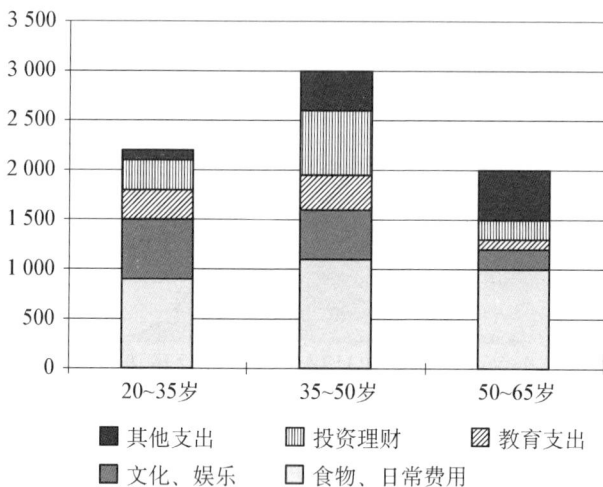

图 3-11 年龄与消费支出结构变化图

➤ 哪一年龄段的消费支出最大?(基础水平)

➤ 哪一年龄段的文化娱乐支出最大?(基础水平)

➤ 哪一年龄段有回报的消费支出(包括投资理财、教育支出)投入最多?(中级水平)

➤ 你能分析一下 20～35 岁年龄段消费的支出情况吗?(中级水平)

➤ 你能分析一下 35～50 岁和 50～65 岁这两个年龄段的人在消费支出上有何不同特点吗?(中级水平)

➤ 你能分析一下不同年龄段的人在消费支出上有何不同特点吗？（高级水平）

选取大众媒体上的统计图表素材，让学生讨论交流他们看到了什么信息很受学生欢迎．下面这幅图（图3－12）来自武汉晚报，可以用于初中的条形图教学．我们不妨让学生仔细观察这幅图，以小组为单位，每组给出并尝试回答他们感兴趣的2个基础水平、3个中级水平和1个高级水平的问题．我们要求学生从讨论基础水平的问题开始，如2015年成都电影院的平均票价是多少，这一年能在全国进入十大票仓城市的票房至少要达到多少亿元．然后再重点讨论中级水平的问题，如2015年票房第一名的北京其票房高出苏州多少，票房的差异大还是票价的差异大，这十座城市电影平均票价的中位数是什么，众数呢，平均票价相同的城市票房也相同吗，为什么会不同．最后讨论高级水平的问题，如票价决定票房吗，票房与票价有关系吗，你还读出了什么我们没有提及的信息等等．当然，这些素材以及讨论的问题需要教师不断地积累．发动学生收集图表也是非

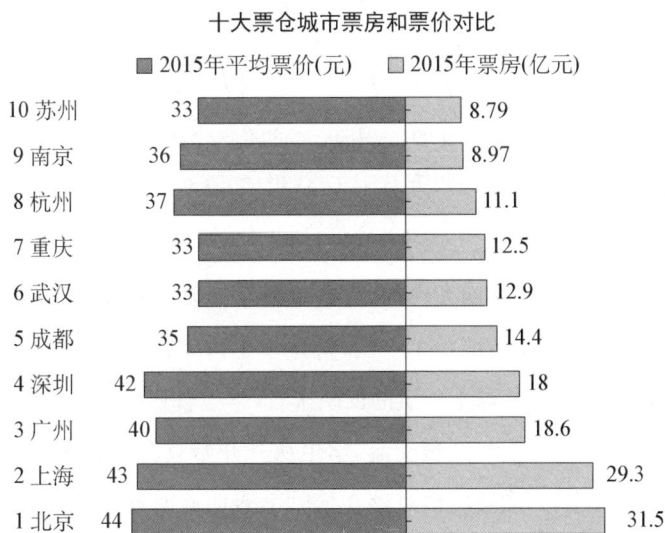

十大票仓城市票房和票价对比

■ 2015年平均票价(元)　　■ 2015年票房(亿元)

排名 城市	平均票价(元)	票房(亿元)
10 苏州	33	8.79
9 南京	36	8.97
8 杭州	37	11.1
7 重庆	33	12.5
6 武汉	33	12.9
5 成都	35	14.4
4 深圳	42	18
3 广州	40	18.6
2 上海	43	29.3
1 北京	44	31.5

图3－12　2015年十大票仓城市票房和票价对比图

资料来源：http://sy.cnhubei.com/2016/0121/287866.shtml

常好的主意,可以早一点布置,让他们留意并用相机等方式记录下他们课外见到的统计图表.

还有一种活动也很受学生喜爱,即根据统计图大家一起来编故事.我听过一节澳大利亚小学高年级的课,教师给出了一张曲线图(类似图 3-13),它描述的是某个周五从下午 3:30 至 5:30 一地铁站台上候车人数变化情况.因为这张图本身的复杂性,教师上课时并不苛求读数精确,而是要求接近即可,重在了解这种表示信息的方式并能够用一个故事来大致描述图上反映出的信息.

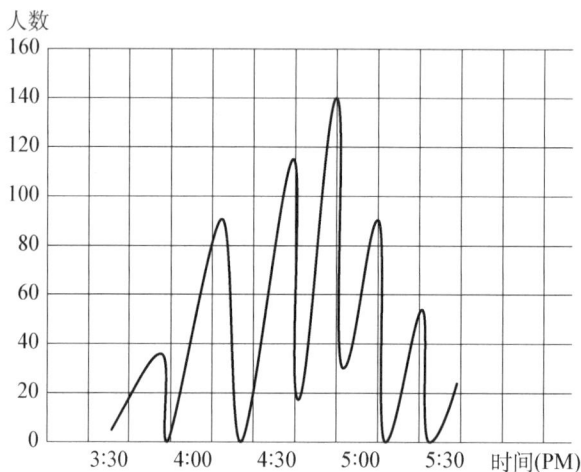

图 3-13 某个周五从下午 3:30 至 5:30 某地铁站台上候车人数变化图

教师课前将学生分成四人小组,先后进行了四轮小组讨论与全班汇报,每位学生都上讲台代表小组汇报了一次,每位学生讲完,要回答其他学生就其所讲内容所提出的问题.从课上学生的反映来看,学生普遍很投入,读图的表现也越来越好.通过小组交流与全班交流,学生从一开始只会指着图说这个时候站台上候车人数最多,到能够明白点落在横轴上表明此时站台上没有人,到大致读出人数,到能够解释曲线上升或者突然迅速下降是怎么回事;从编一个简单的与时间有关的候车故事,到最后不仅要求故事有趣能够引人发笑,还要用到图上的数据信息,说明在某些时刻发生了什么事使得站台上的旅客人数有了变化并反映候车人流逐渐增大又减小的趋势.所有这些,对小学生还是很有挑战性的.

　　这节课教师没有说多少话,她的工作主要体现在以下几方面:(1)课前对四次小组讨论的问题以及学生分组的设计;(2)课上对学生观察、记录,并据此决定各小组在每一轮中的汇报顺序;(3)在组织全班汇报时及时肯定汇报中的闪光点.这种小组讨论与全班交流的学习形式令学生很忙,忙于读图理解、合作交流、编写故事、提问回答.这节课在培养学生学习自主性方面值得我们借鉴.

　　学生对数据的表示与分析能力的发展是一个渐进的过程,了解学生读图表、画图表的认知发展过程,有利于我们选择合适的教学素材,循序渐进地开展统计图表的教学.教学中我们应尽量选择有现实背景的统计图表,让学生试着解释图表中数据的含义,去了解社会、认识世界.数学教师同样有开展德育的义务.

第四章
概述数据： 中心与离散程度

　　在概率统计教育发展初期,平均数这个概念往往是被安排在算术或代数中学习的,它是普通百姓最熟悉也用得最多的一个统计概念. 随着学校统计教育内容的拓展,平均数教学的重点也从数的计算或方程求解(已知算术平均数求某个缺失的原始数据)转化到理解平均数的意义以及在何种情形下选择平均数作为一组数据中心的代表. 下面这道 PISA 测评使用过的考题就反映着这种新的教学取向,值得我们借鉴. 这道题的测试结果 OECD 国家的平均正确率为 32.7%(OECD, 2010, p. 125). 题目如下:

　　下图(图 4-1)是 A、B 两组学生在一次科学测验中的结果,A 组的平均分

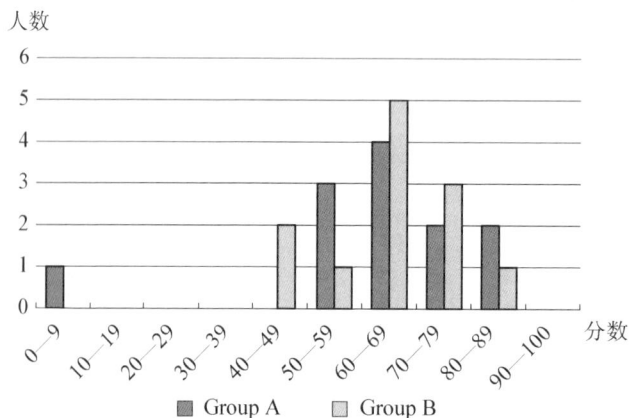

图 4-1　PISA 样题：测验分数

是 62.0，B 组的平均分是 64.5，规定 50 或 50 分以上的学生即为通过测验.

老师看图后认为这次测验 B 组比 A 组考得好，可是 A 组学生不这样认为，他们试着说服老师 B 组不一定考得比他们好.请用此图给出 A 组学生可能说出的理由.

这道题有三个看点：情境、考查内容、考查形式.情境是学生非常熟悉的学校生活，简洁明了，情境与数据融为一体，不容易剥离或更换，是真正的情境题.考题不考查计算，题中已经给出了平均分，但此题要求考生能够读懂文字和统计图，从中获得信息，能够看出 A 组成绩分布的离散程度明显大于 B 组，老师仅仅比较平均分是不合理的.为此，学生可以从多个角度去论证，如：(1)A 组有 11 人通过了测验，多于 B 组的 10 人；(2)A 组高于或等于 80 分的人数是 2 个，也超过了 B 组；(3)A 组的平均分因为有 1 个学生的特别低分而被拉低，在有极端值的情况下不适合使用平均数作为数据中心的代表；(4)比较中位数或众数的话，A 组与 B 组成绩是一样的.学生无论从上述哪个角度都可以论证 B 组不一定考得比 A 组好.考题的答案是开放的，这样的考查形式为考生展示其质疑的意识和技能、论证与交流的能力提供了机会.

在我国现行的课程标准中，小学第二学段学习平均数，初中学习中位数、众数、加权平均数以及方差，高中必修主题四学习用样本平均数与标准差估计总体的平均数与标准差，选择性必修课程中学习离散型随机变量的均值(数学期望)与方差.下面我们一起看看已有文献对于我们开展相关概念的教学有哪些启示.

第一节　平均数、中位数与众数

平均数(若无特殊说明，均指算术平均数)是一个常用的术语.每当一个量有多个测量值时,人们最容易想到取它们的平均数作为代表,比如平均工资、平均价格、人均住房面积等等.当离散型随机变量(取值随机会而定的变量)有几个可能的取值时,要问该随机变量的数学期望(随机变量取值的平均水平,也叫做均值),学生常常也会以所有取值的平均数作答而不管随机变量相应取值发生的概率是否相等(阴志红,2006).记得特级教师马明老师写过一篇文章中说他的一个学生问他能不能定义三面角的大小,当时他试探地反问这位学生有没有想过怎么定义,该学生说三面角有三个二面角和三个面角,他想用它们的平均数来定义这个三面角.上述这些例子说明,计算算术平均数已经成为人们寻求代表的一种极其自然的方法,但是同时也存在着使用是否恰当的问题.

除平均数外,中位数、众数、去掉一定比例的最高分和最低分的切尾均值、以组中值作组代表值的分组均值也是常用的代表一般水平或者说分布中心的量,它们有一个共同的优点,即将信息简单化、综合化,但也有一个共同的缺点,即它们都只是一组数据众多原始数据的一个代表,如果数据分布是单峰的且左、右对称的分布(如正态分布),这时众数、中位数和平均数是一致的,如果它们都有意义的话,那么选哪个作代表都可以,但是如果数据分布不是这样,那么哪个能作代表,或者说代表得好一点就要选择了,需要考虑它们各自的适用范围.

比如,众数的优点是从原始数据中很容易找到,几乎不需要计算,对表示类别的变量(如颜色、水果种类等)尤其合适.当一组数据有两个众数且位于它们之间的数据又很少时,指出这组数据有两个众数非常必要.但众数很不稳定,有时个别数据的变动都会改变众数,分组若有变化,分组众数受到的影响也较大.中位数的优点是将数据排序后很容易找到,几乎不需要或需要很少量的计算.中位数是到各数据点距离和最小的点,根据这个性质,若要在一流水线上设置一个工具箱的位置,方便在此流水线上工作的所有工人取用工具,那么这个位置就一定是"中位数"的位置,这是一个很有趣的应用,可以从一个工人,到二个、三个工人,逐渐归纳得到.当直方图显示这是一个偏斜的分布或者有极端值时,中位数能够更好地代表这组数据的中心,中位数对极端值不敏感.算术平均数是最常用的指标,它可以被看作是这组数据的"重心",因为如果把所有的数据都标在数轴上(包括重复的),那么平均数与其两侧数据距离之和相等. 当分布比较有规则,即不存在极端值时,用算术平均数作代表可以用到每个数据,感觉公平. 如果增加、减少或者改动一个不等于算术平均数的数据,它就很敏感. 当受到极端值影响时,它的代表性就不太好. 所以,我们使用平均数比较两个数据集时,需要考虑用平均数作为分布中心的代表是否合适,需要明白地告诉读者数据集的方差,有没有极端值,计算算术平均数时有没有去掉极端值这些必要的信息. 切尾均值意在取中位数和平均数之长. 因为切掉了尾部,所以对极端值不再敏感,又由于使用了较多的中间样本点,因此减少了它对中间一两个观察值的过度敏感. 但切多少比例的尾部最合适要依据实际情况确定.

我们在第一章中提到过名义数据和有序数据合称定性数据,比如,对于 5 级选项的调查,我们常用数"1"表示"完全不同意","2"表示"不同意","3"表示"不同意也不赞同","4"表示"同意","5"表示"完全同意". 对它们赋值是为了机器统计数据的方便,这些数只起一个顺序的作用,不同选项之间的差别不能用数的差表示,进行运算通常没有意义,所以严格来说,也不能对它们求平均数和标准差用于比较. 对于这样的类别数据(categorical data),用中位数或众数来代表这组数据的中心,用极差或者中间 50% 数据的极差(四分位距)来衡量离散程度更加合理.

总之,使用什么指标作为一组数据中心的代表,取决于这组数据的含义以及数据分布本身. 但平均数比较常用,这是不争的事实,为什么呢? 这是因为样本平均数是总体平均数好的估计,既是相合的又是无偏的,样本均值具有以下重要性质:

性质 1:每个数据与均值的偏差之和为零;

性质 2:每个数据与均值的偏差平方和在同类偏差平方和中为最小;

性质 3:从正态总体 $N(\mu, \sigma^2)$ 中取出样本,则样本均值服从正态分布,即 $N\left(\mu, \dfrac{\sigma^2}{n}\right)$;

性质 4：从一个分布未知的总体中抽取样本，但已知总体均值为 μ，方差为 σ^2，则当样本容量充分大时，样本均值近似服从正态分布 $N\left(\mu, \dfrac{\sigma^2}{n}\right)$.

上述性质 1 显示均值作为分布中心很合适，每个数据与均值的差的代数和为 0，不偏不倚. 也就是说，如果数据集里有 n 个数 a_1，a_2，$\cdots$，a_n，那么有一个数 m 使得 $(a_1 - m) + (a_2 - m) + \cdots + (a_n - m) = 0$，这个数 m 就一定是这 n 个数的平均数. 性质 2 更说明平均数作为中心的合理性，除了平均数，其他任意一个数 c 与每个原始数据差的平方和都要大于或等于与平均数作差得到的平方和. 利用性质 3 我们可以理解为什么我们重复测量同一个零件多次，再取其读数的均值能够起到减少误差的作用，因为样本均值服从的正态分布方差更小了. 性质 4（中心极限定理）是理解统计推断的关键，保证了用样本平均数来估计总体平均数的科学性，它说的是无论总体的分布是否服从正态分布，当样本容量充分大时，都可以用样本的平均值去估计总体的平均值. 下面，我们利用模拟抽样小软件感受一下上述性质 3 和性质 4. 这个小程序十多年来一直放在网上供大家免费使用，很可惜，原来的网站最近更新后撤掉了这部分内容. 大家只能通过阅读加深理解，不能亲自尝试了.

我们先看性质 3，总体是正态分布，不妨设置其均值是 5，标准差是 1.808（设置其他值也可以）. 如图 4-2，图的左边是总体分布窗口，中间是你命令计算机从总体中取出多少次样本（如 10 次）和每个样本的容量（如 5 个样本点），你希望抽样慢一点能够从右边图上看到过程（选 S），还是快一点告诉你最后的抽样结果（如需快速，选 F）. 点击 Draw Samples（抽样），图的右边出现 10 个点，它们分别是这 10 个样本的均值. 图中显示，样本均值的平均数是 4.54，与总体均值 5 很接近，样本均值的标准差 0.867 近似于总体标准差除以 5 的平方根的值（也称为标准误）0.809. 为了能够看清样本增加，样本均值分布更加集中的效果，我们将每个样本容量增加到 15，重复抽样 100 次（见图 4-3①），结果是样本均值的平均数为 5.08，依然在 5 附近，但是样本均值的标准差变小了，为 0.469，近似于总体标准差除以 15 的平方根（值为 0.467），这时 100 个样本平均数的分

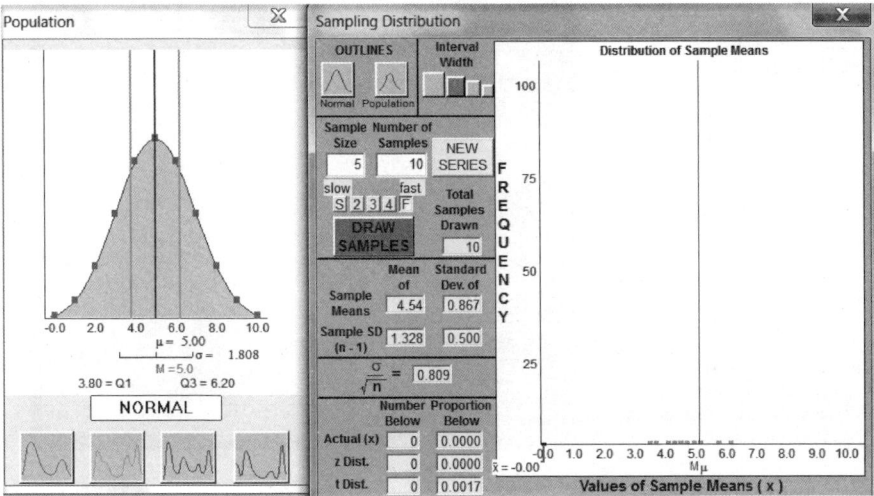

图 4-2　样本容量为 5 的 10 个取自正态分布的样本均值的分布

布也显现出"两头低、中间高"的态势. 为了更加清楚地看到样本均值服从的分布, 让我们再增大抽样次数至 200(见图 4-3②), 我们看到样本均值近似服从正态分布的特征更加明显, 显示样本均值的平均数是 4.96, 与总体均值 5 很接近, 样本均值分布的标准差 0.474 也很接近于标准误 0.467, 性质 3 获得验证.

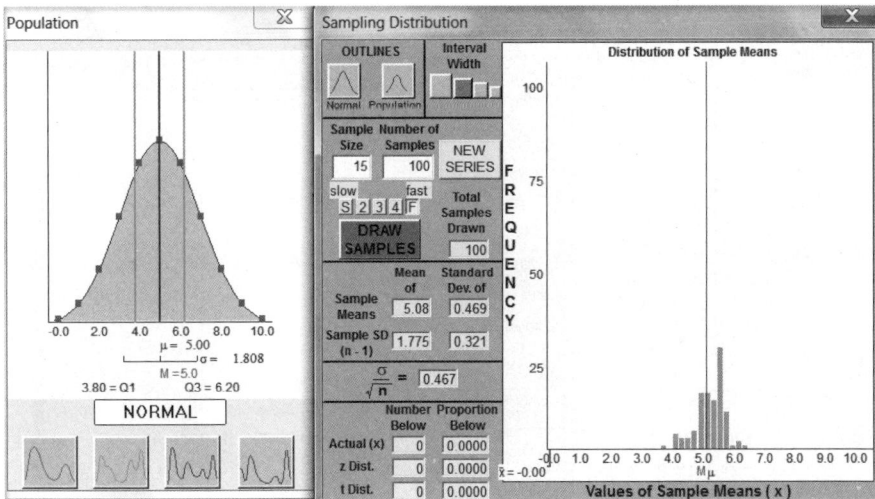

①

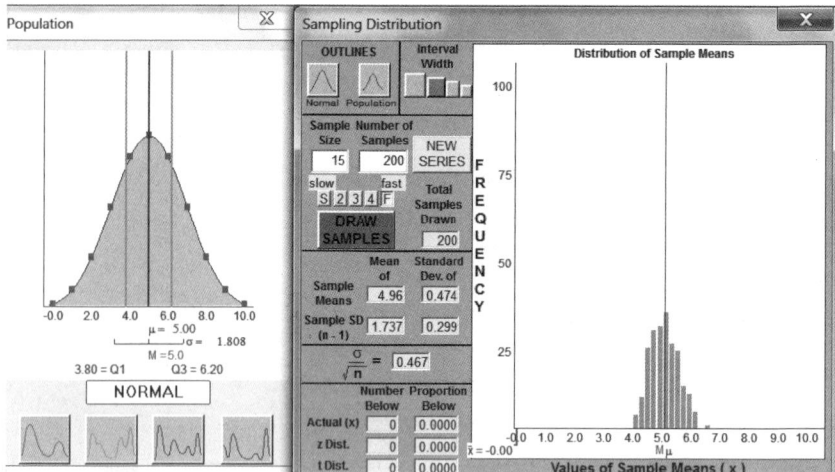

②

图 4-3　样本容量为 15 的 100 和 200 个取自正态分布的样本其均值的分布

同样,我们可以按左边下方按钮,将总体分布换成均匀分布、偏态分布(大部分的数据落在平均数的左边或右边)、双峰分布或我们自己创造的任何不知名的分布,只要总体分布的均值与方差存在,当样本容量充分大时,样本均值都近似服从正态分布,是左边总体均值很好的估计,这就是中心极限定理.图4-4显示的是分别对均匀分布(图4-4①)和双峰分布(图4-4②)总体所做的模拟抽样结果.

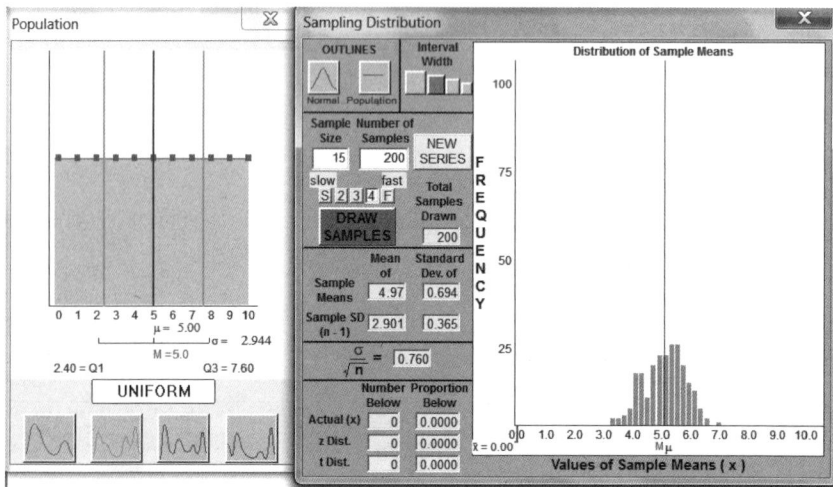

①

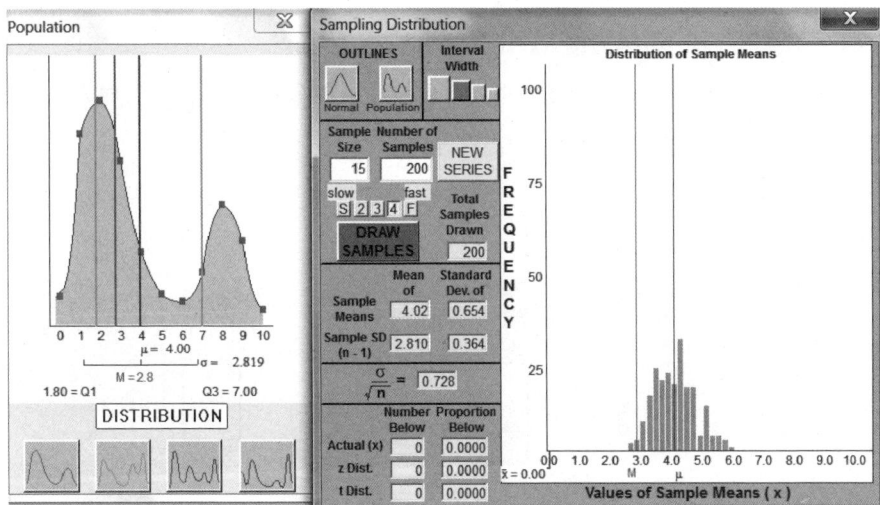

图 4 - 4　样本容量为 15 的 200 个取自均匀分布和双峰分布总体的样本均值的分布

　　用平均数作代表的想法自然朴实,样本均值又是总体均值好的估计,且随着样本量 n 的增加,标准误迅速减少,样本均值的分布将随着 n 的增加而更趋集中,这一点对统计推断产生了十分有利的影响,使平均数在代表一般水平的几个指标中一枝独秀.

　　下面我们来看一些与平均数相关的教学研究.归纳起来,主要涉及三个方面:平均数的含义、平均数的性质以及在现实问题情境中平均数的选用.

一、平均数的含义

　　平均数有着怎样的含义? 通俗易懂的含义笔者称之为"均贫富",即原本有多多少少若干量,经过平均以后,它们最终变得一样多,这个最终的量就是原本那些量的平均数.我国小学数学教材中介绍了两个"均贫富"的办法:(1)"先集中,再平均分"的方法;(2)"移多补少"的方法.不妨以人民教育出版社出版的九年义务教育六年制小学教科书《数学(第八册)》第一章第三节"简单的数据整理和求平均数"中的一道题为例,说明这两种方法. 题目是:

如图 4-5,用 4 个同样的杯子装水,水面的高度分别是 6 厘米、3 厘米、5 厘米、2 厘米. 这 4 个杯子水面的平均高度是多少?

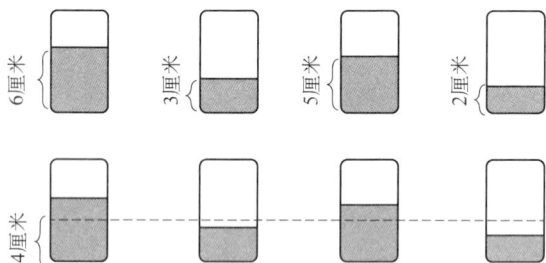

图 4-5　杯子装水问题示意图

第一种方法"先集中,再平均分"带有操作性,与平均数的计算步骤也一致,先把 4 杯水集中在一起,再平均地倒入 4 个杯子中,学生很容易理解和运用. 第二种方法"移多补少"相对抽象,先在每个杯子上将水面高度做好标记,然后水面高的杯子往水面低的杯子倒水,直至所有杯子水面高度一致. 通过"均贫富",最后 4 个杯子水位一样高,那个高度 4 厘米就是所求的平均高度. 教学中如果使用积木等实物教具讲"移多补少",因为移的前后过程没有留下踪迹,学生常常讲不清楚是如何移动积木的,效果不好,采用在容器上做标记或在纸上画图示意将有助于说明.

"均贫富"的结果是商,所以完全有可能出现有余数的情况,一些小学生在求出 2.5 人、3.5 棵树这样的答案后,常常对其正确性和合理性产生怀疑,在他们确认计算结果准确无误的情况下,会以计算结果的整数近似值作为答案(王锁国,2005),反映出他们心中的矛盾和疑惑:怎么用一个实际并不存在的数作为代表呢? 这样的困惑在一些初中生中仍存在(Strauss & Bichler, 1988). Watson(2006)曾经研究小学生如何解释"全国家庭平均有 2.3 个孩子"这个现实生活中不存在的平均数值的含义,结果有的小学生认为这表示大多数家庭有

2个成熟的孩子还有一个正在成长的孩子(如未出生的或者还没有到 10 岁的孩子);有的小学生认为这意味着有的家庭有 2 个孩子,有的家庭有 3 个孩子,但是有 2 个孩子的家庭更多一些.这些小学生强调 2.3 是在 2 与 3 之间的一个数,但是没有提及 2 与 3 之外的数;还有一些小学生知道这是做除法得到的结果,比如一个学生解释道:"平均来说,人们有 2.3 个孩子,这不是说真的有 0.3 个孩子,这只是一个计算结果.比如,我阿姨家有 4 个孩子,我家只有我 1 个,两家一共有 5 个孩子,所以每家就有 2.5 个孩子."(Watson,2006,p.107)

平均数的第二个含义是"平衡点",它是由前面提到过的性质 1 保证的.如果把相同重量的 4 个砝码分别挂在标尺 2 厘米、3 厘米、5 厘米和 6 厘米的相应读数处,现在要寻找一个支撑点把这把标尺支起来并保持平衡,那么这个平衡点一定在上述 4 个读数的平均数所对应的位置,这就是平均数的"平衡点"含义.理解这层含义需要懂得杠杆原理,这是初中物理课程的一个知识点,所以适合初中生学习.

平均数还有一个更复杂的含义,它还是使离差平方和达到最小的数(前面提到过的性质 2),即对于给定的两个数 x、y,当 b 取它们的平均数 $\frac{x+y}{2}$ 时,就能使 $(x-b)^2+(y-b)^2$ 的取值达到最小.这个结论可以推广到 n 个数据,即对于给定的 n 个数 x_1,x_2,$\cdots$,x_n,使得 $(x_1-b)^2+(x_2-b)^2+\cdots+(x_n-b)^2$ 达到最小的 b 为这 n 个数的平均数,也就是说,除了平均数,其他任意一个数 c 与每个原始数据差的平方和都要大于或等于与平均数作差得到的平方和.这个含义适合高中生学习.

这样看来,要求小学生会计算平均数容易做到,要求会合理解释"平均 2.5 人"这样的答案也能办到,但是"理解平均数的意义"恐怕是一个长期的教学任务,需要随着学生知识与经验的增长,不断加以深化,所以 2011 年版的全国义务教育课程标准将 2001 年版中第二学段的"理解平均数的意义"要求降为"体会其作用并能用自己的语言解释其实际意义"是合理的.

二、平均数的性质

Strauss 和 Bichler(1988)对平均数的研究独树一帜,他们认为考查学生是否理解平均数,不能只看他们会不会计算平均数,还要看他们是否清楚平均数具有的特点,他们就平均数的以下 7 条性质对学生进行了测试研究:

1. 平均数位于最小值和最大值之间;

2. 平均数与原始数据的离差和为 0;

3. 平均数会受到不等于平均数的数据值的影响;

4. 平均数不需要与参与相加的数据中的某一个相等;

5. 平均数可以是一个在现实中没有实际意义的分数或小数;

6. 平均数是被平均的那些数字的代表;

7. 在计算平均数时要把数值为 0 的数据考虑在内.

他们的研究发现,性质 1、3、4、5 比较好掌握,性质 2、6、7 相对困难.学生之所以感觉性质 2 困难是因为他们认为在不知道多的拿出多少,少的又得到多少的情况下,怎么可能知道这个离差和是什么呢? 只有少数学生知道不管数据怎么变,平均数与原始数据的离差和总为 0.

研究表明,性质 6 的困难在于为数不少的学生在考虑如何用一个数来概括一组数据时,他们会首先在现有的数据中寻找,如有的选取"出现次数最多的数",有的选取"中间的数",或者再复杂一些会选取数据最集中一段的"中间的数",只有少数学生才会提出计算平均数以保证对每个数据公平(巴桑卓玛,2006;Russell & Friel, 1989;Strauss & Bichler, 1988;Watson, 2006),也就是说,小学生可能首先会提出用"众数""中位数"作数据中心的代表,而不是用算术平均数,尽管他们这时还不知道这些术语.

在计算平均数时不把数值为 0 的数据考虑在内也是比较常见的错误,主要是因为有的学生认为加不加 0 对求总数没有影响,所以不予考虑了,但是没有意识到"集中"后还要"平分",数据为 0 的也要参与平分,所以必须考虑.

了解学生对加权平均数的理解是另一个热门的研究课题. Watson(2006)曾经在小学生中使用过这样的测试题:"研究发现,25 个农村学生在周末平均看电视 8 小时,75 个城市学生在周末平均看电视 4 小时. 请说明你如何得出这100 名学生看电视时间的平均数."(Watson,2006,p.116)她发现学生一般都会意识到答案在 4 与 8 之间,偏向 4 小时,但不知道具体怎么算,有的只好估计一个值(如 4.3 小时),更多的学生就不管每组的人数,简单地求出 4 与8 的算术平均数 6 作为答案. 极少数学生会利用比例的知识,看到 8 小时算一份的话,4 小时应该算 3 份,于是平均数是 $\frac{20}{4}=5$,这其实是根据数据(8与 4)不同的重要性再考虑赋予数据相应的权数,达到了灵活运用平均数的水平.

　　Pollatsek,Lima 和 Well 也就加权平均数的理解在大学生中做了调查,他们发现,有不少大学生依然将加权平均数的问题处理成简单的算术平均数问题(Pollatsek,Lima & Well,1981). 他们给出了如下问题:一位大学生在第一所大学读了 2 个学期,平均绩点是 3.2,然后转学去了第二所大学,已经读了 3 个学期,平均绩点是 3.8,则该学生所有大学学分的平均绩点是多少?虽然这是大学生熟悉的情境,但不足半数的学生给出了正确答案,最常见的错误还是直接求 3.2 和 3.8 的平均数.

　　重庆文理学院的梁绍君老师也在他的研究中考察过高中理科班学生对加权平均数的掌握情况,题目给出了一个青年教师讲课比赛的情境,评分人员由三部分组成:10 名授课班级的学生代表(每次赛课前从学生中随机抽取),3 名固定的数学教研组骨干教师和 2 名固定的专家. 题目中给出了 15 名评委对第一位参赛教师的评分数据,要求学生制定一个能反映参赛者实际水平的计算平均分的方法,并计算出平均数. 测试结果显示仅有不到 13% 的学生解决问题时考虑了加权平均,大多数学生只是去掉评分中的最高分和最低分,然后取平均值. 其实梁老师希望看到的是赋予学生、骨干教师和专家给出的评价不同重要性的方案(梁绍君,2006).

李慧华(2008)调查了具有不同统计学知识背景的高一至高三学生对平均数的理解情况,她发现,对于直接计算加权平均数的问题(如按已知权重计算一学期的总评成绩),绝大多数高中生都能够答对.但是对于需要运用加权平均数但没有明说的问题,学生的回答不理想,如甲、乙、丙三人去年的压岁钱分别为360元、120元、720元,今年依次比去年增长9%、30%、6%,如果不计算今年三个人多拿到的压岁钱总数,如何直接求得三人今年压岁钱总数的平均增长率?从高一至高三,学生答题正确率从27%增长至40%,但三个年级都分别有20%至30%的学生不考虑权重直接求三个增长率的平均值.

在求平均数时,忽视数据具有不同重要性,将加权平均数问题简单地处理成算术平均数问题,无论中外,这都是一个常见而且比较顽固的错误.为了提高学生实际应用的能力,我们应该让学生参与到有真实情境的问题中去熟悉权重,考虑权重,学会合理赋权.帮助学生积累这方面的知识和经验也许有助于纠正此错误,但是目前还缺乏相应教学对策的研究.

三、现实问题情境中平均数的选用

算术平均数的计算方法简单易懂,最常用,但要说一般水平或者平均水平就看算术平均数,那就过分渲染它的作用而没有注意它的适用范围了.医学上的有些数据如抗体滴度,经济学中的收益率,用几何平均数就比用算术平均数更加合理.比如,某项投资开始时是1万元,第一年投资赔本,只剩5 000元,该年的收益率为−50%.第二年扭转亏损,账面资本回到1万元,该年的收益率为100%.按照常识,这笔投资在这两年的平均年收益率应该是0.如果我们计算两年收益率−50%和100%的算术平均数的话,答案是25%,数据虽漂亮,但与我们的感觉不符.如果我们设这两年的平均年收益率为G,那么第二年末的账面资本有两种表示法,分别是下面等式的左边与右边:

$$1 \times (1 - 50\%) \times (1 + 100\%) = 1 \times (1 + G)^2,$$

即 $G = \sqrt{(1-50\%) \times (1+100\%)} - 1 = 0$，这就与我们感觉相符了.需要注意的是,我们不是直接对 -50% 和 100% 取几何平均数,而是先对每年资产为上一年的倍数 0.5 和 2 取几何平均数再减去 1 得到平均年收益率的.同样地,如果开始投资时本金为 a,第一年末该投资收益率为 G_1,第一年末的资产本利和是 $a(1+G_1)$,第二年末的当年收益率为 G_2,第二年末的资产是 $a(1+G_1)(1+G_2)$,直至第 n 年末的当年收益率为 G_n,第 n 年末的资产是 $a(1+G_1)(1+G_2)\cdots(1+G_n)$,我们仍然用 G 表示这 n 年的平均年收益率,则有:

$$G = \sqrt[n]{(1+G_1)(1+G_2)\cdots(1+G_n)} - 1.$$

在对比率数据取平均数时采用几何平均要比算术平均更合理.

算术平均数不是万能的,学生应该知道他们需要根据实际情况来决定选用哪个指标作为一组数据或一个分布的中心,尤其是在习惯于用平均数作两种事物的评价比较时,更要注意它的代表性及可比性.我们都知道,平均数最适合数据呈对称分布,尤其是正态分布的情况使用,在有极端值的情况下,平均数不是一般水平的一个好的代表.李慧华在她的研究(2008)中发现,大多数学生对只有一个非常不协调的极端值的数据集(如 1 450,1 500,1 469,1 451,1 532, 1 505,1 445,1 532,1 463,2)是比较敏感的,会去掉这个极端值 2 再计算平均数,但是对于一组尾巴很长的偏态分布的数据集(如 4 000,1 200,1 200,800, 800,1 500,1 500,800,800,800,700,700,700,700,700,700,700,700, 500,500)敏感性就差很多,很多学生直接计算平均数,只有少数学生会去掉最大值或者同时去掉最大值和最小值后计算平均数,都没有意识到这种情形不适合用平均数,可以选用中位数.

2004 年初,有一条新闻成为大家热议的话题:"北京近六成居民收入低于全市平均线,贫富差距继续拉大."2014 年初,北京市统计局、国家统计局北京调查总队发布 2013 年城镇居民收支状况分析报告再次提到(http://www.gov.cn/xinwen/2014-03/20/content_2642236.htm):"六成城镇家庭收入低于平均线."除了这个话题关系国家民生,与每一个国民都有切身利益的相关外,笔者认为它引人注目的另一个原因是这个结果与有些人心中期望的"平均线"位置不符，他们认为有一半人高于平均线一半人低于平均线才是正常的，现在是六成低于平均线，应该是经济领域出问题了.

那么经济领域是不是出问题了？经济学者王则柯指出：事实上，当今世界，没有哪个地方低于平均线的居民不在六成以上，即便瑞典、挪威概莫能外.六成或六成以上居民收入低于平均线，这本是一个放之四海皆准的普遍规律（王则柯，2004）.我们在自己认识的人中几乎找不到身高是我们一倍的人，但是找到收入是我们一倍甚至十倍的人都轻而易举，人们的身高呈正态分布，但人们的收入却是一个偏态分布，多数人低收入，少数人高收入，极少数人有极高的收入.收入的中位数和众数均远低于被极少数极高收入拉高了的平均数，所以有六成或更多居民收入低于平均线就很正常，无需诧异.要真正全面而客观地报道居民收入的实际情况，还是不用全民数据的平均数为好，可以像 2013 年的报告中那样分组（如 20% 低收入组和 20% 较低收入组等），并更加详细地报告各个收入组的中位数、众数等等.

默认平均数的位置在分布中心，这还是与不熟悉偏态分布有关.Russell 和 Friel 曾经用下面这个问题对小学 4 年级学生进行了测试："九种不同品牌的薯条，袋子大小规格相同，所有品牌的平均价格是 1.38 美元，问九种不同品牌的薯条各自价格是多少？"许多学生写出的 9 个价格里 1.38 出现得最多，有的学生以 1.38 为中位数，再写出 4 个小于 1.38 和 4 个大于 1.38 的价格，也有学生以平均数 1.38 为中心构造了 4 组完全对称的数据（Russell & Friel，1989）.由此说明这道题在学生头脑中反映出来的图式大多是"两头少，中间多，左右对称"的正态分布图象.薯条的价格是市场竞争的结果，平均数位于正态分布的中心还算合理.再来看一道测试题（梁绍君，2006）：

高一(2)班有 45 人，拟采用无记名投票方式从 5 名候选人中选出 3 名干部，选举规则为每人必须投且只投一票，限在候选人中选择，候选人获票数居前 3 名的当选.在当选的 3 名候选人中，由票数高低决定分别进入校学生会、担任班长和副班长. 由事前的民意调查得知, 候选人张某的支持率刚好达平均数, 如果张某决定投自己一票, 请在下面预测张某当选结果的正确选项后的括号内打"√":

    A. 可能进入校学生会(   )   B. 可能担任班长(   )

    C. 一定当选(   )   D. 可能落选(   )

    本题选项 C 是陷阱, 梁绍君老师发现大约 30% 的高三学生相信张某必定当选, 主要理由是: 张某的获票数超过平均数, 而 5 名候选人中当选人数也超过平均数, 这两个"超过平均数"使他们直觉判断张某一定当选(梁绍君, 2006, p. 36). 李慧华(2008)也使用了这道题, 像这样凭感觉没有经过计算就相信"张某必定当选"的学生也不少. 这些学生将平均数理解为中间位置, 认为超过平均数就是大多数的意思. 之所以不计算, 是因为他们认为这是常识, 不需要计算. 看来我们在教材编写和教学设计中都需要重视有意识地矫正学生的这一错误认知.

    以上的研究结果显示, 平均数教学的困难不在于计算, 而在于对平均数可以作代表的认同, 对计算结果的解释, 对平均数一些比较隐蔽性质的洞察, 以及对平均数适用条件的敏感和赋以权重的意识. 这么看的话, 平均数教学就不那么简单了.

    先学平均数, 后学中位数和众数, 这是我们熟悉的安排, 但美国课程标准 (NCTM, 2000)的安排却不同, 他们认为中位数的意义比平均数的意义容易说明. 所以, 在小学高年级, 他们除了教中位数、众数、平均数及其简单的应用外, 把教学重点仅放在中位数上, 这样平均数教学可以持续到初中, 给学生更长的学习和理解时间. 为什么我们一直认为教和学都不难的平均数, 美国人却认为它困难? 我认为首先是因为平均数要用到较多的运算, 而中位数和众数几乎不需要计算. 我国学生有扎实的计算基本功, 运算技能远胜于美国学生, 平均数计算完全不在话下(蔡金法, 2007). 其次是对平均数的教学要求, 将教学要求定位于计算是容易做到的, 但如果从培养学生统计素养这个目标来看, 从前面测试的结果来看,我们还需要努力. 在平时教学与考查中,应多涉及较高水平的问题,如用自己的语言解释平均数的意义、在现实问题情境中判断是否适合使用平均数、逆用平均数的性质、灵活选用多种解题策略等等,考核的低要求会助长教与学的低要求.

我们在代数或几何定理的教学中,常常会在"正用"定理之后鼓励学生思考能否"逆用""变式用",以加深学生的理解. 虽然学生容易接受性质"平均数会受到不等于平均数的数据值的影响",但是李慧华发现,参加她研究的一所重点中学高中生并不熟悉"当一组数据中加入一个和原来的平均数相等的数据时,新数据组的平均数不变"这一性质. 对于下面这道测试题,在她的测试及访谈中,没有一个学生直接提到上述性质:

为了估计一次考试的成绩,某教师在求出 38 名考生分数的样本平均数后,因为疏忽而把这个样本平均数和 38 个分数混在了一起,然后求出这 39 个分数的样本平均数,则后一个样本平均数与正确的样本平均数的比是( ).

  A. 1:1   B. 38:39   C. 39:38   D. 2:1

参加她的研究测试的学生基本上都是通过代数推导得到正确选项 A 的,没有意识到可以直接使用性质快速得出答案. 这道题在某市高一新生中测试,正确率却只有 47%. 这一结果提示我们,在教学中可以有意识地让学生注意新加入的数据等于或者不等于原来平均数会引起的不同变化. 再看下面李慧华改编的这个问题:

有四个小朋友准备搭积木玩,小明、小华、小丽、小芳手中都有一些积木,如下图(图 4-6)所示,正当活动要开始时,小涛也拿着积木赶来了. 当大家把手上的积木拿出来平分后,每人手上都有 8 块积木,那么小涛带来了几块积木? 说说你是怎么想的.

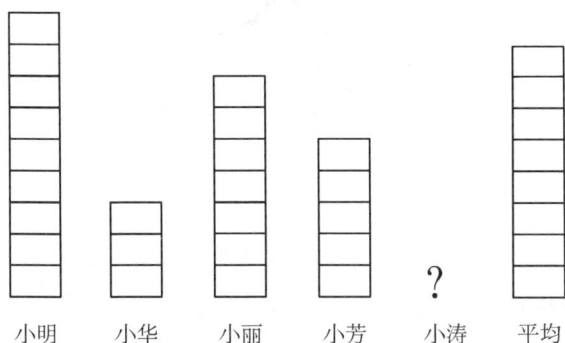

图 4 - 6　一道关于平均数的测试题

　　虽然这个问题的数据是用图形给出的,但是她的研究发现,学生的解题策略与前面的选择题一样,依旧以使用代数方法为主,利用"移多补少"直接画图得出答案的学生从高一约 5% 增至高三约 14%(李慧华,2008),虽然这有可能是因为学生已经熟练了代数方法,但也反映出学生解题策略比较单一的问题.

　　我很喜欢下面这道开放题:"七个人去钓鱼,抓到鱼的中位数是 4,平均数是 5,众数是 3,问每个人可能抓到几条鱼?"(Sullivan & Lilburn,2004,p. 110)在师范生的课上,我通常先让学生自己尝试解答,然后全班讨论交流.我会先画 7 条横线,问学生我可以从哪条线开始,为什么,接着怎么做.解决完这道题,我又问学生怎么把这道题加深难度和降低难度以适合不同程度的学生使用,师范生对这样的开放题也很感兴趣.我国 2011 年版的义务教育数学课程标准在小学高年级不给出"中位数"和"众数"的名称了,其实我认为"新"不一定"难",很多国家都是在小学学习这两个概念的,刻意回避没有必要.当然,如上一章谈到箱线图时所说的,理解中位数概念也并不如许多西方学者认为的那么简单.

第二节　极差、方差与标准差

我们都有这样的经验,同一个人用同一把尺在同一天测量同一件物品的长度数次,得到的度量值会不完全一样,这就是"变异性"在测量中的表现.在概率统计中,样本信息与总体信息之间,从来自同一个总体的几个样本收集到的信息之间,单个样本中个体之间都可能存在差异,这些又是"变异性"在统计情境中的表现.因为存在变异,统计学科才得以存在与发展.假如我们要求学生回家试验并记录抛正方体骰子60次每个数字会得到几次的作业,有的学生可能会认真完成;也有的喜欢显得与众不同,故意答道"每个数字10次";也有的可能想反正是随机的结果,我随便造一个结果老师又看不出来,于是写下"10,11,9,10,11,9",或者"12,5,5,13,5,20".其实,这三个答案虽然都是可能的试验结果,但老师可以从变异的大小推断出它们都不像是试验的结果,前两个变异太小,最后那个又变异太大(更详细的推断过程见本书第六章),这三个的变异大小都属罕见,是小概率事件,所以老师有较大把握推测是学生编造的.

与表示数据分布的中心位置一样,表示数据分布离散程度也有不止一个指标,度量数据离散程度的指标主要有极差、四分位数差、平均差、标准差、方差、变异系数等,这些指标反映出人们对精细刻画数据分布形状特征的执着追求.

先说极差.极差是最大值与最小值的差,它可以用来反映变量分布的变异范围,但是用来反映观察值离散程度的话,作用很有限,它的大小只取决于最大的观察值和最小的观察值,却不顾及数据是否集中于其他数值,所以这种刻画可能非常粗糙.

如图4-7,四分位差是这样得到的:将全部数据按由小到大的顺序排列后,称下四分位数为第一四分位数 Q1,中位数为第二四分位数 Q2,上四分位数为第三四分位数 Q3，则四分位差就是 $\dfrac{Q3-Q1}{2}$，也有直接用 Q3－Q1 来度量的，被称为四分位距. 因为中间这一半数据（Q1 至 Q3）的稳健性较好，所以分位数差在避免极端值对变异指标的干扰方面比极差有较大改善，但它依然只用到两个值，没有利用每一个数据，稳健性可能还是不理想.

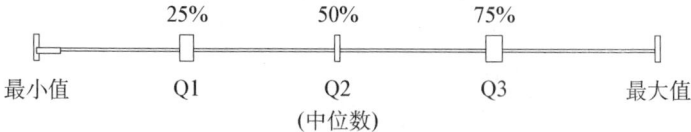

图 4 - 7　四分位差

我们最希望找到的那个指标能够用到每一个数据，能够反映每一个数据与数据中心离散的程度，当我们从视觉上感觉一组数据比另一组数据更加离散时那个指标也能够一致地作出反应. 最容易想到的满足这三个条件的指标是把构成样本的每个个体的离散程度叠加，即每个数据与平均数作差再求和，但是因为平均数具有"平均数与原始数据的离差和为 0"的性质（见上一节），所以求出的和总是为 0，这个指标不起作用. 之所以和总为 0 是因为离差有正有负，正与负相加后相互抵消了. 根据经验，我们可以取离差的绝对值或者平方之后再相加，又考虑到两组数据个体数目有可能不同，为公平起见，应计算平均绝对离差或者离差平方的平均数以消除数据个数不同的影响，即使用：

$$\frac{\sum_1^n |x_i - \bar{x}|}{n} \text{ 或者} \frac{\sum_1^n (x_i - \bar{x})^2}{n}.$$

这两个指标都考虑了各个样本点的信息，前者叫做平均差或背离均值，后者叫做方差. 平均差和方差其实都已经满足上述三个要求了，因而都可以作为刻画分布的离散程度的综合性指标，但还是方差更常用，一是因为它的计算更方便，不涉及正负号判断；二是因为函数 $y=x^2$ 和函数 $y=|x|$ 虽然在位置和形态方面非常相像，它们有相同的定义域、值域、单调区间，都是连续函数（见图 4-8），但是，在 $x=0$ 处，$y=x^2$ 是可导的，$y=|x|$ 是不可导的，所以平方关系比取绝

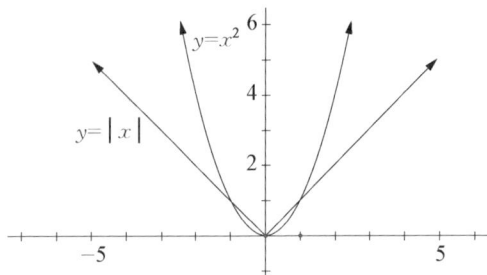

图 4-8 y＝|x| 与 y＝x² 的图象

对值关系的数学性质更理想.数学中经常用平方来避免正负抵消,比如最小二乘法.

　　方差的算术平方根叫做标准差,开方之后,标准差的度量单位与原数据一致了,这样原数据的平均数与标准差相加减才有了意义.我们知道,服从正态分布的变量,它的取值平均有 68% 会落在以均值 a 为中心、1 个标准差 σ 为半径的区间 $(a-\sigma, a+\sigma)$ 内,平均有 95.5% 会落在区间 $(a-2\sigma, a+2\sigma)$ 内,平均有 99.7% 会落在区间 $(a-3\sigma, a+3\sigma)$ 内,这个 3σ 原理有着广泛的应用,如产品的质量管理等.标准差与方差是统计分析中最常用,也是最重要的变异指标.

$\sigma^2 = \dfrac{\sum_1^n (x_i - \bar{x})^2}{n}$ 是计算总体方差的公式,但是假如涉及通过样本方差

去估计总体方差,那么要用 $s^2 = \dfrac{\sum_1^n (x_i - \bar{x})^2}{n-1}$ 去估计总体.若是大样本,除以 n

还是 $n-1$ 相差不大,但若在小样本的情况下,理论与实践都表明除以 n 之后结果偏小,后者较为适中,所以常常都用分母为 $n-1$ 的那个公式去估计总体的方差,它是总体方差的无偏估计量.所谓无偏是指偏差时大时小,时正时负,但多次使用,偏差的平均数为 0,就像我们买 500 克／袋的食盐,不能保证每袋盐恰好是 500 克,机器包装会有误差,但是检查许多包,平均质量应该就是 500 克.在正态总体的情况下,这样估计总体方差可能还往往偏小,那么需要除以修正因子加以修正.修正因子是依赖于样本容量的一个参数,具体值可查表(茆诗松、乐

培正、李俊,2010).

不知道你是否留意,以往在计算方差来比较两组数据的离散程度时,我们遇到的题目都是两组数据的平均数是相等的,这样的"苛求"显然是人为的,现实问题可不会总有如此巧合.那么在两组数据的平均数不相等的情况下,我们还可以通过比较方差来判别差异大小吗?例如我们要比较初一学生之间身高差异大还是初三学生之间身高差异大,这时等待比较的两组数据的平均数差距较大,还能不能用比较标准差的办法来比较两组身高数据的差异呢?再进一步,如果我们要比较身高差异大还是体重差异大(测量单位不同),那么直接比较标准差显然是不行了(不同名数的量直接比较无意义),又怎么比较呢?

遗憾的是很多国家(包括我国)基础教育课程中没有涉及这些问题,但是,帮助学生意识到这些问题的存在是重要的,就像当年陈景润的老师对学生说世界上还有一个叫做哥德巴赫猜想的数学问题没有解决一样,会在年轻人的心中激起探索未知的渴望.解决这个问题不难,完全可以以阅读材料等形式编入教材,开阔学生的眼界.如可以给出这样的问题情境:

有这样两组数据:"5,6,7,8,9"和"105,106,107,108,109",它们是两种产品加工后的尺寸,第一组要求加工后产品的尺寸是 7 cm,第二组则要求是 107 cm.凭直觉,我们就会认为生产第二组产品的工艺好于第一组,因为第二组产品的尺寸比第一组产品的尺寸稳定.但是我们又知道第一组数据平移 100 个单位就得到第二组数据,所以根据方差的计算公式必然得到这两组数据的方差是一样大的,也就是说,这时"标准差"这个指标失灵了,不能反映我们的感觉.不难想到,倘若引入一个新的指标——标准差除以平均数后得到的比值,那么就与我们的感觉一致了,这个新指标在统计上叫做"标准差变异系数",它更能体现变异的相对性,既能够反映中心(平均数)位置的变化,通过同名数相除还消去了单位,使"身高"与"体重"这样不同单位的数据组之间也能够进行比较了.变异系数形式比较多,如极差变异系数(极差除以平均数)、标准差变异系数(标准差除以平均数)等,这个指标不仅能够体现出差异的相对性,而且方便在单位不同的两组数据之间进行比较.

以往因为教材和考试的引导,方差、标准差的教学地位不高,而且以套公式的计算练习为主,所以日常教学中,教师继续钻研的动力不足,很少设置更高的教学目标.基于文献研究,我认为在方差与标准差的教学中尚需重视以下三个方面,即公式含义、联系分布图、加强联系.

一、公式含义

给师范生讲公式教学的时候,我总是以回忆标准差的计算公式开始,但每次能够写对的学生总是极少数,许多学生反映对这个公式有印象,但印象模糊.于是我们一起分析标准差这个概念是用来做什么的,为什么需要它,每个数据与谁作差,为什么要平方,为什么要除以 n,为什么要开方.经历了这一"数学化"的过程,抽象的公式变得有意义了,再也不会忘却.

何莎莎(2007)曾就中学生对标准差概念的理解对来自上海市的三所学校中 9～12 年级共计 509 名学生进行了调查.其中有一道测试题是关于标准差公式的,前两道小题一道是问学生如何记忆这个公式的,后一小题是让学生解释在标准差公式中为什么要把每个数据与平均数作差后进行平方再求和.56%的学生回答"死记硬背",34%的学生回答"联系标准差定义记忆".至于平方的理由,有的学生回答"不知道""书上这样写的";有的回答"更精确""减少误差";有的回答"将数据与平均数的差距拉开";还有的回答"可以抵消数据间的差异""若不平方数据有负值",这些回答反映出学生对这个公式的不同理解水平.如果我们与学生一起经历如前所述的标准差公式"数学化"的过程,相信除了体验了一回数学家的发现之旅,学生会更容易说出平方是为了避免各数据与平均数之差在相加过程中正负相抵这个关键点,也会更容易记住这个公式.

何莎莎发现,给出具体两组数据问哪一组数据更稳定这类题型学生掌握得很好,正确率不低于 96%,但是如果没有具体数字不能计算时,正确率明显下降.比如,已知样本" x_1,x_2,x_3,x_4,x_5"的标准差为 S,问样本" $3x_1$,$3x_2$,$3x_3$,$3x_4$,$3x_5$"的标准差应该选" S""$3S$""$9S$"和"无法计算"中的哪个选项,答案应为

3S,各年级正确率最高为 73%,最低为 58%,反映出学生对公式的使用水平有待提高.

二、联系分布图

我们在第一章已经强调,数据是统计教学的素材,联系分布图是概率统计教学直观化的一个重要途径,需要引起我们的关注. 比如,前面提到过的平移影响平均数但不影响标准差这一性质可以观察图 4-9 中①与②感受到;①中每个数据都乘以 3,则标准差变大(是原来的 3 倍),在③中可以感受到;观察①与④,可以发现这样的镜面反射变换不会影响标准差(delMas & Liu,2004). 对于上述这些简单的标准差性质,习惯于代数运算的学生大都能够证明,学生利用 Excel 软件画图观察与计算确认也是一种途径.

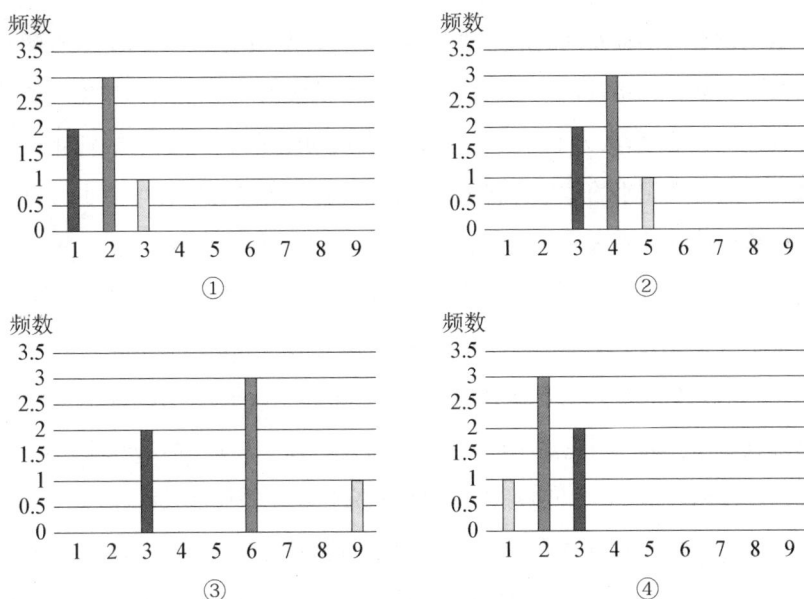

图 4-9 四组数据的频数分布图

三、加强联系

加深对方差与标准差认识的另一做法就是教学中加强与平均数、概率、误差等相关概念以及实际应用的联系. 比如,可以与学生一起讨论下面这道题(何莎莎,2007):

在某次测验中,第一组学生的成绩分别是 74、71、68、76、73、67、70、65、74、72;第二组学生的成绩分别是 80、62、70、72、76、85、60、87、56、75. 通过计算发现第一组平均分为 71 分,第二组平均分为 72.3 分,你觉得哪一组的平均分更具有代表性?(   ).

A. 第一组   B. 第二组   C. 两组一样   D. 无法判断

这里没有明确提及问题的解决与数据的分散程度有关,有的学生可能只想到两个平均数如此接近,让我怎么判断哪个更具代表性呢,选 D 吧;也有的可能会想到计算标准差,认为不计算标准差是不能判断的;一些学生尽管知道有极端值时不适合使用平均数作为代表,但可能没有联想到除了标准差也可以通过比较极差或画茎叶图来比较与判断两组数据的离散程度. 安排类似应用的问题有助于学生在已有知识之间建立联系,融会贯通. 同样地,我们还可以问:某地两家医院都有过去一年中每天出生婴儿的性别记录,你认为是大医院还是小医院在一年里会有更多的日子是男婴超过 60%的(Tversky & Kahneman,1974,本书第五章还会继续讨论这个问题)? 文献显示(Fischbein & Schnarch,1997;Tversky & Kahneman,1974),认为两家医院有相等的可能性产生这种极端结果是学生中最常见的错误看法. 对这个问题的思考与解决有助于学生认识小样本变异大的概率高于大样本,并与以前进行概率试验获得的经验吻合:随着试验次数的增大,频率会稳定于概率.

会进行常规计算不应该成为我们统计教学的终点,否则学生对公式的理解只会停留在套公式水平,容易遗忘公式.与几何学习要经常画图加强直观一样,统计教学也应借助具体数据,养成画分布图的习惯,从平均数与标准差两个方面去把握一组数据的全貌,数据的中心告诉我们数据的典型性,数据的离散程度告诉我们数据的变异性.用电脑画分布图或者计算标准差,这无疑给那些计算技能不娴熟,还不能用字母进行抽象推导的学生提供了另一种学习途径,可以为他们扫除一些学习障碍.学习知识是为了运用知识,我们应一贯地重视开展统计活动,在具体的问题背景中与学生一起讨论应该选择哪个统计量,应该怎样利用学过的知识解决问题,对实验数据的分析也有利于我们调整对变异的合理范围的直觉.

第五章
了解总体： 抽样与总体分布

　　虽然统计作为人们认识社会的一种科学方法,有着悠久的历史,但是相当长的时间里统计活动只是描述性统计的天下,用表、图和指标来描述数据的特征.人们知道,限于时间、人力、财力等客观条件的限制,我们常常只能通过调查总体中一部分的样本信息来了解总体,但是因为从样本获得的信息有随机性,即使条件完全相同,两次不同的取样结果也可能不同,所以人们一直在寻找推断总体参数(如在未来 24 个月内有购车意愿的人在人群中占的百分比)的科学方法.样本要来自总体,要有代表性是人们早就认可的抽样原则,但是人们认识并接受随机抽样方法却很难.为此,我们将一起体会简单随机抽样方法的有效性,认识其对于统计推断的重要性,研究学生对样本以及抽样方法有着怎样的朴素认识.计算平均数、方差等统计量是为了刻画分布,我们要帮助学生尽早实现从关注局部到关注全局的认知能力转化,基于相关研究,共同寻找和探讨帮助学生克服相应认知困难的教学策略.

　　Pollatsek 等人曾经要求被试者在访谈中回答下面这个问题:已知某地高中生的 SAT 考试平均分是 400 分,你随机抽取了 5 个高中生样本,前 4 名学生的分数分别是 380、420、600 和 400,你觉得第 5 名学生的分数会是多少分(Pollatsek, Lima & Well, 1981, p. 196).他们发现,在 17 名受访的大学生中有 9 名认为加上第 5 名学生的分数,这 5 名学生考分的平均数应该是总体的平均数 400.他们先算出前 4 名学生分数的平均数为 450,为了最后的平均数达到 400,他们认为第 5 名学生的分数应为 350,但是他们又觉得奇怪,为什么 380、

420、600、400 和 350 的平均数是 430,而不是 400.

这道题的预期答案是 400,与看到的前 4 个分数无关.这个研究指出了学生中可能存在的一个认识误区,以为样本要像总体,哪怕是个小样本.站在学生的立场,这里的确存在理解上的困难,一方面我们不得不通过样本去了解总体,如以样本的平均数去估计总体的平均数;但另一方面,如果已知总体参数,难道我们不能把估计总体的过程逆过来,求样本缺失的信息吗(逆用公式得到第 5 名学生的分数为 200)?样本与样本之间因为随机性而不可避免地存在差异,我们真的可以放心地用一个样本信息去估计总体吗?上述两种求第 5 个数的错误方法也有利用价值,是很好的教学素材,可以用在抽样、平均数的教学,尤其是逆用平均数公式以及讨论加权平均数的场合.因为它们来自学生,其他学生容易产生共鸣或研究兴趣,从而澄清模糊认识,提高全班学生的理解水平.

第一节　抽样

概率统计教材中介绍的常见抽样方法可以用图 5-1 概括,按抽取样本的依据不同,广义的抽样调查可以分为两类:一类是以调查者的主观判断为依据来抽取样本的有意抽样,也称为目的抽样;另一类是以随机原则为依据来抽取样本的随机抽样.统计书籍中所讲的抽样调查一般均指随机抽样调查.

第一类有意抽样方法技术限定条件少,通俗易懂,易操作,节约费用和时间,但是调查结果质量受调查人员主观经验判断正确性的影响很大.一个样本得到一个估计值(如以样本均值作为总体均值的估计),无法评估其可靠性(刘冰,2006).

典型抽样:是指调查者经过判断,挑选那些具有平均水平或具有一般特征的个体组成样本.如找几个中等个子的同学量一下他们的身高,而后取平均值.

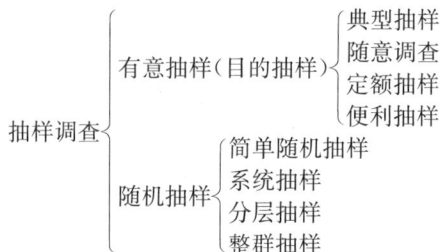

图 5-1 常用抽样调查方法一览图

随意调查：是指利用名册、号簿和地图等资料任意地选取一些个体. 如在所调查年级学生的名单里随意抽取几个人，询问一下身高.

定额抽样：是先将所有个体分为若干类，根据资料或经验确定每一类需要抽取的比例，按此比例作典型抽样或随意抽样. 如在某校所调查的年级中男生占 55%，女生占 45%，则选出 55 名男生、45 名女生进行调查.

便利抽样：是指调查者利用各种关系选取样本使抽样调查任务能够较顺利地完成. 如去一个有人认识的班级，凭私人交情，测量该班学生的平均身高.

第二类随机抽样是目前广泛使用的调查方法，因为总体中的每个对象都有平等的机会被选到，样本的确定不受调查者主观因素的影响，可以计算抽样误差（如绝对误差不超过 0.03），可以按照预定的可靠程度进行区间估计（如我们有 95% 的把握说总体均值落在区间中），因此在控制抽样估计的准确性和可靠性方面它比有意抽样有明显的优势.

简单随机抽样：俗称抽签法，指通过产生随机数决定样本. 它要求总体由有限个个体组成，这样可以给总体中每一个个体编号，令每个个体对应一个号码，每产生一个随机数便确定一个个体进入样本. 如通过抽签随机地选出 20 名所调查年级的学生测量身高.

系统抽样：也被称为等距抽样，先随机地选取第一个对象，然后每隔一定数目选取一个对象. 如先随机地在 0～9 这 10 个数字中选择一个，年级中学号尾数是这个数字的所有学生都成为调查对象. 这种方法在总体人数很多时，比简单随机抽样简单省事. 比如有 20 000 名学生，每隔 200 名抽取 1 名，很快就可以确定 100 个样本.

分层抽样：按对象的特征，将总体划分为几个互不交叉的层次，再在每个层次中参考各层次对象在总体中所占的比例，作简单的随机抽样或系统抽样，这样的抽样方法被称为分层抽样．如在高个子学生中随机地选 2 名，在中等身材的学生中随机地选 6 名，在矮个子学生中再随机地选 2 名，然后算出 10 名学生的平均身高．分层时使得层内差异小，层间的差异大，这样仅从各层抽取较小的样本就能够获得满意的样本．

整群抽样：若总体由 n 个一级对象组成，每个一级对象又由 m 个二级对象组成，那么先用简单的随机抽样或系统抽样挑出几个一级对象，然后对这些一级对象下的所有二级对象作调查．如在某市随机地挑几所学校，属于这几所学校所调查年级学生全部作为调查对象，测量他们的平均身高．这种方法可以在较短的时间内花费较少的财力获得较大的样本．

随机抽样让机会来选样本，可以估计和控制抽样误差，这些都是优点，但是限于人力、物力、时间等因素，随机抽样常常并不容易施行，但在研究工作中达不到随机抽样的规范，与从根本上取消或淡化这个规范是两回事．

我国高中课程中重点介绍了简单随机抽样，对分层抽样和系统抽样方法只要求了解．虽然简单随机抽样是随机抽样中最基本的一种方法，但是，如果总体中个体未定或数量为无限，那就无法使用简单随机抽样了，比如对生产流水线上产品的实时监控，就适合用系统抽样，抽样的工作量也可以减少．使用系统抽样要注意看样本编号是否有规律，如班级中女生学号在前，男生学号在后等情况要改用其他方法以避免系统性的抽样误差．上面逐一介绍了每一种抽样方法，但是根据实际情况，人们常常综合地运用几种抽样方法．

人教版高中数学 A 版必修 3 教材中还介绍了一种对敏感问题进行迂回调查的技巧．比如，校长想要知道教师对其某一项新政是否真的赞同，但是如果就直接这样调查，恐怕教师碍于情面不便如实说不赞同．所以，对于这类敏感问题，需要想办法间接地进行调查，教材中介绍的是 Simmons 方法，这里将其原理再解释一下．

这种方法是在要调查的问题(如你赞成新政吗?)之外再增设一个不敏感的其他问题(如你的生日日期是奇数吗?),把它们写在 A、B 两种外形一模一样的卡片上,把 50 张写有敏感调查问题的 A 种卡片和 50 张写有不敏感调查问题的 B 种卡片放入一只口袋中搅匀,即 $P(A) = P(B) = \frac{1}{2}$. 让被调查者随机地抽取一张卡片,但抽到哪种卡片只有被调查者自己知道,别人包括调查者都不知道. 然后,被调查者把抽到的卡片放回口袋,只需告诉调查者其回答是"是"或"不是"即可. 但是,这里有一个伏笔,就是调查者对那个不敏感问题回答为"是"的比例是预先知道的,如在大规模调查的情况下,可以看作生日为奇数和偶数的人各占一半,即 $P(是 \mid B) = \frac{1}{2}$. 这样,假如一共调查了 400 人,调查者得到"是"的总数是 240,假设要求的新政支持率为 x,那么,利用全概率公式:

$$P(是) = P(A) \cdot P(是 \mid A) + P(B) \cdot P(是 \mid B),$$

得 $\frac{240}{400} = \frac{1}{2} \cdot x + \frac{1}{2} \times \frac{1}{2}$,解得 $x = 0.7$.

所以估计新政的支持率为 70%. 可以发现,这个方法的宗旨是打消被调查者的顾虑,调查者只关心新政的总体支持率而不关心具体某个人对新政的意见. 具体操作时,要注意对那个不敏感问题的设计,比如不能问"你是女性吗"这样的问题,因为如果被调查者是男性又回答"是",那就暴露了被调查者抽到的一定是敏感问题,而且他对敏感问题的回答是"是",违背了原来的宗旨. 如果调查者对那个不敏感问题回答为"是"的比例预先也不知道,那么可以通过调查两个随机样本,然后解方程组作出估计.

抽样有"放回"与"不放回"之分,有放回的抽样能够使一个个体是否被抽到不影响其他个体被抽到的概率,于是个体之间保持相互独立的关系. 从理论上说,第一个样本选自于总体,如果不将其放回就抽取第二个样本,那么这第二个样本已不是从与原来一模一样的总体里抽取了,所以,有无放回对研究结果应该是有影响的. 如假设甲袋中装着 12 个一模一样的彩球,10 个是红色的,2 个是蓝色的;乙袋中装着 12 000 个一模一样的彩球,10 000 个是红色的,2 000 个是蓝色的. 对装了很少球的甲袋来说,每次取一个球,在取出的前 5 个球都是红球的情况下,第 6 个球还是红球的概率与每次取出后放回还是不放回有很大关系,但是对装了很多球的乙袋来说,那个影响是微不足道的. 我们对总体作抽样调查时,常常一下子选取数十个或数百个调查对象,这就不是有放回的抽样. 当总体足够大时,这样得到的结果与有放回的抽样得到的结果非常接近,但工作量小很多,所以,我们可以近似地认为它反映的就是有放回的抽样得到的结果. 统计人员通常约定,当样本数不超过总体数的 5% 时,就称为总体是足够大的.

在评价样本质量时,人们最初提出的要求就是"样本要有代表性",所以,凭借调查者经验挑选典型调查对象的典型抽样方法和定额抽样方法是人们普遍认同的能够在一定程度上保证样本代表性的抽样方法. 至于"样本要有随机性"那是较后才有的认识,人们总担心随机会给样本带来更大的不确定性或盲目性,怕它难以代表总体的特性,"好像碰运气,不具有科学性"(巴桑卓玛,2006,p. 65),所以从内心不太接受随机抽样(Watson & Moritz, 2000). 下面我们先一起用简单随机抽样方法去试着解决两个问题,看看效果如何. 问题 1 是用样本的比例来估计总体的比例;问题 2 是用样本的平均数去估计总体的平均数.

问题 1 2016 年北京的空气质量情况如何? 请用简单随机抽样方法选取该年的 30 天,记录并统计这 30 天北京的空气质量 AQI 指数,据此估计北京 2016 年全年的空气质量状况.

假设我们用简单随机抽样方法选定的是表 5-1 中的 30 天,查我国生态环境部数据中心网站(http://datacenter.mep.gov.cn)得知,北京在这 30 天的空气质量 AQI 指数及空气质量级别如表 5-1 所示.

让我们将北京这 30 天不同空气质量级别所占天数及比例与其 2016 年全年的相应数据作一比较,体会用样本估计总体方法的合理性. 该网站未提供 2016 年 4 月 16 日与 9 月 6 日的数据,所以记为缺失数据.

表 5-1　被随机抽取得到的 30 天空气质量情况

日期	1/2	1/6	1/7	1/31	2/3	2/5	2/7	2/13	2/17	3/1
AQI 指数	316	44	35	38	69	38	69	34	64	158
质量级别	六级	一级	一级	一级	一级	一级	二级	一级	二级	四级
日期	3/23	3/26	5/6	5/20	6/1	7/20	7/25	8/18	8/24	9/13
AQI 指数	43	45	116	171	108	48	57	99	109	118
质量级别	一级	一级	三级	三级	三级	一级	二级	二级	三级	三级
日期	9/23	10/23	10/27	11/4	11/29	12/6	12/9	12/21	12/28	12/30
AQI 指数	168	55	63	292	129	112	54	431	87	262
质量级别	四级	二级	二级	五级	三级	三级	二级	六级	二级	五级

图 5-2 是随机选取的 30 天(图 5-2①)以及 2016 年全年 366 天的总体情况(图 5-2②).

经比较可以发现,虽然从样本获得的各类空气质量级别的百分比与总体的不完全一致,但总的来说,两张图的形状大体相似,如空气质量为二级的天数占比均最大,空气质量优良率分别为 57% 和 52%;空气质量四至六级的天数占比分别为 21% 和 23%,占少数. 这个随机样本只统计了 30 天的情况,约占全年天数的 $\frac{1}{12}$,但能较好地揭示全年各类空气质量的比例,误差在可以接受的范围内.

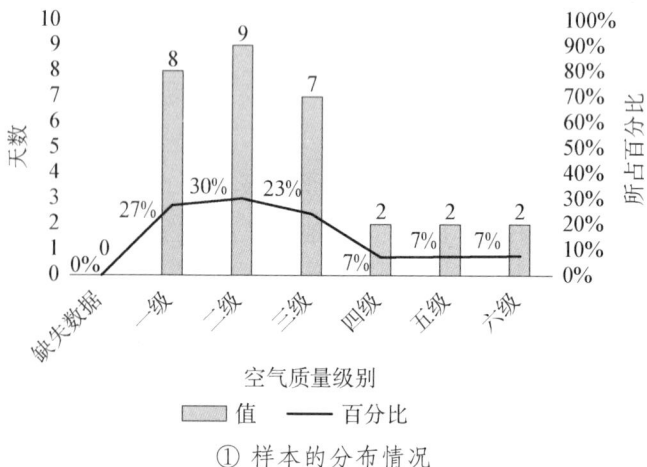

① 样本的分布情况

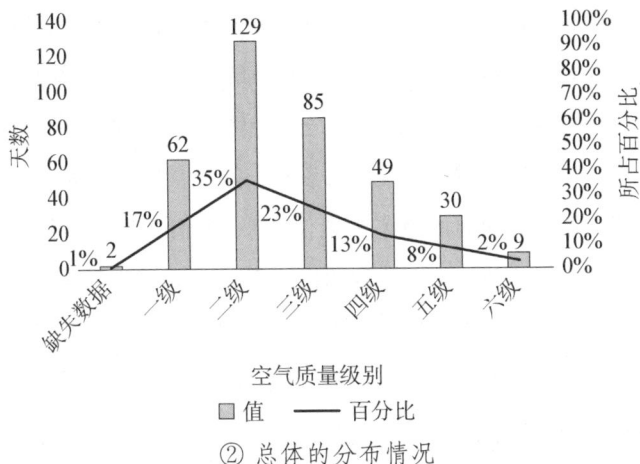

② 总体的分布情况

图 5-2   样本与总体的分布情况

问题 2   收集了 197 名学生的身高数据,其频数直方图如图 5-3 所示,学生的身高呈正态分布,平均数是 165.7 cm,标准差是 8.4 cm.请用简单随机抽样方法分别选取样本大小为 5、15、30 的三个样本,在不知道总体均值和标准差的情况下尝试估计总体的均值,再与真值比较,体会简单随机抽样在估计总体均值中的作用.

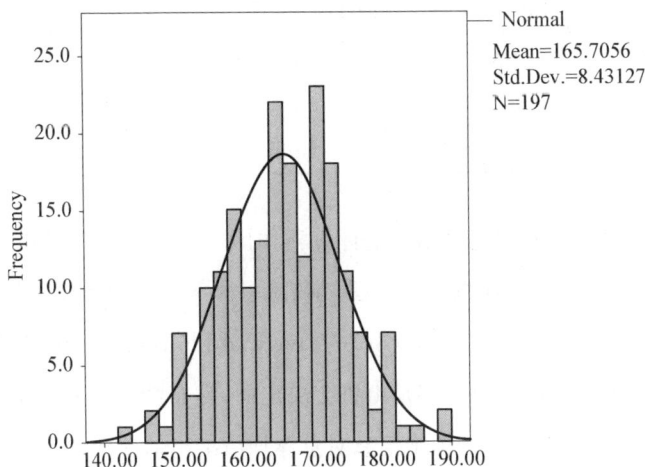

图 5-3   197 名学生的身高分布

基于样本信息,有两种估计随机变量参数的方法:点估计和区间估计.点估计给出的估计是一个数值,或者说是数轴上的一个点,在中外数学教材中通常都有此内容.而区间估计给出的估计是一个区间范围,它是根据事先拟定的某一置信水平,通过查表计算,得出来自该样本的置信区间的两个端点值,使待估计的参数落在置信区间内的概率为置信概率(置信水平).通俗地说,置信水平是我们事先对我们的估计可以达到的把握程度提出的一个要求,比如置信水平为95%,它的意思是如果我们重复用这个方法抽样(如100次)并计算置信区间,那么,我们可以期望这些来自不同样本的100个置信区间当中包含总体参数真值的占95%,而另外的5%则不包含真值.我国目前的高中教材中没有区间估计内容,但在日本、新加坡、美国、德国和英国的一些高中数学教材中均有此内容.

我们先给每个学生一个编号,随机抽取5个位于1至197的随机数,计算编号为这5个数的学生身高的平均数(如$n=5$时,样本1的均值是162.8 cm),将它填入表5-2中$n=5$时样本1的点估计处.

表 5-2　基于简单随机抽样对总体平均数的估计　　　单位:cm

样本容量	样本 1		样本 2		样本 3	
	点估计	区间估计	点估计	区间估计	点估计	区间估计
$n=5$	162.8	[157.9, 167.7]	166.4	[144.9, 187.9]	163.8	[152.6, 175.0]
$n=15$	162.8	[155.2, 170.4]	166.0	[161.6, 170.4]	166.8	[161.3, 172.3]
$n=30$	165.8	[162.2, 169.4]	165.0	[161.7, 168.3]	162.9	[159.3, 166.5]

依据这个样本,我们还可用网上计算器作区间估计(如图5-4).我们希望估计的把握(置信水平)有95%,填入样本容量、样本平均数和样本标准差s_{n-1},就可以得到总体均值的置信区间(http://www.ab126.com/shuxue/2843.html).整个过程,我们用到的信息全部是由机会决定的,没有涉及任何的主观判断,完全基于简单随机抽样获得的样本信息对总体均值给出估计.

让我们检查一下估计的效果.先看$n=5$时的情况,虽然每个样本仅含5个

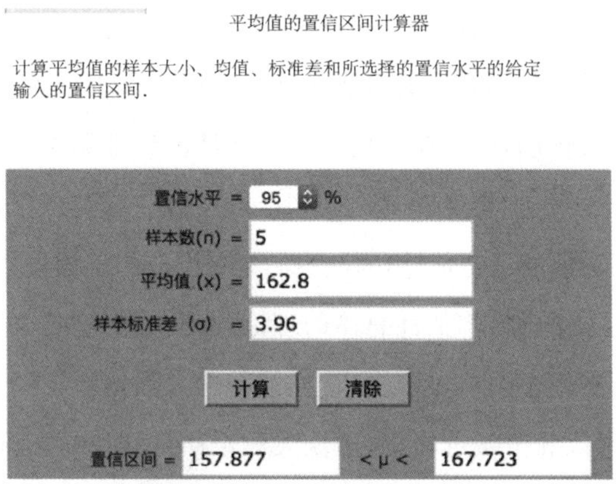

平均值的置信区间计算器

计算平均值的样本大小、均值、标准差和所选择的置信水平的给定
输入的置信区间.

置信水平 =	95 ⌄ %
样本数(n) =	5
平均值 (x) =	162.8
样本标准差 (σ) =	3.96

计算   清除

置信区间 = 157.877   < μ <   167.723

图 5-4　基于简单随机抽样对总体均值给出区间估计

学生,但是,3个点估计与真值165.7都很接近,3个置信区间也都包含了该真值,结果令人满意.因为我们是事先定下置信水平的,所以知道采用这种方法获得的置信区间有95%都会包含真值,看到3个置信区间全部都含有真值一点都不奇怪.这3个置信区间的长度不一,最长的是根据样本2得出的区间,长度为43 cm,区间长度与样本方差有关,样本离散度大,那么根据该样本估计得到的置信区间就比较长.这里我们假设不知道总体的方差,仅仅用样本的信息作估计.

我们重复上述过程,用简单随机抽样方法再抽取3个样本大小依次是15和30的样本,完成表5-2.可以看到,随着样本容量的增大,点估计的值并不总与真值165.7越来越接近,但是差异都很小,所以样本均值收敛到总体均值,但不是普通的极限收敛,是依概率收敛,即不排除偶尔出现较大差异,但是这件事发生的概率将会随着n的增大而趋向于0.另外,置信区间的长度明显在缩小,从$n=5$时最长的区间为43,到$n=15$时为15.2,到$n=30$时为7.2,这与上一章提到的中心极限定理的结论是一致的:随着样本容量的增大,样本均值的分布更趋集中.至此,我们看到无论是点估计还是区间估计,基于随机样本估计这个呈正态分布的身高数据总体的平均数效果都不错.如果总体不是呈正态分布,那也没关系,根据中心极限定理,我们只要增大样本容量,取$n>30$的随机样本来估计即可.

上述两个例子仅仅是希望通过实例确认简单随机抽样方法的合理性,打消随机样本缺乏代表性的疑虑,概率论与数理统计已经证明了随机抽样方法是科学而可靠的,指出随机抽样下样本比例和样本均值在试验次数较大时可以作为总体比例和总体均值的近似估计,因此我们尽可以放心地去使用随机抽样方法.

大数定律奠定了用样本估计总体的理论基础,其直观含义是随机事件的规律性总是在大量观察中才能显现出来,如贝努里大数定律证明了试验次数无限增大时,其频率可以无限接近概率;辛钦大数定律证明了试验次数无限增大时,样本均值会无限接近总体的数学期望;中心极限定理证明了不论总体服从何种分布,只要方差有限,在观察值足够多时,许多估计量(如均值)的分布就趋向正态分布,于是可以根据置信度对总体参数作区间估计.随机抽样技术的成熟使统计学从古典的描述统计学发展到现代的推断统计学.

下面我们从样本概念和抽样方法两方面对相关的教学研究进行梳理.

儿童在生活中就接触或听说过"样本",比如尝一口汤的味道,挤一滴血去化验,于是我们常常认为样本概念的教学很简单,强调样本是从总体中抽取出来的一部分就够了.但是仔细想想,还真不简单.在阅读已有文献的基础上,我认为对样本概念和抽样方法的理解可以分四个阶段.

第一阶段,受日常生活经验与语言的影响,一些学生容易把"样本"和日常生活中所说的"样子""样板""雏形"等混为一谈(王秀军,2003).王秀军在2002年时对723名尚未正式学习过样本与抽样知识的初中生与高中生进行了测试,第一个测试问题是:"为了知道饼熟了没有,小明从刚出锅的饼上切下一小块尝尝,那么切下的这块饼就是这张饼的一个样本.请你再举出三个样本的例子."一些学生给出了下面这样的回答:

我要写字,笔就是样本;要擦窗,抹布就是窗的样本;要用花插在瓶中,瓶子就是花的样本.

为了知道这个蛋糕是什么样子的,店内放置的一些假蛋糕就是样本.

地球仪就是地球的样本.

裁缝做衣服时的草图就是样本.

如果复印十张卷子,那么复印原稿就是样本.

活字印刷术的铅印字就是印出来的这个字的样本.

做同一类型的题目,其中一道题目的做法就是其余题目的样本.

游戏正式版上市之前,会先上市测试版,测试版就是样本.

很明显,上述回答没有"从被抽样总体中抽取"这个过程,甚至所提到的物品与"总体"根本不是同一类的,如花瓶与花、地球仪与地球、原稿与复制品、铅字与纸上的字等等.处于第一阶段的学生,其认知特征是尚未认识到样本是取自总体的一部分,我们是要通过研究局部去了解总体.王秀军发现仅10%左右的初中生和普通中学高中生给出类似这样的回答,但没有一个重点中学学生处在这一水平.看来样本概念的教学可从语言学习开始,强调"样本"与"样子""样板""雏形"等概念的区别.

第二阶段是同质总体下的样本概念,如一口汤、一滴血,因为与总体是同质的(Watson & Moritz,2000),样本与总体仅在数量上存在差异,一少一多,所以这样的样本概念有别于统计中的样本概念,认识水平还是低的,如:

一包饼干中的一块;一包糖中的一个;一包茶叶中的一片.

一桶油漆,倒出一点就是样本;墙纸,撕下一点就是样本;要销售一盒铅笔,拿出一支就是样本.

这些回答(王秀军,2003)明确指出了样本取自于总体,但是总体中的个体没有区别,是同质的.当个体之间存在区别时,他们认为如果要调查,就要问所有人,他们不相信只调查一部分人就推断所有人的这种做法,用他们的话说就是:"全部调查,一个一个问."(巴桑卓玛,2006)巴桑卓玛曾经对1 847名学过和没有学过统计的1～8年级学生进行过调查,获得有效问卷1 256份.她发现,无论学过或没有学过统计的1、2年级学生,他们理解样本非常困难,尚未形成抽样调查的意识,仅限于调查所有人.黄华胜(2014)指出,少数高中生也只相信普查的结果.在他的研究中,一位高一学生在测试卷的多道题目以及个别访谈中都提到不能用样本去估计总体,因为样本只包含了总体的一部分,样本的各个个体是有很大差异的,如果需要知道总体的相关情况,只能采用普查的方式.处于第二阶段的学生只看到各个个体之间存在差异,还没有在更大的视野下看到差异是不可避免的,有差异的个体也存在共性.

第三阶段是异质总体下的样本概念,这一阶段通常发生在小学3年级以后,是样本与抽样教学的重点阶段.这个阶段的学生面对存在差异的个体,已经能够接受抽样调查方法,认同样本要有代表性,要尽量大一些.为了体现公平性,学生常常建议调查员在大街上、商店里随意地寻找行人或顾客进行调查(王秀军,2003),但是,"随意""随便""任意"还不是"随机",因为那些从来不在这条大街上走或从来不逛商店的人都不可能被调查到,不符合"总体中每个个体被抽到的机会相等"的随机抽样原则.

在这个阶段,提出非随机的分层抽样想法的学生人数明显增多,他们认为分层抽样对各层都公平,调查的人也多(巴桑卓玛,2006;Watson,2004).在回答如何了解全市某年级所有学生的平均体重(或身高)大约是多少时,不少学生给出了类似的如下回答(王秀军,2003):

我打算取每个学校该年级最轻的和最重的学生,然后用 $\dfrac{\text{最轻的体重} + \text{最重的体重}}{\text{总人数}}$,算出平均体重.

取较高的三位,适中的三位,较矮的三位,取他们的平均值,因为这样比较准确.

应选出两个较瘦的,七个中等体形的和一个较胖的,然后算出平均体重.我这样选是根据人口体形比来选的.

上述这些回答的共同点是主张使用分层抽样调查,但选择样本基于主观判断而非随机性.在王秀军的调查中,有73%的初中生和60%的高中生处于这一水平,他们都还没有在学校学过抽样知识.但是,无论中外,研究发现学生都难以接纳简单随机抽样,学生更相信在判断指导下的分层抽样能够得到好的样本(巴桑卓玛,2006;Jacobs,1999;王秀军,2003).另外,他们更在乎对各层的覆盖,而不是样本容量,因为他们觉得样本大了反而会多做很多无用功,得到的情况也可能与调查几个学生的情况差不多或者样本大了凌乱的数据也增多了,得到的估计反而不准(黄华胜,2014),这些担心与他们缺乏统计活动经验有关.

第四阶段是随机抽样下的样本概念,学生意识到样本与样本之间,样本与总体之间都可以存在差异,但是,他们相信把抽样的选择权交给机会而不是研究者,会有效避免样本偏差.仍以王秀军上述身高或者体重的测试题为例,有的学生这样回答:

应在不认识的学校随机地按学号抽调,这样能保证各体重等级的人入选的机会均等,调查才能较真实地反映情况.

到这个城市不同地区的市、县、乡选一所学校,挑取每个班某一学号(如学号末尾是2)的学生进行测量,这样做既可以有普遍性,又不失代表性,基本反应(映)平均体重的情况.

每个区随机挑一所或两所学校中的一个班级,然后计算一下平均值.理由是这样比较全面且有随机性.

与第三阶段学生的回答不同,处于样本认识第四阶段的学生回答中能够主动提及随机抽样.据巴桑卓玛(2006)报告,学过统计的4~8年级的学生具有样本随机性思想的比例均高于没学过统计的同年级学生,但比例都非常低,表现最好的是学过样本知识的8年级学生,达到样本随机性理解水平的学生占16%.王秀军(2003)报告说,在没有学过样本知识的7、8年级初中生中,仅有个别学生达到该理解水平,但这个比例到高一、高二明显增加,达到25%左右.苗航(2011)在新课程实施了五年之后对 489 名来自某重点中学的重点班与普通班的学生进行了调查. 她发现,在高一、高二、高三学生给出的样本例子中,依次有 13.7%、47.4% 和 64% 的例子是非常令人满意的. 在她的调查中,使用简单随机抽样的人数比例是 42.9%,使用分层随机抽样的人数比例是 18.5%,明显优于王秀军在高中课程改革之前调查得到的结果. 她认为,这与学生在义务教育阶段已经了解了抽样的必要性和一些基本概念,高中教师在教学中强调随机抽样思想有关. 这些研究告诉我们,如果没有正式的教学,直到 8 年级,都只有极少数学生能够自己认识到随机样本的价值,到高一时,学生认识自然地会有一个飞跃,说明 9 年级或者高一学习随机抽样的教学安排应该是合理的. 教学会更明显地促使学生认识的发展.

考察学生对样本与抽样理解的另一个角度是看他们对抽样方案质量的鉴别能力,看他们是否知道小样本出现较大变异的概率更大,是否能够辨别出有偏差的抽样方案,如样本容量过小、样本缺乏代表性等. 有一个"医院问题"常被研究人员拿来测试(Fischbein & Schnarch, 1997;Tversky & Kahneman, 1974),问"一个平均每天有 45 名婴儿出生的大医院和一个平均每天只有 15 名婴儿出生的小医院相比,哪一个医院更常出现一天中男孩出生率大于 60% 的情况?"研究人员发现大多数回答都认为两个医院的可能性相等,但其实"男孩出生率大于 60%"是一个概率较小的事件,所以小医院更有可能产生这种不大寻常的结果,就像我们抛掷硬币,抛掷的次数越少越可能出现很多反面很少正面的结果. 类似地,我们选购物品时是咨询身边买过该物品的朋友,还是依据对大样本消费者的调查报告,还是不需要事先调查研究,任凭自己的运气作主或者凭自己的眼光来判断呢? 研究发现,随着学生年龄增大,越来越多的人会选择读调查报告(Watson 和 Moritz, 2000),但是也还有不少学生购物倾向于凭自己的眼光或相信自己获得的信息,哪怕只是从小样本得到的(王秀军,2003). 这提醒我们,统计教学务必要多在现实生活的问题情境中进行,书本理论知识的学习不能保证学生在遇到现实问题决策时能够加以应用.

下面这个问题(Jacobs, 1999)也被多次用在研究和实际教学中,是说在一个有 600 名学生的学校里,从 1 至 6 年级,每个年级有 100 名学生,要从中选取 60 名学生进行调查,请评价一下你对以下六种获取样本的方案的看法,它们是:(1)把 600 名学生的名字放在帽子里,从中随机地抽出 60 名学生的名字;(2)将每个年级 100 名学生的名字按性别放在两个帽子里,从中各抽出 5 个名字.6 个年级一共得到 30 名女学生和 30 名男学生的名字;(3)选我的 60 位朋友;(4)选参加某课外兴趣小组的 60 名学生;(5)在食堂门口设摊,谁愿意停下来接受调查就选他,直到凑满 60 人;(6)给全校每名学生发一张问卷,选最早收到的 60 份答卷.

利用这个问题,我们可以与学生逐一讨论每一种方案,它属于哪一种抽样方法,是否合适,为什么.方案(1)和(2),一个是简单随机抽样,一个是分层随机抽样,都是合适的随机抽样,只是相对后面四种方法调查者可能会更辛苦一些.后面四种方案都有缺陷,方案(3)和(4)问的都是某一群人,他们很可能意见相近.把调查点设在食堂门口这样人流量大的公共场所是很多学生认同的方案,但是那些不去食堂吃饭的人或者总是晚去吃饭的人就没有同等机会了,而且方案(5)和(6)往往是持不同意见者会更愿意参与调查,所以后四种方案都很有可能不具有代表性.类似这样的讨论有助于学生运用所学知识解决现实问题.

样本是统计学中的一个核心概念,就像字母对于代数、点的坐标对于解析几何一样重要,统计推断需要抽样,而样本的质量决定着推断的可信程度.大多数国家的数学课程都含有“样本和抽样”,从通过样本了解总体的思想,到具体的抽样方法,到样本的代表性与样本的大小对统计推断质量的影响.在我国,这部分内容也分阶段地安排在初中和高中课程中,初中阶段重在体会通过样本了解总体的思想方法,知道可以通过随机抽样,用样本的平均数来估计总体的平均数;高中阶段则要学习一些随机抽样的基本方法和技巧,并运用它们解决一些简单的用样本估计总体的实际问题.有的学生可能会混淆“样本容量”与“样本个数”这两个概念(黄华胜,2014),“样本容量”是指一个样本中含有的样本点的个数,我们平时称大样本和小样本即是指它们在样本容量上的区别.“样本个数”是指重复取了多少次样本,如每天早、中、晚各观察一次,则每天有 3 个样本.

笔者认为,样本概念的教学要强调两点:(1)抽样的目的是为了了解或推断总体;(2)样本与总体是从属关系.第一点起到学习定向的作用,揭示抽样方法的意义.重点在第二点,它明确了样本是由来自于总体的一部分个体组成的.

至于抽样方法的教学,中学生容易理解抽样调查的必要性,可着重说明以下几点:一是有的总体有无限个或是海量的个体,就不可能做普查;二是有的调查带有破坏性,所以不允许用普查而且为了尽可能地减小损失,要尽量减少样本中个体的数量;三是限于调查的人力、物力、财力和时间等,许多调查必须限制样本容量;四是当调查对象数量较大时,随机的抽样调查其高效、科学、误差可控等优势明显,普查反而会存在误差叠加和投入大等种种问题.

抽样方法教学的难点主要在于对随机抽样方法的认同,帮助学生实现从第三阶段向第四阶段的提升.让学生自己多次经历对类似上面的空气质量问题和学生身高问题的解决,可以积累学生对简单随机抽样方法的感性认识,将全班学生抽样结果汇总以及利用新技术进行模拟试验都是克服这一难点的有效方法.

黄华胜在高一学生中尝试了一个短期的干预教学,希望通过学生的动手操作积累他们对随机现象的经验.虽然还是有一部分学生认为用一次结果去估计不可靠,但他发现也有一些学生的想法发生了可喜的改变.一名学生在前测的时候怀疑简单随机抽样方法的可靠性,认为随机抽样可能会使得样本集中在一段时间内,也可能是极端值,因此担心样本没有代表性.在后测的时候,他认可了简单随机抽样方法,他在访谈中解释说:"用简单随机抽样方法得到的样本的确可能会取到一些很极端的值,但应该不会全部都是极端的.有很多值,不可能把全部极端的都取出来的,如果是这样,就是故意挑出来的.……极端值毕竟占了少部分,抽出来的应该也少."(黄华胜,2014,p. 92 - 93)对于认知难点,教师的任务不是告诉和纠正,而应该是创造安全的学习环境,让学生在操作中思考自己收集到的数据,质疑自己的已有认识,改变自己的错误想法.

数学史研究中有一个原理叫做"历史相似性",意指人类的认识过程与知识在历史长河中的发展过程有惊人的相似性.上述关于抽样认识过程的中外研究再一次印证了这一相似性原理,历史上人类也是缓慢地走过了对样本和抽样方法认识的四个阶段,接受随机抽样也经历了很长时间.其实,在样本数目较小,而样本之间差异又较大时,经过合理分层的分层抽样的确优于简单随机抽样.这似乎建议我们在安排学习简单随机抽样之前可以先学习非随机的分层抽样,而且在教简单随机抽样时,要注意选用较大的样本,通过具体的案例,打消学生对随机样本可能不具代表性的疑惑.应该承认,用简单随机抽样方法获得的样本是可能"抽到很多矮个子而使对全班学生身高的估计偏小",但是出现这种情况的可能性很小,这是由中心极限定理保证,我们自己试验也能亲身感受到.

∧

第二节　总体分布

家长询问孩子的考试成绩并给出评价是很常见的.假如听到以下这段母子之间的对话,你怎么想?

"孩子,这次考试成绩怎么样啊?"

"妈,英语 85,数学 70."

"英语考得不错,比数学好,数学怎么退步那么多,上次你考了 80 啊!"

你的第一反应也许是妈妈不能这样简单地比较考试分数,两次考试的难度很可能不一样,要结合平均分来看的.假如这次英语和数学考试的平均分分别是 80 和 65,上次数学考试的平均分是 85,那么孩子上次数学成绩低于班级平均分,这次高于班级平均分,怎么能说孩子数学成绩退步许多呢? 孩子这次的英语和数学成绩都高出班级平均分 5 分,可以认为这次英语和数学考得一样好吗? 也不可以,因为我们知道平均分可能受到极端值的影响,还要看看全班分数的离散情况. 这种既考虑平均分也考虑标准差的想法就产生了标准分的概念:

$$标准分 \ Z = \frac{个人成绩 - 平均成绩}{标准差}.$$

标准分的正负性刻画的是个人成绩是高于还是低于平均成绩,标准分的绝对值刻画的是个人成绩离平均成绩的距离是标准差的几倍. 假如这次英语和数学考试分数的标准差分别是 10 和 5,那么孩子的英语和数学标准分分别就是 0.5 和 1,也就是说,在这个新的成绩分布图(它的均值是 0,标准差是 1)中,孩子这次考试的数学成绩位置高于英语成绩位置,数学比英语考得好. 为了避免 0 分和负分,我们可以对标准分再作一个线性变换,如 T＝100＋20Z,转换后的 T 分数以 100 为平均分,以 20 为标准差. 使用上述转化时通常要求总体服从正态分布,如果是偏态的,要先将其正态化后再转化.

这个例子再次强调当我们要在不同总体之间进行比较或者要通过一次抽样对总体进行某种推断时,我们往往已经不是在就事论事了,而是要超出描述性统计的范畴,试图在一部分样本信息的基础上,对总体下一个并无百分之百把握的结论,进行推断性统计了. 为此,我们需要有大量新的知识(如假设检验)、观念(如全局观)的积淀才能帮助我们实现这一认识上的巨大飞跃,用 Makar 和 Rubin 的话来说,就是:"我们不是对我们面前的数据有很大兴趣,而是产生这些数据的更为一般的性质与进行推断的过程在吸引我们."(Makar & Rubin,2009,p. 84)统计的魅力在于推断性统计,"没有概率的统计走不远"(张奠宙,1999,p. 75).

总体分布教学的第一个困难是接受可以用随机样本来估计总体的思想. 目

前来看,我们并未充分认识到学生(包括大学生)从计算样本的均值与方差,画直方图与饼图,到以一定可靠性为指导,用样本估计和推断总体这个过程中会在认知层面遇到的巨大挑战.上一节提到过一个例子,用简单随机抽样得到的北京 30 天的空气质量指数去估计它全年的空气质量情况,让我们来看看黄华胜(2014)用类似问题对高中生和大学生所做的调查结果.

在他调查的高一、高二和某重点大学数学系大二和大三总计五百余名学生中,各年级认为可以用上海 30 天空气污染指数来估计上海全年的空气污染情况的学生百分比在 11% 到 52% 之间,虽然使用全国课程标准的江苏高中生比使用上海课程标准的上海高中生认可度高一些,但是也均未达到 50%,数学系大学生的表现也令人失望.学生不认可的主要原因是怀疑随机抽样获得的样本可能不具有代表性或者担心样本容量太小,访谈中有学生谈到如果样本容量占到总体的 $\frac{1}{3}$ 至 $\frac{1}{2}$ 才比较合理(黄华胜,2014).

的确,有不少人误以为样本的大小须与总体的大小有关,但是实际上决定样本容量不是根据总体的某个百分比的,决定样本大小是很复杂的一件事,它已经超出了我国中小学数学课程的范围.样本大,估计的误差小了,但成本会提高,所以决定样本大小要看我们可用于调查的人力、时间、财力等成本,也要看我们在得到数据以后要做怎样的数据分析、精度又要求如何等.图 5-5① 显示的是对于标准差 $\sigma - 5$ 的总体,随着样本容量从 $n=1$ 开始逐渐增大,相应的随机抽样误差 $\left(\text{标准误} \sigma_{\bar{x}} = \frac{\sigma}{\sqrt{n}}\right)$ 在刚开始(如小于 10)时迅速降低,也就是说,对较小的样本,样本数的多少对随机抽样的误差(它不包括其他如询问的问题有偏向性,或者抽样方案使样本不具有代表性等产生的误差)会有显著的影响,但当样本大到一定程度时,再增加其数量,该误差对统计结果的影响已不大了.图 5-5② 看到的是 $\sigma = 200$ 时的情况,同样,当样本大小超过 30 后,增大样本容量对缩小标准误作用就很小了,所以统计上一般认为样本大小超过 30 就是大样本了.

$$\sigma_X = \frac{\sigma}{\sqrt{n}},\ \sigma = 5 \qquad\qquad \sigma_X = \frac{\sigma}{\sqrt{n}},\ \sigma = 200$$

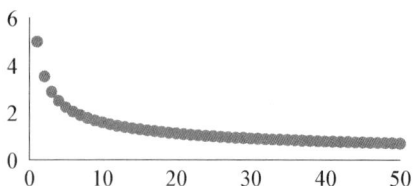

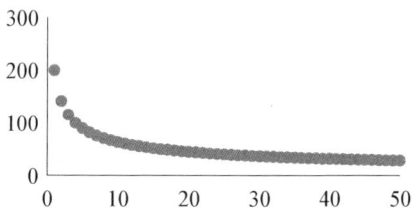

图 5-5　样本容量 n 对标准误的影响曲线

一般来说,决定样本大小可以先设定一个置信度和一个可容忍的估计误差,然后在一定约束条件下,根据有关抽样方法的书籍介绍的一些决定样本大小的公式决定样本大小. 比如,估计比例 p,p 可以是次品率、命中率、支持率等等,在至少要保证有 95% 的把握,使得调查所得的 p 的估计值与真值的误差不大于 3% 的严格要求下,那么至少需要的样本容量是 1 068,不管你这个调查是在全国还是只在一个地区范围做,1 068 个有效样本就够了. 如果你愿意降低估计的精度,比如在至少保证有 85% 的把握,使得调查所得的 p 的估计值与真值的误差不大于 5%,那么至少需要的样本容量可以降到 208(茆诗松、随倩倩、李俊,2010).

虽然增加样本容量可以缩小置信区间的长度,但是样本总要达到总体 $\frac{1}{3}$ 的规模或者估计总要基于很大的样本都是误解,虽然我们没有必要在中学里讲怎么根据实际情况去规划样本的大小,但是可以在适当的时候说明决定样本大小是一件复杂的事情,在大学课程中会继续学习.

认识到随机现象的变异性是容易的,但是认识到"小样本离散度更大,大样本比小样本更可靠""总体均值与样本均值的差距小于总体均值与单个样本的值的差距"等等事实都需要有经验基础,而且要有数据记录,方便对比. 以"总体均值与样本均值的差距小于总体均值与单个样本的值的差距"这一规律为例,它不是说数次抽样结果(比如 5 次)的平均值一定比一次结果更接近总体的真值,而是说有更大的概率接近真值.这种思维与表达是学生不熟悉的,是总体分布教学的第二个难点.

总体分布教学的第三个困难在于辨认合适的模型.所谓分布,它描述的是随机变量的可能取值以及取相应值的概率.比如,姚明投篮的命中率是 p,但每次投球无非有"进"与"不进"两种结果,"进"的概率是 p,"不进"的概率是 $1-p$,虽然姚明的命中率在一段时间内是固定的,但是由于各种随机因素的影响,没人能够预言下一次投球能否"进",除了根据他以往的投球记录给出他投篮结果这个随机变量的分布外我们不能做更多.

表 5-3 列出的是我国现行高中课程标准中涉及的四种分布,前三个是离散型随机变量服从的分布,都与两种可能结果(如投篮的"进"与"不进",表决的"同意"与"反对")有关,所以学生认识模糊的话就会选错分布模型.我认为,配合图片给出典型问题情境以及说明分布之间的联系应该有助于作出正确的选择,但是还有待于实证研究的支持.

两点分布最简单也最基本,人教版教材用它引入概率分布简明易懂.超几何分布是一次抓取 n 件,看有几件次品.比如,从一个搅匀的装有 90 件正品、10 件次品的成品箱中任取 3 件,则 3 件中的次品数是一个随机变量,可能是 0、1、2 或 3,该随机变量服从超几何分布.同样这个情境,二项分布是每次只取一件,作记录,放回搅匀,再取一件,直到取满 3 件,看有几件次品,也就是重复了 3 次的两点抽样.这里,我选用抛 n 枚硬币作为二项分布的典型问题情境,是为了突出二项分布每次抽样都从相同的总体中重新开始,抛硬币恰有这样"不记得以前抛出过什么结果"而重新开始的优势.

表 5-3 最后还说明了各分布之间的联系.超几何分布与二项分布的根本区别是抽取的样本在下次抽取之前是否放回去,如果你一共就取一件($n=1$),显然,结果不是"正品"就是"次品",这时的"超几何分布"和"二项分布"就是两点分布了.

计算超几何分布中的概率涉及三个参数及三次组合数计算,非常麻烦,计

表 5 - 3 现行高中课程中的四种分布

	两点分布	超几何分布	二项分布	正态分布
典型问题情境	随机调查 1000 个人，有多少支持率	90 件正品 10 件废品，随机抓 7 件，至少有一件次品的概率	抛 6 枚硬币，出现 3 个正面的概率	身高超过 181 cm 的男性占男性人口的比例
随机变量	离散型 是否支持	离散型 取到的次品数	离散型 出现正面的硬币数	连续型 身高值
总体参数与分布图象	支持率 p；$p=0.6$ 时随机变量为布列图象为： $p(m) for\ p=0.6$	N 件产品中有 m 件次品，抓 n 件；$N=100$，$m=10$，$n=7$ 时随机变量分布列图象为：0.467	抛硬币每次出现正面概率为 p，抛 n 枚；$p=0.5$，$n=6$ 时随机变量分布列图象为：0.313	均值 μ，方差 σ^2；$\mu=172.70$，$\sigma^2=16.08$ 的概率密度函数图象为：
联系	每次放回再取或，近似；n 远远比 N 小；重复 n 次		$n>50$，np 和 $n(1-p)$ 均大于 5，近似	

算二项分布中的概率只含两个参数及一次组合数计算,相对简单,所以在计算机技术尚未发展时,人们发现"当一次抓取的产品数量 n 远远小于产品总数 N 时,超几何分布列可以用相应的二项分布列近似"这一结论非常有用. 下面我们借助在线计算器(http://stattrek. com/online-calculator/hypergeometric. aspx)计算这两个分布中的概率,用表 5-4 直观地验证一下该结论.

表 5-4　超几何分布列与二项分布列中对应的概率值

分布 ＼ 取到的次品数 X		0	1	2	3
超几何分布	$N = 10, m = 4, n = 3$	0.167	0.500	0.300	0.033
	$N = 30, m = 12, n = 3$	0.201	0.452	0.293	0.054
	$N = 100, m = 40, n = 3$	0.212	0.438	0.289	0.061
	$N = 1\,000, m = 400, n = 3$	0.216	0.432	0.288	0.064
二项分布	$p = 0.4, n = 3$	0.216	0.432	0.288	0.064

因为二项分布的参数只有两个:次品率 p 和取多少产品 n,所以表 5-4 中二项分布只占一行. 比较概率计算结果,这个结论是正确的. 当 10 件产品中有 4 件次品,随机一次性地抓取 3 件(超几何分布)与每次取 1 件重复有放回地取满 3 件(二项分布),概率值在小数点后第一位有不同;当 N 扩大到 30、100 与 1 000 时,保持次品率不变,也还是用这两种方式一共取 3 件,我们看到两种分布的相应概率值越来越接近,所以在取件数量对总件数微不足道时,可以放心地用计算相对简单的二项分布列去近似超几何分布列. 当 N 充分大时,二项分布是超几何分布的近似分布这一定理的证明在许多概率统计教材中都有,有兴趣的读者可参阅.

我们再用免费在线软件,粗略地验证一下结论:"当 n 很大(通常 $n > 50$),p 不是太小,$np > 5$,$n(1-p) > 5$ 时,可以用正态分布 $N(np, np(1-p))$ 近似二项分布 $B(n, p)$"(http://www. randomservices. org/random/apps/SpecialSimulation. html).

图 5-6 中的第一张图是 $n=5$，$p=0.25$ 的二项分布列，均值是 $np=$
1.25，方差是 $np(1-p)=0.9375$，标准差是 0.968；随着 n 增大到 10、25 和 50
时，我们看到原来偏态的分布越来越"正"，近似服从正态分布. 用正态分布近似
二项分布同样可以减少概率计算的工作量.

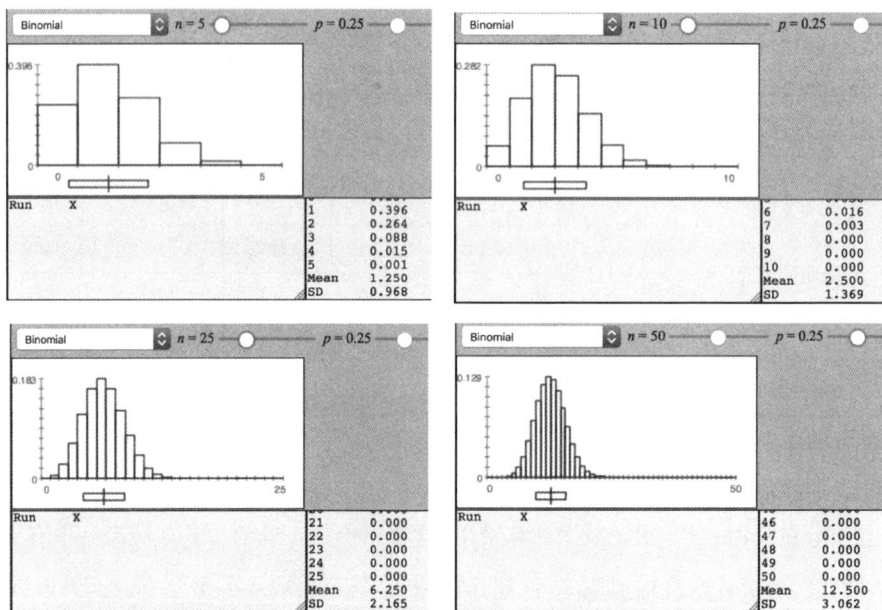

图 5-6　当 n 很大时可用正态分布近似二项分布

　　正态分布是最基本的连续型随机变量服从的分布. 因为以下四条理由，使
它显得与众不同：正态分布是许多物理、生物和心理现象测量的合理模型；在
一定条件下它是二项分布、泊松分布、t-分布等其他分布的近似；无论总体的分
布是否服从正态分布，当样本容量充分大时，样本均值总是近似服从正态分布；
许多统计方法要求从服从正态分布的总体中随机抽样（Batanero，Tauber &
Sánchez，2004）.

　　文献中关于正态分布的认知研究很少，Batanero 她们的研究是在大学生的
一门统计课教学中进行的. 她们指出，按照皮亚杰的认知理论，13～14 岁的孩子

就已经知道沙从沙漏的小孔渗下将形成中间高、两头低、左右对称的钟形曲线. 在她们的研究中,要求大学生根据具体的样本信息使用统计软件,辨认出哪些随机变量可以使用正态分布模型,参数是什么,并说明理由. 比如,学生需要从随机变量是离散的还是连续的,直方图的形态,偏度和峰度值是否近似为 0,平均数、中位数和众数的位置是否很近,是否是单峰,是否符合 3σ 原理等等来考察采用正态分布模型是否合适.

人教版高中数学选修 2-3 教材中讲正态分布时安排用计算机研究正态曲线特点的活动很好,有助于学生对正态分布的参数、概率密度函数的特点有直观的理解. 这里,我们继续推荐上面用于计算分布列的在线软件,因为它除了可以计算理论分布外,还可以现场模拟,显示频率分布. 比如,图 5-7 是模拟 100次"从一个搅匀的装有 95 个红球、5 个白球的口袋中一次抓取 3 个球"这个试验得到的频率分布(左上方红色条形图),所有 100 个模拟抽样结果列在图的左下方,由右下方 Data 可见 100 次中有 83 次的结果是 3 个球中没有一个白球,所以最左边的红色条形高度是 0.83. 左上方蓝色的条形图以及右下方 Dist(分布)所示的是理论分布. 可以看到,理论分布与 100 次模拟试验得到的经验分布

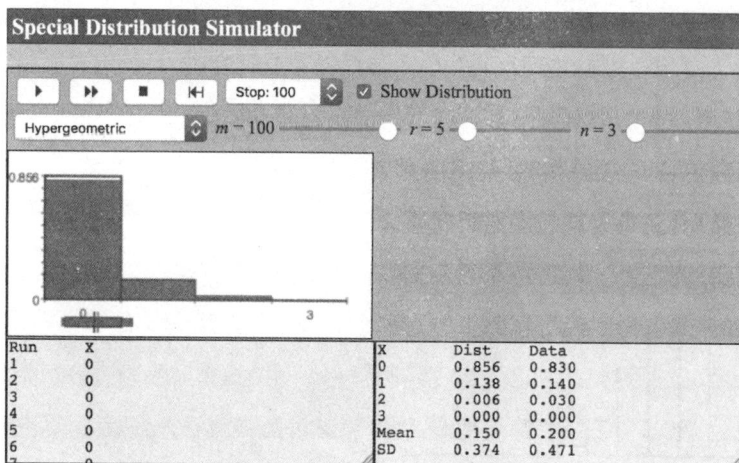

图 5-7 在搅匀的 95 个红球、5 个白球的口袋中任取 3 个球,取到白球数的分布列

(Data)非常接近.这个小软件还包含了二项分布、正态分布、均匀分布等分布类型,方便易用.

与美国和新加坡的教材相比,我国高中教材重视分布列的概率计算,不重视联系图象讲分布(安婷婷,2013),这不符合学生的认知规律,也没有突出统计教学的特点.新加坡的做法是利用图形计算器,美国的做法是利用教材配套的电子资源,我认为利用类似上面提到的在线软件是一个花费少、效率高的办法,有助于我们帮助学生加深理解,区分容易混淆的概念,并将问题解决引入到统计教学中来.比如,学生可以方便地看到每种分布是由哪些参数决定的,如上述超几何分布中总体的大小 m,白球的个数 r,每次取球个数 n 都是拖动白点可变的,方便直观地考察参数变化对分布列图象的位置和形态产生怎样的影响.

如图 5-8,增加白球个数至 $r = 20$,与图 5-7 相比,取不到白球的概率降低了,取到 1 至 2 个白球的概率明显增加.如果在此基础上,增加取球的个数至 $n = 10$,明显地,随机变量(取到白球的个数)的取值范围扩大了,此时取出的 10 个球中有 2 个白球的概率最大,其次是 1 个白球和 3 个白球,没有一个白球的概

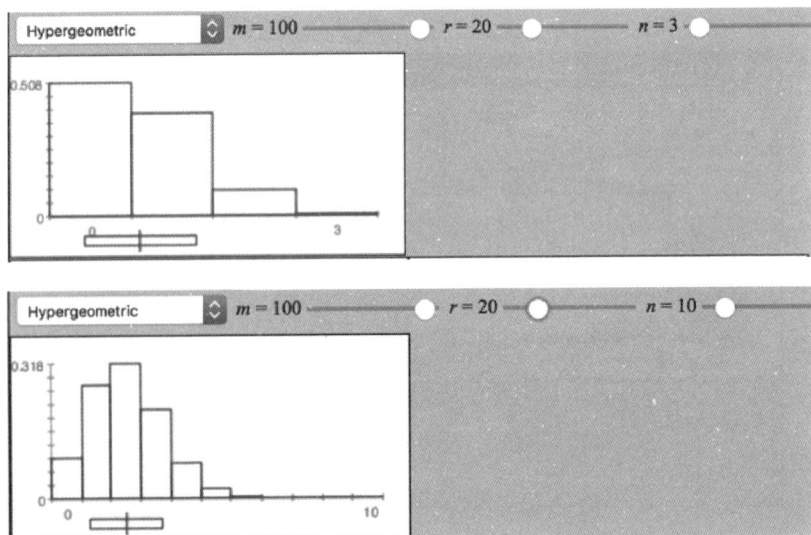

图 5-8 探索改变参数对改变分布图形的影响

率继续下降,所有这些变化都在情理之中,学生可以先猜后看再说理.人教版高中数学选修 2-3 教材中有一个让学生按中奖概率自己设计中奖规则的思考题,利用这个软件可以快速获得答案,学生还可以灵活地改变中奖概率,改变两种颜色球的比例等等,成为一个真正的问题解决探索者.当然,学生还可以提出自己感兴趣的问题加以探究,如固定袋中红球与白球数量的比例,不放回地取(超几何分布)与有放回地取(二项分布)相同数量的球对分布列的影响等等.

Reading 和 Canada 认为分布是统计知识网络中的重要节点(Reading & Canada,2011),他们指出,分布概念建立在中心、变异(离散度)、形状、密度、偏度、频率、概率、比例关系和解释关系这九个概念之上.这九个概念可以分为三类.第一类是前三个概念,谈论分布不可能不提中心、变异和形状,而且这三个概念关联极为密切,你中有我,我中有你;第二类是密度、偏度、经验分布中使用的频率以及理论分布中使用的概率,我们可以从统计与概率两个角度对它们进行讨论;第三类是比较抽象的比例关系和解释关系.理解频数分布只需加法思维,但要在不同试验总次数结果之间进行比较就需要更复杂的比例思维了(需要用到除法),需要使用频率分布,再到理解确定的随机变量的理论分布,思维复杂水平在不断提高.解释关系是指能够用概率的理论与观点解释试验观察到的诸如数据的中心、离散程度以及形状等结果.他们揭示的九个概念、三个逐渐加深的目标,对我们规划中小学分布教学是有启迪的.

虽然关于分布的教学在我国现行课程中主要安排在高中,但是,在小学和初中学习条形统计图和折线统计图时,就可以引导学生观察数据的分布.当所有数据直观地在统计图上表示的时候,学生容易注意到最大值、最小值是什么,大多数的数据集中在哪一段上,数据分布有一个高峰还是几个高峰,中心在哪里,数据分布得比较分散还是比较密集,有没有不同寻常的数据,数据整体上有没有呈现出一种规律或发展趋势.在面对两组数据图时,学生也可以就上述各个方面对两组数据进行比较.为了方便表达,也可以告诉学生最大值与最小值的差我们把它叫做"极差",不同寻常的特别大的或特别小的值我们称呼它为"极端值",出现次数最多的值叫做"众数"等等,这些概念并不难理解,只是一个称呼,方便人们交流而已.

提早引导学生观察数据分布还有一个好处是有助于学生逐步养成从整体上研读数据的习惯,实现从局部到全局的认知飞跃.Watson(2006)曾经尝试以一张某天的学生上学方式人数统计图为例,与小学生一起研读数据,她发现孩子们利用自己的已有经验,互相补充、争论,对这张上学方式人数统计图本身所蕴含的信息以及调查时间(开学第一周的第一天还是开学已经有一个月)、调查对象(不同年级、不同学校的学生)、调查当天的天气(下雨还是晴天)等等情况对调查结果的影响,都有很多话可说,他们能够理解他们基于数据得到的结论不是百分之百正确的,是一种基于现有数据可以给出的最有把握的假设.学生思维水平的跨度也可以很大,如有的学生只用一张统计图回答问题,而有的学生建议考虑多次调查类似情况后再取平均数作为代表等,他们会提到影响学生上学方式还有一些随机的因素,因此得到的调查数据之间会存在差异等.Watson在澳大利亚的小学和初中课堂做了不少从数据分布读取信息的尝试,如研读澳大利亚学生在 CensusAtSchool(中小学普查,见本书第二章第四节中的相关介绍)项目中获取的数据(身高、体重、眼睛颜色、每周吃快餐次数、看电视的时间等十余项,教师可从中选几项)、两个班级的学习成绩直方图、男女生脚的尺寸的箱线图、研读脚的长度与庹长的散点图等等,她认为这样的研读和讨论是适合中小学生的,对他们学习和使用恰当的语言也非常有帮助(Watson,2006).

我曾经参加了一个澳洲小学教师的培训活动,其中通过收集数据进行说理的"匀速运动"与"加速运动"任务给我留下深刻印象.这里介绍一下"匀速运动"的活动进行情况.

任务非常简短,请用 8 秒时间尽量匀速地走完 8 米,并用数据说明你们走路的速度几乎是均匀的.走廊的地上事先已经标好了 8 米的长度.教师分组合作,有的借用秒表的声音,尝试保持匀速地走完 8 米,有的用手机帮助计时,很快大家就调整好自己的速度,尽量在 8 秒正好走完全程.接着,教师被要求同时记录每走完 2 米用时多少.一位教师找到一个手机应用程序(app),它可以连续地分段计时,大家非常高兴.有人建议可以在地上每 2 米,甚至 1 米作一个记号,方便控制速度与计时.表5-5是其中一个小组收集的数据.

表5-5　A~D四位教师走完相应路程所用时间　　　单位:秒

	0~8 m	0~8 m	均值	四人均值	0~2 m	2~4 m	4~6 m	6~8 m	四段之和
A	7.5	8.1	7.8		1.8	1.8	1.9	1.8	7.3
B	7.5	8.5	8.0	7.85	1.7	1.8	1.9	2.0	7.4
C	7.8	8.0	7.9		1.8	1.6	1.9	1.7	7.0
D	8.4	7.0	7.7		1.5	1.9	1.4	2.2	7.0

　　这个小组共有五位成员,一位专门负责记录与分析数据,D负责计时,在他走路时,B帮助计时.他们汇报时分析道,教师A~C的数据比较接近,都是由D一个人记录的,D的数据差异较大,有可能是因为换了B,不太熟悉,产生了较大误差.另外,他们发现,将0~8米作为一个整体计时,误差较小,而分段计时,每段都有误差,累积之后使结果离要求的8秒有较大的误差;虽然他们力求匀速,但是误差不可避免,好在四位教师的数据取均值后的散点图都还接近于成一条直线.

　　另一个小组在汇报时强调了本活动可以涉及多个概念,比如,用茎叶图记录数据,计算平均数、众数、中位数和极差,度量,用直方图表示四人走完全程各自需要的时间,在直角坐标系中表示8秒时四人所走路程与8米的差异,另外还用到了四则运算、小数、正负数、读图与画图、速度概念等.

　　的确,在这样的课题活动学习中,这些教师感受到了数据的变异性、小样本不如大样本得出的信息可靠、测量误差不可避免、样本平均数可以用来估计总体平均数,看到了基于数据开展调查研究的复杂性,也在愉快地与他人合作中经历了解决问题的过程,这种学习更利于发挥他们的学习主动性,加深对知识的理解.

　　观察数据分布第三个好处是有利于概率和统计学习的融合.比如,抛掷两个正方体的骰子,将掷得的数字相加,一共有11个可能的结果,把实际抛掷的结果用条形图表示,那么抛掷次数够多的话,会很明显地发现最容易抛到的和是 7,较少抛到的和是 2、3、11、12 等结论,从而说明可能性有大小区别,比较容易发生的结果我们称其发生的可能性大,较为罕见的结果我们称其发生的可能性小. 这样,通过收集数据、表示数据、观察数据的分布并从整体上读取信息这一过程,随机现象的规律被显化了,统计与概率也通过数据联系起来了. 类似的联系在高中阶段依然重要,比如某快递公司称其递件准时率为 96%,假设每个包裹递送准时与否互相独立,你是否会对你过往的包裹 5 次中有 1 次延误感到气愤? 我们可以通过计算得到 5 次中至少出现 1 次延误的概率,但是如果心里有分布图(图 5‐9)的话,无需计算就可以大致估计,这也算是"数形结合"带来的便利吧.

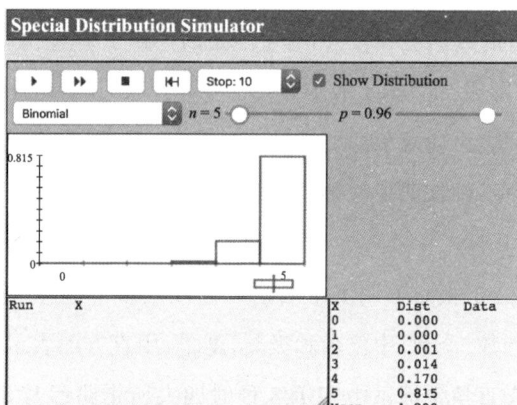

图 5‐9 二项分布当 $p = 0.96$,$n = 5$ 时的分布图

第六章
推断说理： 预测与推断

　　培养学生的数据分析观念是我国统计教学的核心任务，我国《义务教育数学课程标准(2011年版)》将其界定为："了解在现实生活中有许多问题应当先做调查研究，收集数据，通过分析作出判断，体会数据中蕴涵着信息；了解对于同样的数据可以有多种分析的方法，需要根据问题的背景选择合适的方法；通过数据分析体验随机性，一方面对于同样的事情每次收集到的数据可能不同，另一方面只要有足够的数据就可能从中发现规律."(p. 6)为此，统计教学应该围绕数据展开，围绕有具体问题背景的实际数据展开，应该重视统计活动过程，让学生经历从提出问题，收集数据，分析数据，直至得出结果解决问题的全过程.

　　我曾看到澳大利亚小学高年级的一节统计课录像，给出的问题是：用100克面做6个小饼，一厂商想要在外包装上承诺每个饼至少有10粒巧克力豆，问面里需要放多少巧克力豆才能实现该承诺. 巧克力豆较贵，而且我们是做饼，不能不顾成本地放巧克力豆. 请大家用模拟试验的方法通过小组合作予以解决.

　　小饼问题给出后，学生热情很高，大多数学生猜测放60粒. 于是，教师让7名学生代表和她一起完成第一次的模拟试验，教师准备了米，用米代替面粉，用绿豆代替巧克力豆，六个代表每人数好10粒豆子依次倒入米中并搅拌，还有一个学生作为"证人"始终监督整个试验过程. 期间，教师会将一些学生发言时提及的重要术语及时写在黑板上. 第一次试验结束，搅匀后的材料被平均地放在6个小碗中，学生代表拿回自己小组的小碗，数出小碗中含有的巧克力豆数. 汇报时,每个小组把自己小饼中的巧克力豆的数目写在黑板上,有的小组不足10粒.

教师让各小组在此数据的基础上重新估一个数,各小组都报出了高于60的数,主要想法是把不足10粒的都补足到10粒,再加上原来的60.教师宣布各小组开始第二次模拟试验,试验结束后,各小组派代表向全班汇报试验结果以及是否想再次调整估计值.因为这节课下课时大家还没有比较一致的意见,教师说第二天继续研究.这位教师花了四节课来解决这个问题,最后那节课还邀请家长代表参与,因为他们要现场用面粉和巧克力豆烤制小饼.

这个活动是一个涉及在考虑产品成本的基础上如何恰当承诺产品质量的现实问题,除了学习用合适的语言来恰当地描述随机现象外,还希望让学生了解到模拟试验是解决问题的一个有效方法.如果转化为抛掷普通的正方体骰子的话,那么就好像面前放着一字排开的6个面团,每抛掷一次骰子,就决定一颗巧克力豆去哪块面团,我们想知道需要抛掷多少次骰子,能够相当有把握地承诺每个面团的巧克力豆数目都不小于10粒.前面两次课教师都用米和豆子这些实物进行模拟试验,第三次课才引入抛掷骰子试验.学生经过几次课的尝试研究,已经可以大致获得答案,但问题的最佳答案是什么并不是(也不可能是)教师的教学目标.我欣赏这种统计教育,因为它学习门槛低,吸引每个学生,启发学生的思想.学生经过不断尝试不仅知道了大致的答案,还建议厂家不要在外包装上使用确定性的语气,以免失去诚信.因为教学目标定位在了解与估计,所以教师教得也比较轻松,没有压力.考虑到学生年龄与班级人数,我觉得可以把问题改小,如我们要做4个小饼,准备多少巧克力豆能够保证每个小饼至少有3粒巧克力豆,这样可以减少学生计数和操作误差,但又不影响既定教学目标的达成.数据分析观念的培养不是一朝一夕的事情,应该从小抓起.

第一节 相关与回归

函数是代数学习中的一个主要内容,它揭示了一个变量如何随着另一个变量的变化而变化,并根据对应法则由另一个变量确定,比如我们知道半径就可以根据圆的周长公式确定该圆的周长. 但是在复杂的现实世界,更常见的是两个变量之间没有如此明白的确定性关系,比如训练量与减肥效果有一定关联,但是相同的训练量可能导致不同的减肥效果,因人而异,它按某种规律在一定的范围内变化. 为了积累经验,可以有意收集每个学员训练量和减肥效果的数据,以了解一般趋势,虽然我们也会根据收集到的数据给出一个函数关系方便预测,但是我们知道这两个变量之间只是相关关系,该函数只近似刻画它们的相互关系,据此作出的预测也是有一定误差的.

图 6-1(数据取自 D·穆尔,2003,p. 349)是表示 19 个发达国家一年中人均从喝葡萄酒所摄取的酒精升数与该国一年中每十万人死于心脏病人数之间关系的散点图. 数据显示,芬兰、冰岛、挪威 3 个国家一年中人均从喝葡萄酒所摄取的酒精都是 0.8 升,但是它们一年中每十万人死于心脏病的人数依次是 297、211、227 人,所以死于心脏病的人数并不由酒精摄入量确定,这两个变量之间不是函数关系,而是相关关系. 因为所有的点散布在一条从左到右往下倾斜的直线附近,所以我们说这两个变量是线性相关的,是负相关,没有异常的值,相关的强度很大,估计可以达到 -0.8. 我们以 x 轴表示解释反应发生的那个变量(解释变量,这里是一年中人均从喝葡萄酒所摄入的酒精量)的取值,以 y 轴表示反应变量(这里是一年中每十万人死于心脏病的人数)的取值,可以给出相应的回归直线方程.

学生常常会问:"可不可以不画散点图就直接计算相关系数呢?"答案是不行,散点图必须要画,理由是只看数据不画散点图的话,我们无法说明散点呈现

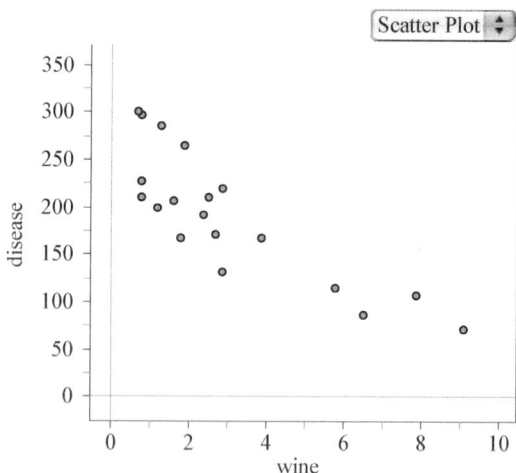

图 6-1 "一年中人均从喝葡萄酒所摄取的酒
精量"与"一年中每十万人死于心脏病
人数"的散点图

的整体形态(比如,它是直线相关还是曲线相关),有没有异常观测值,要是曲线相关,计算线性相关的相关系数毫无意义,因为线性相关的相关系数 r 只表示线性相关的关系强弱.另外,不画散点图也不容易发现异常观察值,这时,相关系数 r 的值会受到很大影响,以上面这个喝葡萄酒与心脏病问题为例,图 6-1 中的数据的相关系数是 -0.843,但如果仅将其中一个点 $(2.7, 172)$ 变成 $(2.7, 470)$,其他点都不变,则 r 就变成了 -0.640,从原来关系很强变成现在关系一般,可见相关系数受个别异常观察值的影响之大.因此,教学时我们要注意提醒学生,虽然有了数据就可以套公式计算相关系数获得一个回归直线方程,但是当两个变量之间不是线性的相关关系时,这样刻板计算得到的 r 值和直线都是没有意义的.图 6-2 是美国芝加哥大学 UCSMP 教材《函数、统计与三角》分册中的插图(McConnell et al., 2010, p.96),这个插图显示,线性相关系数 r 为 0 有可能表示两个变量之间几乎没有什么关系,也有可能表示它们之间有非线性的相关关系.类似地,在新加坡的高中教材中(Ho, Khor, Lam & Ong, 2007)也有一幅图是散点围成一个圆圈($r = 0.0976$),虽然都只是一幅插图,却丰富了

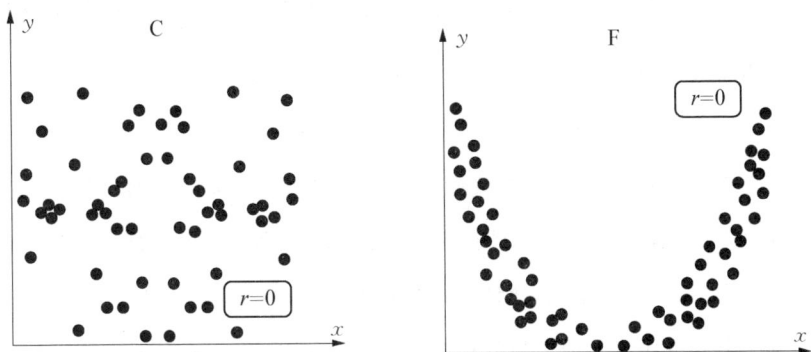

图 6 - 2　UCSMP 教材中给出的零相关散点图

学生对相关性的认识,值得我们学习借鉴.

表示变量之间线性关系方向和强度的样本相关系数 r 其计算公式是:

$$r = \frac{\sum_{i=1}^{n}(x_i - \bar{x})(y_i - \bar{y})}{\sqrt{\sum_{i=1}^{n}(x_i - \bar{x})^2 \sum_{j=1}^{n}(y_j - \bar{y})^2}},$$

它表示的是标准化后的两组数据乘积的平均数.我们可以这样体会此定义在方向上的合理性:从分子来看,如果一个变量的值高于平均值时,另一变量的值也倾向于高于平均值,而其中一个变量低于平均值时,另一变量的值也倾向于低于平均值,那么在这种情况下,r 的值为正,散点图上表示的整体形态就是从左到右往上倾斜的,变量之间呈现正相关.同理可以考虑负相关的情形.

当散点图的整体形态是线性关系时,用它衡量两个随机变量之间线性关系的强度也是合理的,这可以借助柯西不等式 $\left(\sum_{i=1}^{n} a_i b_i\right)^2 \leqslant \sum_{i=1}^{n} a_i^2 \sum_{i=1}^{n} b_i^2$ 来解释.首先不妨令 $a_i = x_i - \bar{x}$,$b_i = y_i - \bar{y}$,则:

$$r = \frac{\sum_{i=1}^{n} a_i b_i}{\sqrt{\sum_{i=1}^{n} a_i^2 \sum_{i=1}^{n} b_i^2}}.$$

由柯西不等式容易看出 $|r| \leqslant 1$.

当 $|r| = 1$ 时，$\left(\sum\limits_{i=1}^{n} a_i b_i \right)^2 = \sum\limits_{i=1}^{n} a_i^2 \sum\limits_{i=1}^{n} b_i^2$，此时 $\dfrac{y_i - \bar{y}}{x_i - \bar{x}} = \dfrac{b_i}{a_i} = k$（常数），说明全部点都在一条直线 $y - \bar{y} = k(x - \bar{x})$ 上，与我们期望中对全部点的分布一致.

当 r 的绝对值越接近 1 时，我们仿照上面的思路也可以看到全部点的分布越靠近一条直线；当 r 越接近 0 时，越找不到合适的常数 k 使全部点都分布在直线 $y - \bar{y} = k(x - \bar{x})$ 的附近，线性的相关强度越弱（竺欢乐，2004）. 相关系数 r 不理会以哪个变量作为反应变量或哪个变量作为解释变量，所以把 x 和 y 的名称对换的话，r 是不变的.

我国高中数学课程标准要求学生经历用不同估算方法描述两个变量线性相关的过程，知道最小二乘法的思想，能根据给出的线性回归方程系数公式建立线性回归方程. 凭眼力看的方法我们在第二章已经介绍了一个很好的网站（http://www.rossmanchance.com/applets/RegShuffle.htm），可以猜，可以显示答案，练习多次可提高眼力. 据陈长华的调查结果（2009），在他给出的七种获得回归直线的方法中，"用一条透明的直尺边缘在这些点间移动，使它尽量靠近或通过大多数点，然后画出直线"是高中生的首选.

对于方案"找一条直线使位于其两侧的点一样多或基本上一样多"，这个方法显然没有用足每个点的信息，只要在直线的同侧改变一个点的位置，应该就对回归直线有影响，所以这个方法可以首先排除.

因为要找的是一条使每一点与它的距离之和最小的直线 $y = bx + a$，要尽量用足每个点的信息来确定 b 和 a，学生比较容易想到以下三种方案：一是以每一点向该直线作垂线，垂线段长度的和若为最小，该直线即可作为回归直线，如图 6-3① 所示的是三条垂线；二是过每一点作 y 轴的平行线与该直线交于一点，连接这两点，构成正方形的一边，如图 6-3② 中那些正方形的边长，所有正方形边长的和若为最小，该直线即可作为回归直线；三是如图 6-3② 中所有正方形面积的和若为最小，该直线即可作为回归直线.

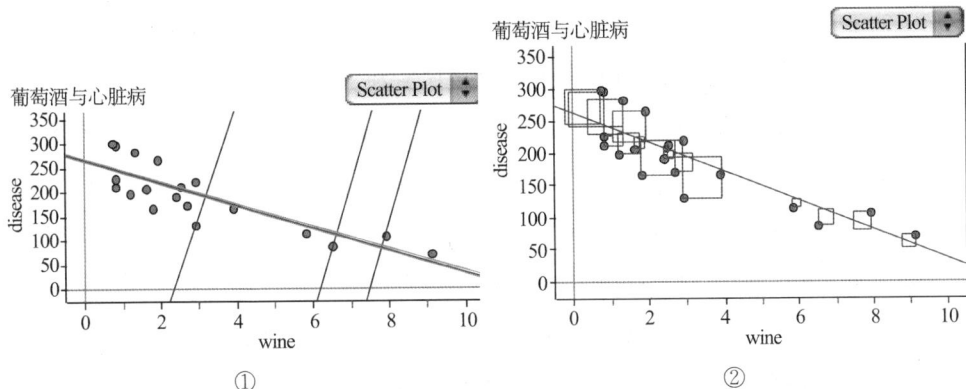

图 6 - 3　寻找回归直线的三种候选方案

　　不难发现，上述方案一与方案二本质是一样的，因为对每条直线，每个点对应的正方形边长与垂线段长之比是一个常数，但是方案一的计算复杂，不如方案二. 方案二与方案三的比较会让我们马上想到方差定义的过程，同样道理，这里我们也更倾向于使用差的平方和（即方案三用正方形面积和）而不是差的绝对值和（即方案二用正方形边长和）来度量差异，最终人们选择方案三，并称其为最小二乘法.

　　基于 Cebulla(2002) 和陈长华(2009) 对高中生的研究，我认为学生对相关性的理解可经历以下三个阶段，第一阶段为定性理解阶段，学生认可这种与函数关系不一样的关联关系，依据给定的散点图，能够定性地描述一个量如何随着另一个量变化，判断变量间的相关关系是线性还是非线性，是正相关还是负相关，是强还是弱. 这个阶段重在认识函数之外的另一种关系，不涉及计算.

　　第二阶段为公式计算阶段，学生能够定量地研究线性相关关系，理解相关系数的作用，知道它只适合在线性相关关系中使用，会受到极端值的影响，会计算相关系数并依据它判断关系的强弱和方向，会根据回归方程进行预测，能够解释"中度相关"和"负相关"等术语的含义，能够辨析"相关系数等于回归直线斜率""互换两变量，相关系数会改变"等错误概念，基本上相当于我国课程标准选择性必修主题三的要求.

第三阶段为分析应用阶段,学生完全理解有关公式的推导,能够在具体情境中恰当地使用相关系数和回归方程进行比较和预测,理解潜在变量、因果关系和随机性都会影响相关关系及其强度,能够恰当地从方向与强度两个方面解释某一相关系数的含义并得出合适的结论,不会将相关关系错误地延伸为因果关系,能够辨析"相关系数会因为变量加减某一常数而改变"等错误概念,知道如何研究相关性,大致与我国选修课程的要求相当.

上述两个研究均发现高中生能够较好地完成第一阶段的任务,但是一些学生未注意使用相关系数的限制条件,对相关性强度以及相关性的理解有不少概念性错误.

李新芳(2012)对中外文献揭示的有关相关性的错误理解作了很好的综述,在她工作的基础上,我把它们稍作归并与修改,分为概念错误、强度错误和语言错误三大类,整理如表 6-1 所示.

表 6-1 学生对相关性存在的错误认知

概念		强度	语言
相关意味着因果	相关关系是函数关系	零相关是指两变量间没有任何相关关系	正相关是指 x 很大,y 也很大;负相关是指 x 很大,y 很小
相关系数可以在任何相关关系中使用,使用前无需绘制散点图	相关系数 r 等于回归直线的斜率 b	正相关大于负相关,负相关的相关系数绝对值愈大,其相关强度愈小,$r=-1$ 代表无相关关系	两个变量正相关是指 x 的值增大时 y 的值也增大,x 的值减小时 y 的值也减小
$|r|=1$,则散点图是一条斜率为 1 或 -1 的直线	来自同一样本且分布相似的两个变量之间有正相关关系	无论形状如何,散点图上的样本点越密集,其相关强度越强	
互换两变量,相关系数会改变	相关系数会因为变量加减某一常数而改变	只有成一条直线时,变量间才具有线性相关关系	
相关系数会因为变量单位的改变而改变			

表中大部分的认知错误属于对相关性概念的理解错误,15 个中占了 9 个. 为了了解高中生对寻求回归直线诸方法的认同度、高中生对回归方程的认识和高中生对相关关系的认识,陈长华(2009)使用了 3 份测试卷,分别考察高一尚未学习相关关系的学生(共 106 人,使用测试卷 A)、学过相关与回归的高二和高三文科生(共 83 人,使用测试卷 B)以及高二和高三理科生(共 92 人,使用测试卷 C)对相关关系的理解. 他发现有相当多的高二和高三学生不知道相关关系不是函数关系,这意味着他们不清楚为什么需要学习相关关系. 也有不少学生误以为有相关关系就是线性的相关关系,他认为这与学生使用的教材安排的例子太少,不便于学生恰当归纳有关. 黄华胜(2014)在他对 500 余名高中生和数学系本科生的调查中也发现学生普遍不清楚函数关系与相关关系之间的联系与区别.

"相关意味着因果"这一错误认识在中外学生以及成人中均非常普遍,人们常误以为呈高度相关的两个变量是因果关系,尤其是当主观判断也倾向于它们有因果关系的时候. 但是,相关未必真有内在联系,未必改变其中一个变量的值会导致另一个变量值的改变. 证明因果关系相当困难,比如要证明服用某种药物能够治好某种疾病,那么我们一般要选取一些病人,将他们随机地分配到试验组和对照组,让其他无关变量对两个组的作用尽量保持一致,唯一不同的是是否服用该药物,这样经过一段时间的试验,提供的试验数据才有说服力. 但因为控制无关变量很困难,所以提供有说服力的证据来证明存在因果关系比我们想象的要困难,更不可能看看相关系数就可以轻松解决. 陈长华测试中有两道题是考察此错误认知的,一道有现实生活情境的题目是:"美国家庭的饮食支出与穿衣支出是正相关的. 饮食支出与穿衣支出,是不是一个是原因,另一个是结果? 解释你的理由. "有 74% 的学生能够辨认出"将相关关系延伸为因果关系"是错误的,但不少学生的理由是它们根本没有关系,否认了不存在的因果关系但也把存在的线性相关关系给否定了. 因为即使一些有统计知识的人有时也会不自觉地将高度相关解释成因果关系(D·穆尔,2003),所以我把消除这一错误认知放在理解相关性的第三阶段解决.

针对这一常见的错误认知,D·穆尔(2003)建议教师通过举例予以纠正,比如,收集一些国家人均拥有的电视机数量和这些国家的人均寿命数据,将它们用散点图表示,发现它们成很高的正相关关系,要是由此得出"因为有较多的电视机,所以人民比较长寿",我们多半会觉得好笑,也与我们已有的长寿经验不符,没听说过多买电视机能够增寿的,类似这种例子可以帮助学生打消从高相关推出因果的念头.两个变量之间的相关性常常受其他潜在变量的影响,比如,人均电视机数量多与该国人民生活水平高有关,生活水平高与衣食无忧、健身意识强等有关,这些又与长寿有关,这许多潜在变量可能都有相同的变化发展趋势,但却不一定有相互的因果关系.教师也可以强调如果 A 导致 B,那么必须同时满足以下三条: A 发生在前, B 发生在后;若有 A 则必有 B;若无 A 则也无 B.

回归直线 $y = bx + a$ 的斜率 b 和相关系数 r 都是根据 $(x_i, y_i)(i = 1, 2, 3, \cdots, n)$ 计算得到的,当两个变量呈正相关时, b 和 r 均为正;当两个变量呈负相关时, b 和 r 均为负.所以 b 和 r 的正负号总是一致的,但 b 和 r 是不一样的,因为它们的计算式虽然很相近但不同,容易从它们的计算式推得两者之间的联系是:

$$b\sqrt{\sum_{i=1}^{n}(x_i - \bar{x})^2} = r\sqrt{\sum_{i=1}^{n}(y_i - \bar{y})^2}.$$

我们知道,当 $r = 0$ 时,没有一条直线可以使所有的点都分布在它的附近,这时,使用回归直线来预测 y 是没有意义的.的确,此时 $b = 0$,回归直线是一条平行于 x 轴的直线,无论 x 取何值,预测的 y 都是一个不变的常数,失去了预测的意义.

我们再来看表 6-1"强度"一列的错误,主要是对强度判断错误或者因缺乏经验不能根据诸如"中度负相关"的线索找出匹配的散点图."零相关表示两变量间没有任何相关关系"和"正相关大于负相关,负相关的相关系数绝对值愈大,其相关强度愈小"明显是将比较实数大小的法则用错场了.看来,教材和教学中需要包括更多负相关和中度相关的图示与相应的例题和练习题,有必要让学生利用在线小软件多做一些猜相关系数和回归直线的练习. 陈长华(2009)发现,只有3%的高二和高三理科班学生能够在两道需要学生同时注意方向与强度的说明题上回答正确,正确率如此之低一方面提示我们同时关注方向与强度对绝大多数学生来说是困难的,另一方面也暴露出学生不会使用恰当语言解释和说明自己想法的弱点.

表6-1最后一列给出的就是使用不恰当语言产生的错误,如第一句话"正相关是指 x 很大, y 也很大;负相关是指 x 很大, y 很小"看似正确,但不够全面,应该说成"正相关是指 x 与 y 具有同时增(减)的趋势,负相关是指 x 增(减)时, y 却有减(增)的趋势";第二句话"两个变量正相关是指 x 的值增大时 y 的值也增大, x 的值减小时 y 的值也减小"适合增函数,但不适合正相关,应该如上所述,加上"趋势"两字. 这些语言和句式是学生不熟悉的,也需要学习与操练.

陈长华报告说虽然学生都能够利用回归直线方程进行预测,但是仅有36%的学生能够运用"大约""左右"等词语来说明这个估计值,这个结果可能与语言有关,但也有可能是学生对回归方法的理解还有待提高. 比如,在他给高二、高三文科班学生的测试卷中有一道题是给出了两组数据和相应的两条回归直线方程,要求学生解释为什么同样背景的问题会产生不止一条回归直线. 仅有6%的学生明确说明是因为基于两个不同的样本,有22%的学生回答说数据不同,也还在理,但其他学生或是不知道怎么回答或是选择不回答. 他的访谈也显示出许多学生对回归直线的理解仅仅停留在计算层面,难以用语言进行解释,也不清楚为什么要学习回归方法以及回归方程是怎么得来的.

在关琪(2003)、苏连塔(2005)的研究中都考查了学生对散点图的认识. 他们发现,学生从散点图上读取简单的信息不存在困难,但是难以从散点图上归纳和提炼结论,尤其是只学过函数关系而从未了解过相关关系的学生. 在他们看来,只要有一个点不在直线上,我们就不能用一条直线去揭示两个变量之间的关系,也就是表6-1中的"只有成一条直线时,变量间才具有线性相关关系". 学生的这一认识再次提醒我们要重视数学内容的导入与实际应用,讲清楚为什么函数概念在新的实际应用中不适用了,要通过收集数据的实践活动揭示所教内容的来龙去脉.虽然在不允许使用计算器的高考背景下,相关与回归的高考题不难,似乎没有多讲它们的理由,但是,新技术的发展势不可挡,统计教育如果还囿于看看书、算算题那就太落伍了,PISA 考试已经在使用计算机答题了.我们在本书的最后一章还会再谈这个话题,测试形式是会不断改进的.

我们从上述关于学生认知的调查研究中已经看到了一些对课程安排与教学策略的建议,比如要重视思想方法的导入,要选择合适的例题打消学生的误解,要利用新技术帮助学生理解概念、探索联系.李新芳(2012)在综述了学生的错误认知之后,又分析比较了中外四套中学教材是如何应对文献中揭示的这些错误认知的,这四套教材分别是我国人教版的高中教材、美国 UCSMP 和 Prentice Hall 教材以及新加坡 Panpac Education 的 H2 教材.她发现,虽然只有一部分学生的错误认知在教材编写中获得了明确的回应,但是我们还是可以从国外教材中借鉴一些很好的方法.

第一个好方法是充分利用图示.比如,UCSMP 教材在完全相关(相关系数的绝对值是 1)的情况下,给出了斜率绝对值为 1 以及不为 1 的回归直线图示,让学生意识到完全正相关的直线斜率可以不是 1,回归直线的斜率其实不是相关系数.

关于关系强度,一些学生会将它与实数大小混淆,误以为正相关强于负相关,相关系数越接近 -1 强度越弱.如前所述,UCSMP 教材(McConnell et al,2010,p.97)给出了示意图(图 6-4),有助于纠正学生的上述误解.我们也发

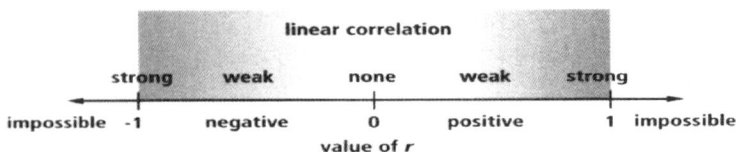

图 6-4 UCSMP 教材给出的相关系数与强度间的对应图示

现,它没有在数轴上标示 0.25 和 0.75 之类的分割点,而是用渐变色的方法说明关系的强弱随 r 值的变化而变化,教材解释说:对于相关强度多强时是强相关关系,这是没有明确规定的. 在一些情况中,$|r| = 0.5$ 时其相关强度便被认为是相当强,但是在其他情况下这可能是适度相关也可能是弱相关.

第二个好方法是提出好的思考问题. 仍然以上述完全相关的情况为例,美国 UCSMP 教材接着还安排了一道习题,讨论如果散点都集中在一条水平线上,那么这时相关系数是什么,为什么. 学生可以从图形角度去思考,也可以从相关系数计算公式的角度去解释. 这样的问题让学生看到并非所有的数据点散布在一条直线上时变量间都具有完全相关关系.

统计中经常会对原始数据进行一些变换(如标准化,线性化)之后再进行数据分析,为了帮助学生进一步思考变换是否影响数据的相关关系,新加坡 PE 教材安排了一道例题(Ho, Khor, Lam & Ong, 2007, p. 194):"调查 20 名学生在一次考试时完成题目的数量 x 和成绩 m 的关系,如果教师将学生的成绩分别乘以 1.5,然后再减去 20 得到新的成绩 y,验证 $r_{xy} = r_{xm}$." 在题目解答之后教材以注解的形式给出结论:"如果 $X = a + bU$,$Y = c + dV$,其中 a、b、c、d 是常数,则可以证明 $r_{XY} = r_{UV}$,r_{XY} 不受变量 X、Y 测量值单位的影响,即 r 是无刻度单位的." 学生可以用给出的具体数据去验证,也可以通过公式去证明,为教师因材施教提供了机会.

类似上述这种思考题为学生深入思考打开了一扇窗,既发挥学生学习的主动权,又给予切实的指导与帮助.

此外,比较中外教材之后给我们留下的另一个深刻印象就是新加坡 PE 教材和美国 UCSMP 教材在相关性上安排的内容比我们丰富得多,这当然与我们当前的课程改革背景有关,要稳妥、扎实地进行改革. 下一步,我们需要提高教材中例题与习题的数量与质量,编写更多来自现实世界的有趣例题和习题,更多地利用新技术并改进我们的评价形式.

第二节　假设检验

　　参数估计和假设检验是两类主要的统计推断问题.上一章我们涉及了参数估计,这里我们聚焦假设检验.先看一个实例:

　　假如我们要求学生回家试验并记录抛掷正方体骰子 60 次每个数字会得到几次的作业,有的学生可能会认真完成;有的学生喜欢显得与众不同,故意答道:每个数字 10 次;有的学生可能想反正是随机结果,我随便造一个老师又看不出来,写下"10,11,9,10,11,9"或者"12,5,5,13,5,20".难道教师真的看不出来吗?

　　后面三个答案虽然都是可能的试验结果,但教师可以从试验结果与期望结果之间差异的大小推断出它们都像是人造的,因为前两个变异太小,最后那个又变异太大,这三个试验结果的变异大小都属罕见,是小概率事件,几乎不可能在一次试验中就发生.推断的过程是这样的(我们依然仅用模拟试验的办法):用 Excel 软件(或其他可以实现模拟抛掷骰子试验的软件,当然也可以不借助任何软件,直接抛掷并记录试验结果),先模拟抛掷骰子试验 1 000 遍,每遍都通过随机函数(如 RANDBETWEEN(1,6))产生 60 个 1～6 之间的整数来实现模拟抛掷骰子 60 次,统计一下这 6 个数字在 60 次中各出现几次,这样最后就得到 1 000 组数,每组数记录了骰子各面数字出现的次数,如"11,9,12,8,9,11",然后算出每组数的标准差变异系数(标准差变异系数 $=\dfrac{标准差}{平均数}$,它也是表示一组数据离散程度的指标,参见本书第四章第二节的相关内容),然后将 1 000 个标准差变异系数排序,去掉两头各 25 个数,得到中间 95% 的数,其中的最大值和最小值就是我们认为的标准差变异系数所在的恰当范围.张洁铭(2006)用 Excel 软件做了 3 个 1 000 次的试验,得到了 3 个恰当区间范围,分别是 0.126～

0.510、0.141~0.494 和0.126~0.497,最后她确定恰当范围是 0.126~0.51.
假如现在要判断数据"11，9，12，8，9，11"是否是人造的,我们可以计算出它
的标准差变异系数是 0.155,落在恰当范围之内,不能拒绝原假设(是用普通骰
子抛掷出的结果).分别计算数据"12，5，5，13，5，20"和"10，11，9，10，11，
9"的标准差变异系数,结果依次是 0.613 和 0.090,两个均落在合理变异范围之
外,意味着这样的变异大小是很罕见的,学生却抛掷一次就出现了,应当拒绝原
假设,判断它们不是实际抛出的结果,这样判断出错的概率小于 5%.

上述统计推论方法非常有用,统计学称其为假设检验.假设检验就是根据
已经掌握的资料对一个总体参数是否等于某一数值或者某一随机变量是否服
从某种概率分布作出假设,然后根据所取得的样本资料,依据小概率原理,以
较小的风险对估计数值与总体数值或者估计分布与实际分布是否存在显著差
异作出判断的一种统计推断方法.小概率原理的基本逻辑是:先作出关于总
体的一个假设(原假设),然后随机从总体中抽取一个样本,如果样本调查的结
果在原假设成立的情况下几乎是不可能发生的(如发生概率 $p < 0.01$ 或 $p <
0.05$),就拒绝原假设,而接受原假设的对立面(备择假设).这种推理方法是以
随机抽样为前提的,而且无论是接受或是拒绝原假设都可能会犯错误,但两者
的机会不同,比如我们推断出数据"12，5，5，13，5，20"是伪造的试验结果,但
这也有可能是误判,统计上称其为第一类错误(或拒真错误),只是我们清楚误
判的概率很小.

同样,张洁铭(2006)用 Excel 软件经大数次的模拟试验,还是取中间 95%
的数,给出抛掷骰子 600 次抛掷结果变异的合理范围是 0.04~0.16.明显地,它
比前面抛掷 60 次的合理变异范围(0.126~0.51)缩小很多,这反映的恰恰就是
大样本比小样本更加稳定的事实.

我国高中数学课程标准(中华人民共和国教育部,2003)对学习假设检验提
出的要求是通过对典型案例(如"患肺癌与吸烟有关吗"和"新药是否有效")的
探究,了解假设检验的基本思想及其初步应用,这个内容是选修 1 和选修 2 共
有的.课程标准明确指示"对于其理论基础不作要求,避免学生单纯记忆和机械

套用公式进行计算"(p.49),强调理解及强调通俗地讲道理的意图非常明确.因为本书读者既有高中教师也有小学教师,所以,为了方便阅读与讨论,我们摘录了人教版高中数学 A 版选修 2 - 3 教材(p. 91 - 93)的部分内容,进一步讨论有关的教学问题.内容是关于用卡方独立性检验研究吸烟是否与患肺癌有关的问题.

教材给出的问题是这样的:为研究吸烟是否对患肺癌有影响,某肿瘤研究所随机地调查了 9965 人,得到如下结果:

吸烟与患肺癌列联表　　　　　　　　　　　　　　　单位:人

	不患肺癌	患肺癌	总计
不吸烟	7 775	42	7 817
吸烟	2 099	49	2 148
总计	9 874	91	9 965

那么吸烟是否对患肺癌有影响?

教材中先分别计算出在不吸烟者和吸烟者中有 0.54％ 和 2.28％ 人患肺癌,并通过条形图直观地表示上述数据和百分比,形成吸烟和患肺癌有关的直觉印象.

现在想要知道能够以多大的把握认为"吸烟与患肺癌有关",为此,先假设 H_0:吸烟与患肺癌没有关系,用 A 表示不吸烟,B 表示不患肺癌,则"吸烟与患肺癌没有关系"等价于"吸烟与患肺癌独立",即 $P(AB) = P(A)P(B)$.把上表中的数字用字母代替,得到下表:

吸烟与患肺癌列联表　　　　　　　　　　　　　　　单位:人

	不患肺癌	患肺癌	总计
不吸烟	a	b	$a+b$
吸烟	c	d	$c+d$
总计	$a+c$	$b+d$	$a+b+c+d$

表中 a 恰好为事件 AB 发生的频数；$a+b$ 和 $a+c$ 恰好分别为事件 A 和 B 发生的频数.因为频率近似于概率,所以在 H_0 成立的条件下应该有：

$$\frac{a}{n} \approx \frac{a+b}{n} \times \frac{a+c}{n}, \; n = a+b+c+d,$$

$$(a+b+c+d)a \approx (a+b)(a+c),$$

$$ad \approx bc.$$

因此,$|ad-bc|$ 越小,说明吸烟与患肺癌之间关系越弱；$|ad-bc|$ 越大,说明吸烟与患肺癌之间关系越强.

为了使不同样本容量的数据有统一的评判标准,基于上面的分析,我们构造一个随机变量：

$$K^2 = \frac{n(ad-bc)^2}{(a+b)(c+d)(a+c)(b+d)} \quad (1).$$

若 H_0 成立,即"吸烟与患肺癌没有关系",则 K^2 应该很小.代入数据计算得到 K^2 的观察值约为 56.632.

在 H_0 成立的情况下统计学家估算出如下的概率 $P(K^2 \geqslant 6.635) \approx 0.01$,即 K^2 的观察值超过 6.635 的概率非常小,近似为 0.01,是个小概率事件.现在观测值约为 57,远远大于 6.635,所以有理由断定 H_0 不成立,即认为"吸烟与患肺癌有关系".但这种判断会犯错误,犯错误的概率不会超过 0.01.

上述解答过程明显地表现出与数学逻辑论证的不同思维形式.首先,如果不借助具体的调查数据,我们不可能凭借逻辑演绎推理回答"吸烟与患肺癌有没有关系",必须利用概率统计,深入研究对象进行观察,基于数据得到回答；其次,所下结论"吸烟与患肺癌有关系"不是确认无疑的,存在犯错误的可能性,原因是列联表中的数据是样本数据,它只是总体的一个代表,具有随机性,所以要进一步指出"有 99% 的把握认为吸烟与患肺癌有关系".可见凭借概率统计,我们虽然解决了逻辑演绎不能解决的问题,但是我们仅能说"有 99% 的把握认为吸烟与患肺癌有关系",并没有能力证明"吸烟与患肺癌有关系",也不能说"吸烟导致患肺癌",因为相关并不说明因果;最后,所下推断只在所调查的对象中成立,不能不顾条件地随意扩大此结论的适用范围,这也是习惯了逻辑演绎推理的人容易忽略的一点.

你是否对中间为什么构造这样复杂而意义并不明显的随机变量 K^2 存在疑惑? 它是怎么来的? 是否有道理可讲? 统计学中有很多公式、方法,如果不了解它们的由来,只管机械地套用,也是可以解决问题的,但是却经不起多问,也经不起变化.那么这个随机变量是如何构造出来的呢?

依据调查结果,在 H_0 成立的情况下,预期的数据与我们观察到的数据之间相差不应很大,所以我们把教材中的列联表再增加一栏(预期值),做一张未完成的表 6-2 以方便说明,之所以称它未完成是因为其中的频数 A、B、C、D 的值还在待定中.

表 6-2　增加了预期值的列联表

	观察值		预期值		
	不患肺癌	患肺癌	不患肺癌	患肺癌	总计
不吸烟	a	b	A	B	$a+b$
吸烟	c	d	C	D	$c+d$
总计	$a+c$	$b+d$	$a+c$	$b+d$	$a+b+c+d$

既然吸烟与患肺癌没有关系,我们可以期望,在接受调查的不吸烟组中不患肺癌的百分比和吸烟组中不患肺癌的百分比相同,都是 $\dfrac{a+c}{a+b+c+d}$,而在接受调查的吸烟组中患肺癌的百分比和不吸烟组中患肺癌的百分比相同,都是 $\dfrac{b+d}{a+b+c+d}$,所以:

$$A = \frac{(a+c)(a+b)}{a+b+c+d}, B = \frac{(b+d)(a+b)}{a+b+c+d},$$

$$C = \frac{(a+c)(c+d)}{a+b+c+d}, D = \frac{(b+d)(c+d)}{a+b+c+d}.$$

现在 A、B、C、D 都由调查得到的数据 a、b、c、d 确定了,表 6-2 也完成了.根据以往的经验,我们考虑预期数据与我们观察到的数据之间的误差,应该用相对误差而不是绝对误差,用平方而不用绝对值,而且应该把每一格的误差都考虑进去,于是可以构作统计量:

$$\chi^2 = \frac{(a-A)^2}{A} + \frac{(b-B)^2}{B} + \frac{(c-C)^2}{C} + \frac{(d-D)^2}{D} \quad (2).$$

将上述 A、B、C、D 的值代入,得

$$\chi^2 = \frac{(bc-ad)^2}{(a+b+c+d)(a+c)(a+b)} + \frac{(ad-bc)^2}{(a+b+c+d)(b+d)(a+b)}$$

$$+ \frac{(ad-bc)^2}{(a+b+c+d)(a+c)(c+d)} + \frac{(bc-ad)^2}{(a+b+c+d)(b+d)(c+d)}$$

$$= \frac{(ad-bc)^2(a+b+c+d)}{(a+b)(c+d)(a+c)(b+d)}.$$

上述结果与教材中给出的随机变量 K^2 表达式完全相同.可是比较上述表达式(1)和(2),明显地,式(2)含义更清晰,与已学过的距离概念、方差概念、最小二乘法如出一辙,没有记忆负担,更重要的是它有利于突出卡方检验的实质是衡量观察值与预期值之间的差异程度,而式(1)仅仅适合于 2×2 列联表的情况,不方便拓展.

美国 UCSMP 教材采用的就是这样的设计,它没有给出上述化简后的表达式(1),而是使用上述扩充的含有预期值的列联表,要求学生如前所述先计算出预期值,然后用式(2)计算出 K^2 的观察值,最后经与临界值比较决定是接受还是拒绝原假设.教材这样处理突出了通法,即累计每一格误差,这对解决一般的 $m\times n$ 列联表所对应的独立性检验问题同样有效(D·摩尔,2003),UCSMP 教材不局限于 2×2 列联表的情况,比我国课程内容难度深.

无论是数学还是统计,考虑到学生不同的数学基础,以往我们常对现有课程做减法以达到降低学习难度的目的,如编写者把他们认为对学生讲不清楚的数学过程都略去,把教材写成菜谱式的,只要求学生能够对号入座依样画葫芦.

但事实证明,这种简化的教学无助于学生对概念的理解,囫囵吞枣,不能学以致用,很快就会遗忘(Lipson, Francis & Kokonis, 2006).为了因材施教,我们要多了解一些知识的来龙去脉,使晦涩的书本知识经过我们的改造变得有趣、有意义,即使有的内容课堂上不便展开,也可以渗透一下其中的思想,为学生未来的学习做铺垫.

上面我们主要从学科内容的角度探讨独立性检验的教学问题,教要基于学,那么学生又是带着怎样的认知经验坐进你的课堂的呢?就独立性检验的认知经验,Batanero 等人在西班牙就读高中最后一年的 213 名理科生和文科生中做过一个测试研究(Batanero, Estepa, Godino & Green, 1996),以了解在教学还没开始之前,学生面对 $2×2$、$2×3$ 以及 $3×3$ 列联表时,他们会采取哪些策略去判断两个量之间是否有关系,又会暴露出他们存在哪些错误认知.

他们的测试共有五道题,他们发现,虽然许多学生能够给出正确判断,但是列联表的大小、学生对等待检验关系的已有看法以及题目中这一关系是正向(如不爱运动的人更多患皮肤过敏症)还是逆向(如服用某种药物的人较少有消化道问题)都对学生的解题策略和正确率有影响.比如,有 23% 的学生没有对那道 $3×3$ 列联表的题给出回答,而其他 $2×2$ 与 $2×3$ 列联表的测试题空白率均在 3% 以下,说明复杂的列联表会增加判断的难度.判断正确率最高的是两道"有正向关系"且判断结果与学生已有经验不矛盾的测试题(列联表分别是 $2×2$ 和 $2×3$ 的),判断正确率均在 90% 附近(但是学生陈述的理由可能不正确).学生的以往经验也会影响他们的判断,第一道题的答案是"吸烟与支气管炎没有关系",判断正确率最低,仅为 38%,这与学生的已有经验"吸烟有害健康"和答案矛盾不无关系.该测试题是这样的:

某医疗中心为了判断吸烟这一习惯是否与支气管炎有关,观察了 250 个人,获得观察数据如下:

表 6-3　Batanero 等人测试题一给出的列联表

	支气管炎	无支气管炎	总计
吸烟	90	60	150
不吸烟	60	40	100
总计	150	100	250

　　下面的介绍尽量以此题为例,请注意此列联表中行以及列的顺序与前面谈到的人教版教材不一样.

　　Batanero 他们发现,虽然还没有开始学习独立性检验,但是一些学生已经具备了一些正确的策略,比如,比较吸烟者中患支气管炎的比率(60%)与不吸烟者中患支气管炎的比率(60%),得出吸烟与患支气管炎没有关系的判断,这是从行的角度进行比较.同样可以从列的角度比较:比较吸烟者中患支气管炎的比率(60%)与总计中患支气管炎的比率(60%),同样得出吸烟与患支气管炎没有关系的判断,这是与边际进行比例比较;比较吸烟者中有无支气管炎的人数之比 $\left(\dfrac{3}{2}\right)$ 与不吸烟者中有无支气管炎的人数之比 $\left(\dfrac{3}{2}\right)$,还是得出吸烟与患支气管炎没有关系的结论.上述三种使用比率的策略都是正确的,但以下这两个策略就有一定的局限性,只在特殊情况下可行,不具有普遍性.与前面三个策略类似,但比较的不是比率而是频数,比如,比较吸烟者中有支气管炎的人数和无支气管炎的人数,差是 30,总计中有支气管炎的人数和无支气管炎的人数,差是 50,不相近,于是得出吸烟与患支气管炎有关系的错误结论;或者比较两条对角线上的频数差异(90+40-60-60=10),越小就认为关系越强.以下策略则完全是错误的,比如只看一行(吸烟者中有无患病的百分比)或只看一格(吸烟者中有 90 个人有支气管炎,人数最多),就下判断;或者认为如果有关系,那么次对角线上的 b 和 c 就最好都是 0,他们认为既然有关系那么所有吸烟者(或者绝大多数)就应该患支气管炎,这是受确定性思维影响的表现.还有一些学生因为没有掌握数学中的比率知识导致判断错误.

在概念理解方面,Batanero 他们发现学生对负相关的理解较差,提起相关性,不少学生心中出现的只有正向相关关系与没有关系两种情况,遇到逆向(或者说负)相关,他们会将其归结为没有关系这一类. 有的学生认为如果有关系,那么不管什么情境,d 必须大于 c,容易忽视负向的情况(Batanero et al.,1996),这再次说明我们需要重视负相关的教学.

虽然区间估计、假设检验只是部分高中生的选修内容,但是一些课程标准文件(如美国的 NCTM,2000;新西兰的 MOE,2009)和统计教育工作者(如 Batanero & Borovcnik,2016;Pfannkuch,2006;Watson & Chance,2012)都提倡在正式学习统计推断之前应该对所有学生安排一些非形式化的统计推断学习,以帮助他们了解这种新的基于数据及其图形表达的思考与论证方法. 在新西兰的 8 年级课程标准里有这么一个案例(新西兰的 MOE,2009,p. 50):

简正在教健康饮食这一单元,她想知道这一单元的学习是否对她 30 名学生的健康饮食产生了影响,于是她设计了一份问卷来调查教学前后学生当天午餐的健康指数,图 6-5 依次是前测与后测的结果,午餐食品的健康程度用正整数或负整数表示,其中的黑点表示不吃午餐,食品的健康程度为 0. 简认为这一单元的学习使学生现在吃得健康了,因为她统计发现有 15+3(不吃午餐的一半

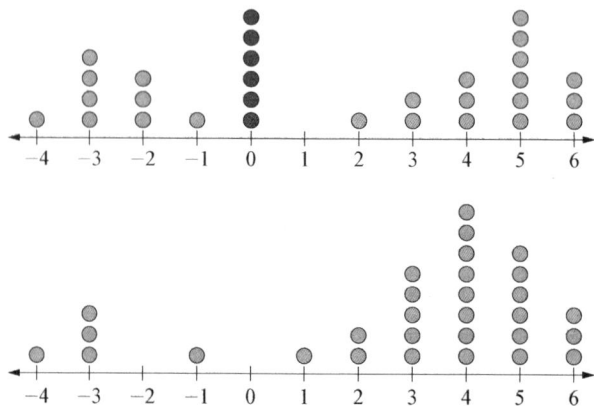

图 6-5　教学前后每个学生午餐食品健康指数的频数图

归为大于 0,一半归为小于 0)名学生在前测时食品健康指数大于 0,而在后测时这个指标是 25,只有 5 名学生的午餐食品健康指数小于 0. 问你是否同意简的结论并说明理由.

很明显,这道题要求根据数据对两组数据分布有无显著差异给出结论,是一个统计推断问题,但回答又不涉及概率,所以这是非形式化的统计推断. 回答时,涉及从图中读取信息(如与以前相比,没有人不吃午餐了,现在更多的学生吃健康的午餐食品,大多数数据集中在 3~5 这段,但是处于两头的人数几乎没有变化),涉及如何根据数据给出有说服力的结论(如简的结论不见得站得住脚,因为还是有小部分学生的午餐食品健康指数小于 0,只看一顿午餐可能有局限性,再增加观察的天数或是辅以访谈等会收集到更加准确的信息),这样的思考与讨论不仅加强了内容之间的联系(如比率、读图、分布、样本、抽样),而且有助于高层次思维和能力的培养(如归纳、质疑、说理),可用于发展普通学生的统计观念.

从有关假设检验的认知研究来看,我认为它的教学复杂性主要表现在三个方面:一是学生倾向于凭已有知识或经验进行推断,不在意你给他们的数据(黄华胜,2014;Watson, 2006);二是假设检验常常要综合应用分布、期望、变异、随机抽样、样本均值的分布、中心极限定理等已经学过的知识,造成理解困难(Batanero & Borovcnik, 2016;Liu, 2005;Marker & Confrey, 2004;Watson, 2006);三是学生对理解假设检验的说理方式感到困难(黄华胜,2014).

上述三点中的第一点前面已经提及过,问题情境对学生所下结论有关系,学生更倾向于从自己的生活经验和文化背景出发作出判断,如果生活经验与数据反映的结论一致,学生对结论更有信心,反之,学生就会纠结于矛盾之中(Batanero, et al., 1996;黄华胜,2014). 第二点也比较明显,所以这里我想重点说说学生难以理解假设检验的说理方式这一点. 黄华胜(2014)就统计推断对没有任何学习经验的高中生(371 名)和已经学过统计推断的某重点大学数学系大学生(147 名)进行了调查研究,他的测试题中有一道题就是用来考察学生对这种说理方式的认同程度的.题目是这样的：

小亚自称能预测未来股市的涨跌,在他过去 20 次预测中,预测准的次数是 16 次,你认为小亚真的比普通人的预测能力强吗？

小明对这个问题的解答如下：

先假设小亚的预测能力和普通人一样,即小亚预测准确的概率 $p=0.5$,在此假设下,可以算得 20 次预测中预测准确次数不少于 16 次的概率为 0.006；

发生概率如此之小的随机事件在一次试验中几乎不可能发生,看来假设小亚的预测能力和普通人一样是不可靠的,因此可以认为小亚比普通人的预测能力强.

根据题目和小明的解答,回答下列问题：(1)你是否认可小明这样的说理方式？ 理由是什么？ (2)你相信小亚肯定比普通人的预测能力强吗？ 理由是什么？ (3)如果小亚 20 次中能够猜中 12 次或更多,小明通过计算,算得普通人能够做到这一正确率的概率是 0.25,现在你会对小亚的预测能力作出新的判断吗？ 为什么？

本题的设计意图是想用第一问了解学生的认同程度,第二问了解学生对假设检验所得结论有可能犯两类错误是否了解,第三问还是看学生对这种推理逻辑的认识,是否会根据事件发生的概率调整推断的结论.为了去除学生计算上的障碍,题目中特意给出了相应的概率.

黄华胜发现,各类高中生中(包括上海与无锡的重点中学与普通中学学生)表示不认可的百分比在 74% 至 97%,各类大学生中(包括大二与大三学生)表示不认可的百分比在 58% 至 72%,可见无论是学过还是没学过假设检验的学生,绝大部分被试者都不认可假设检验的说理方式.这不仅说明假设检验教学的必要性和复杂性,而且说明目前假设检验教学的低效.了解学生不认可的理由对我们改进教学自然很重要.

黄华胜的数据显示,学生不认可的首要理由是认为无人能够预测,猜对猜错完全是运气,每个人预测准确的概率都应该是 0.5,这一想法在中学生中尤其常见,在访谈中有学生谈到根本不需要看小明是如何说理的,只要得到小亚预测能力比普通人强这个结论就是不正确的.这与前面提到的假设检验教学复杂性的第一条"学生倾向于凭已有知识或经验进行推断,不在意你给他们的数据"是一致的.学生的想法有可能是出于人类不可能研究清楚随机现象这一信念(我们在第七章还会谈及这个问题),也有可能是出于人类不可能有超常预测能力的信念,因而根本不理会题目中的数据变化(如第一问与第三问).应当承认,学生对假设检验的认同程度会不会因为问题背景(如本书第一章第二节的面粉问题)的改变而改变还有待进一步的研究.

第二个较常见的不认同的理由是认为统计推断所得到的结论存在随机性,一次调查结果不足以下结论,需要调查多次,访谈中有学生谈到看 20 次太少,比如 200 次中有 160 次正确他们就认可小明的推理,这一认识在大学生中更为常见(黄华胜,2014).我猜测(还需要进一步研究),学生很可能受以往抛掷硬币和抛掷骰子经验的影响,认为 20 次试验次数太少,不足以得出可靠的结论.毫无疑问,多观察自然可以提高我们对结论的把握程度,但是,同样是抛掷硬币,试验的目的不同,一个是对抛掷出某硬币正面的概率作出估计,另一个是对该硬币是否是普通硬币下判断.前者是我们小学和初中所学的内容,大数定律告诉我们,可以通过大数次的抛掷硬币试验来很好地估计某硬币正面出现的概率,抛 20 次已可以作出粗略的估计,但可能还未达到你允许的误差范围,需要增加试验次数.后者是高中和大学学习的内容,它的目标不是估计概率,而是一种在不能用逻辑推理解决的情况下,使用统计手段进行的推理.它以随机抽样为前提,假设检验之前我们先设定一个显著性水平(也是弃真错误的概率,如小亚其实只是一个普通人你却拒绝了他是普通人的原假设,认为他比普通人的预测能力强,你事先设定容许犯此错误的概率不高于 0.01),然后计算出在原假设成立的情况下,他 20 次中猜对 16 次或更多的概率是 0.006,这么小概率的事件竟然能够在一次随机抽样中发生,这违反常识,所以我们还是拒绝原假设,认为原假设不正确更恰当.这个就是小明的说理过程,这里,他 20 次中猜对 16 次或更多的概率0.006是由二项分布计算得到的(或者通过大数次模拟试验估计获得),关键是我们的结论不是"证明了小亚预测能力强",而是"以99%的把握拒绝小亚的预测能力和普通人一样这个判断".数学证明不能有错,统计推断可能出错,在无法用数学证明的情况下,我们只能尽量用好的方法减小犯错的概率.

第三个不认同的理由是即使小概率事件也是有可能发生的,强调此项的中学生占比高于大学生(黄华胜,2014).这一想法因为过于强调统计推断有可能犯错而拒绝接受这种科学的说理方式.其实,原假设(小亚的预测能力和普通人一样)是受保护的,没有足够强的证据我们不轻易推翻它,说小亚有过人的预测能力必须谨慎.

除此之外,个别学生还有一些其他不认可的理由,比如16次与10次只差6次,不够大.这种想法常常反映出学生还处于考虑频数(加法思维)而不是频率(比率思维)的思维水平,这在前面Batanero等人的独立性检验研究中也有涉及.还有个别学生指出股市涨跌不是等可能的,所以不能假设普通人的预测能力是0.5,这与理解问题背景有关,这里说预测能力强是指小亚说对的概率大于随机猜对的概率0.5,问题背景在学生概率统计学习中起不小的作用,问题情境改变,学生的策略也可能跟着改变(Batanero, et al., 1996).

上述文献研究表明,假设检验这种全新的说理方式与学生心目中朴素的想法之间有较大的距离,如果学生对随机现象"既有随机性也有规律性"的认识有限,对随机抽样的经验有限,对样本统计量与总体参数之间存在混淆,这些都会成为他们理解假设检验的拦路虎.我国当前的课程标准没有像新加坡PE教材那样要求学生基于显著性水平进行参数假设检验和非参数假设检验,所以我们可以关注那些帮助学生逐步理解假设检验方法的教学研究.较多研究人员建议增设非形式化的统计推断教学,以积累经验应对未来抽象的学习,建议通过讨论具体的案例以及使用互动的电脑模拟试验开展教学(Lipson, Francis & Kokonis, 2006).下面以Maker和Confrey(2004)的研究为例说明她们如何将假设检验以一种通俗的方式借助新技术手段呈现.

图 6-6 是收集到的学生在一次重要考试(MTLI)中的原始数据,上面为男生的数据,下面为女生的数据.MTLI 分数超过 70 为及格,问如何比较男、女学生的表现?

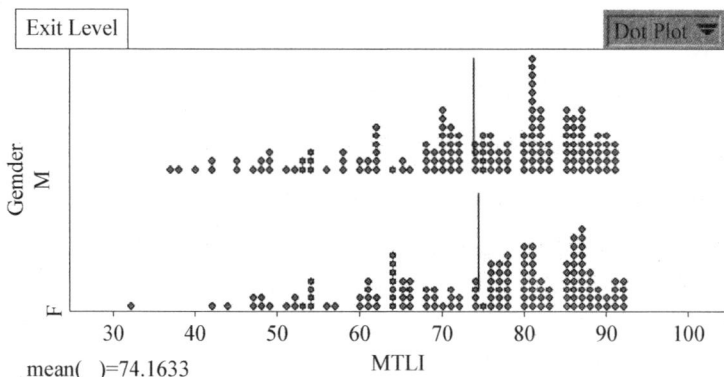

图 6-6　某年级男女学生考试成绩分布图(引自 Maker & Confrey,2004,p. 360)

在电脑环境下,我们可以轻松地计算并直接比较男女学生的平均分、标准差、各档分数的人数或百分比、中位数、众数、数据的整体图形特征等等,电脑显示男生的平均分比女生的平均分低 2 分,那么能否借助电脑随机抽样功能对男女学生的平均分是否有显著差异进行比较呢?

为此,我们不妨先假设男女学生平均分没有显著差异(原假设),把他们混在一起,然后按现有男女学生人数比例(如 160∶140)随机地抽出两组,比较这两组学生的平均分是大于、等于 2 分还是小于 2 分,如果经过多次重复模拟试验,发现平均分高出 2 分发生的可能性较大,不是小概率事件,那么我们就认为不能拒绝原假设,男女学生平均分没有显著差异,这 2 分之差纯属随机性的作用.明显地,这种方式接近假设检验的操作步骤,但是非形式化的成分大得多,更容易理解.

至此,我们已经分专题讨论了我国中小学统计内容的教学问题.因为我们常常无法仅用逻辑演绎解决现实世界的许多测量和判断问题,我们不得不求助统计方法,考虑到时间和财力的限制,我们又常常求助于抽样调查,通过样本信息,对总体作出估计或判断,所以,样本与抽样是统计的核心概念.对于抽样,教学中需要涉及抽样的目的性与必要性,更需要涉及抽样的方法,对抽样的结果要引导学生进行反思,以避免错误,提高工作质量,甚至还可能会对总体提出新的研究问题.一个好的样本应该有足够大的样本容量,具有代表性和随机性.经过提取样本数据信息,可以获得样本的基本数字特征(如平均值、标准差、比率),由此可以估计总体的相应参数.我们可以用茎叶图等记录样本数据,用频率分布表和频率分布图表示数据,从而由样本的频率分布可以估计总体的分布情况.当然,教学中应该通过组织学生进行统计活动,学习估计的方法,帮助他们真正认识用样本估计总体这一思想方法的科学性,同时也了解统计推断得出的结果有变异性,不一定符合客观的事实;有出错的可能性,但可能性可控.应该指出,有些国家的高中数学教材在由样本信息推断总体方面比我国现行课程要求高不少,但是,笔者认为,相比加深课程难度,我们需要更多非形式化的渗透,需要帮助学生基于数据解决一些问题,积累活动经验,逐步理解抽象的统计方法,而不是简单地增加几个概念和算法的纸上谈兵.

第七章
概率的含义： 解释与求解概率值

本章与下一章是关于中小学概率教学的. Kapadia 和 Borovcnik 曾经说过："概率是一个难教又难学的内容. 因果关系更习惯,逻辑思维更清晰,但机会是现实……在概率中,无论是其非常核心的部分,还是它的概念及其比较简单的应用,到处都有似是而非和违背直觉的说法."(Kapadia & Borovcnik,1991,p. 2)他们强调教师进行概率教学时,要充分重视两个矛盾,一是研究随机现象概率的思想方法与学生已经养成的确定性思维习惯之间的矛盾;二是概率结论与学生基于经验形成的不正确直觉之间的矛盾. 他们指出的这两个矛盾确实是概率教学中的主要矛盾,也正因为如此,不少学者建议尽早开始概率的教学,熟悉如何对不确定性现象进行说理(Fischbein,1975;Franklin, et al. ,2005;Watson,2006).

下面这个比较概率大小的问题我们大概都会认为很简单,凭日常经验就知道应该选 a,因为男同学人数多.

问题 学校里有200名女学生,1 000名男学生,把每名学生的名字都各自写在一张小纸条上,放入一个盒中搅匀. 如果校长闭上眼睛随便从盒中取出 1 张纸条,那么下面哪个说法是正确的?

(a) 抽到男学生名字的可能性比抽到女学生名字的可能性大;

(b) 抽到男学生名字的可能性比抽到女学生名字的可能性小;

(c) 抽到男学生名字的可能性与抽到女学生名字的可能性一样大;

(d) 无法比较上述两种可能性的大小.

文献中类似这样的概率比较测试题常常只有前三个选项(如 Watson, 2006),即默认学生已经知道概率可以用一个数值去表示,但笔者认为这对概率认识不深的学生来说未必成立,人们对概率的认知应该有一个逐渐认可用一个数值去测量概率的初级发展阶段,所以特意增加了(d)这一选项.事实上,在笔者对 456 名来自 6 年级、8 年级和 12 年级学生的调查中,本题选择选项(d)的各年级学生依次占到 31.6%、8.7% 和 9.1%(李俊,2003b),其中,6、8 两个年级的学生未曾学习过概率,但 12 年级学生是学习过概率的,在其他概率比较的测试题中,虽然问题情境和已知条件数据有所变化,但是各年级均有不小比例的学生选择了选项(d).

他们陈述选择"无法比较"的理由主要有两点:"没人能够说准可能性"以及"还不知道结果".导致这些理由背后的原因我认为可能有两条,首先,他们中有的人相信可能性和运气没什么差别,所以要想度量或者预测可能性的大小完全是不可能的、毫无意义的,这里根本就没有什么规律可循;其次,他们可能没有正确地理解"可能性"这个词."可能性"通常有两种意思,一是与"大""小""一半"等词连在一起使用,表示说话者对事件发生的预期程度,这时,"可能性"也就是"机会""概率"的意思,即测试卷中所说的"可能性"的意思;另外,"可能性"也可以表示可能发生的结果,比如说"有两种可能性:正面和反面",意思是"有两种可能会发生的结果",一旦学生错误地将测试题理解成了第二种意思,以为是要他们预测哪个结果会发生,那么,他们就会认定没有人能够说准可能性,从而选择"无法比较"这个选项,他们会以为"说哪个结果可能性大就等于是预言这个结果要发生".这个例子提示我们概率教学并不简单,不仅有前面 Kapadia 和 Borovcnik 提到的两个矛盾,还有语言的理解表达问题.当学生能够说出诸如"抛掷一枚普通的硬币出现正面的概率是 50%""抛掷一枚普通的骰子,掷得 6 的概率是 $\frac{1}{6}$"的话时,我们不能轻信他们已经有了用一个定数来表示概率大小的认识了,也许仅仅是给教师一个期望的答案而已.

概率学习还与个人信念有关系.一些学生认为概率是运气,是因人而异的,像买彩票、抽奖这种事,运气好的人中奖概率就是比别人高.我们曾经使用了这样的测试题:"某彩票中心发布的某彩票中头奖的概率为1‰,如果你去买一张彩票,你认为你中头奖的概率_____,并请说明理由."下面是三名初中学生的回答(吴惠红,2004):

2‰,我一向很幸运,再说我不可能第一个买,我会等到四十多个人买了以后,我再买,如果被比我先买的人中了奖,我就不会去买.

1‰,彩票号码可以根据以前的彩票号码推断出,我可以翻阅先前的彩票号码,通过整理,重新排出一组号码,这样中奖概率会高些吧.

0.1‰,因为我认为自己运气不太好,能中奖的机会不大.

这三名学生或以为自己是幸运儿和智者,或认为自己是倒霉蛋,得出了完全不同的主观概率.人的意念是否有助于提高中奖率,目前并没有试验证据,相反,每次彩票开奖,工作人员都必须仔细检核每一个球珠的物理指标,以保证每个球珠有相同的概率被开出.所以这样的开奖活动要的就是公平,保证每张券的中奖概率是相等的,各期中奖号码之间不存在关联.由于迷信和心理作用,一些学生(包括成人)还是会主观地解释客观的概率,热衷于从中奖号码的历史数据中找线索,这也说明开展概率统计教育、增进学生对随机现象的经验和知识的重要.

我们知道,中小学概率教学可以分为两段:(1)体验不确定现象并会定性地描述可能性的大小;(2)定量地研究概率.第一段主要在小学完成,第二段一般通过模拟试验估计或是计算概率,主要安排在初中和高中,而概率含义的教学,则横跨小学、初中和高中,可见它是一个重要但也比较困难的概念.

本章共分四节,依次是定性描述概率、通过试验估计概率、古典概型和概率的含义.

第一节 定性描述概率

在现实世界中,有一些现象就其个别来看是没有规则、不可预测的,但是通过大量的试验和观察以后,就其整体来看却表现出一种非偶然的规律性,这些现象被称为"随机现象".在相同条件下可能发生也可能不发生的事件称为随机事件,也可称为不确定事件或可能事件;在一组基本条件之下,每一次试验都必然发生的事件称为必然事件,任何一次试验都不会发生的事件称为不可能事件.

区分随机事件、必然事件和不可能事件有两种常用方法.第一种方法是:想一想有没有该事件发生的例子和该事件不发生的例子,如果这两种例子都找到了,说明这是一个随机事件;如果认定找不到该事件不发生的例子,说明这是一个必然事件;如果认定找不到该事件发生的例子,说明这是一个不可能事件.

第二种方法是:先列出试验所有可能发生的结果(最简单的不能再分的事件也称为基本事件),如果该事件只包括了这些结果中的一部分,说明该事件是随机事件;如果该事件囊括了所有这些结果,说明该事件是必然事件;如果该事件根本不在这些结果当中,说明该事件是不可能事件.从说理的角度看,第二种方法比第一种方法更有说服力,也与概率的古典定义联系较密切,教师应注意引导.

儿童对不确定现象并不陌生,在他们的很多游戏中含有随机、公平、由机会来决定的想法,如为了在两个人或两样东西之间公平地选一个,由"抛掷硬币"决定;如果是多个人或多样东西则由"石头、剪子、布"决定;下"飞行棋"也全凭抛掷骰子决定棋子的移动.所以他们在学前期及小学低年级已经对"有可能发生,也有可能不发生"的不确定现象有了体验,可以教他们定性地描述可能性了,即用"不可能""不太可能""可能""一半的机会""常常""很有可能""必然"等语言来表达他们对一个结果是否会发生以及发生的话,对其发生频繁程度的不同预期.

那么学生学习这些内容是否有困难呢? 不少研究关注过这一问题,比如,Green(1982);Fischbein & Gazit(1984);Fischbein, Nello & Marino(1991);李俊(2003a);吴惠红(2004);巴桑卓玛(2006).尽管这些研究的目的、学生年龄以及学生的数学背景各不相同,但笔者认为以下三个结论是一致的:

第一,无论受过或未曾受过正规的概率教学,绝大多数中小学生(包括小学低年级学生)都能区分可能事件、不可能事件和必然事件,且这一能力随年龄增大而略有提高,所以这对绝大多数学生来说不困难.

第二,以为"不太可能就是不可能,很有可能就是必然",以及混淆"可能发生"与"必然发生"是两种最常见的错误.

第三,除了错误认知,语言能力弱是导致错误的主要原因.

混淆"不太可能"与"不可能"以及"很有可能"与"必然",这主要是受日常语言的影响.日常生活中,当某个结果只有一丁点机会发生时,为了表明自己对"不太可能"很有把握,我们常用肯定语气把它说成"不可能",所以,只要教师说清楚这些词汇与日常语言中的不同用法以后,这个错误学生还是比较容易改正的.

倒是对付必然事件与可能事件的混淆相对困难些,这些学生往往不清楚对"必然"与"可能"的已有界定,而凭自己的想法去分辨.从文献来看,这种混淆有可能是由以下 4 个原因造成的:(1)学生错误地认为由几个可能结果结合起来的也是可能事件.为此,Fischbein 等人建议给学生布置一些估计可能性的问题,其中的事件是包含几个结果的事件,以帮助学生看到几个可能的结果结合起来可以变成必然发生的结果;(2)学生缺乏事件之间运算的经验,没有事件之"并"的经验,误以为一个事件就是他观察到的一个结果,所以实在找不出必然发生事件的例子,在他们看来全部是可能事件;(3)学生误以为能够找到事件发生的一个例子就说明它是可能发生的,而没有想到当一个事件是几个事件的并时,需要作整体考虑,该事件也有可能是必然发生的;(4)学生误认为必然发生也包括迟早会发生的意思,所以如果某一事件是可能发生的,那么哪怕发生的机会很小,它也迟早必然会发生,在他们看来还是称其为"必然发生"更恰当.上述4个原因相互之间也有微妙的联系,如(1)与(3),小学生还没有太多集合的知识,不容易想到事件的并这种复合事件,容易孤立而不是整体地看事件.教学时,我们可以有意给出一些由基本事件合并而成的事件,如"两个骰子恰好掷得一样的数",并强调它们也被称为是"事件",再提供一些有问题的说法供学生思考、讨论,这样的教学会比较有针对性.

"在标准大气压下水加热到 $100\,^{\circ}\mathrm{C}$ 会沸腾""明天地球绕着太阳转"等类似的判断题常常被用来检测学生能否正确区分三类事件,但是,这类检测题并不能反映学生是否达到了能够考虑基本随机事件的并或交这一思维水平,价值不大.另一个挑战学生认知的办法是在学生掌握了教师给出情境的事件辨认练习之后,让学生在给定情境或没有限制情境的情况下,自己列举出随机事件、必然事件和不可能事件.告诉学生列举事件前,最好是先列出试验可能出现的所有结果,做到心中有数,然后再根据三种不同事件的含义,构造例子.

概率是反映随机事件发生频繁程度的一个量度,极端情况是始终不发生或者总是发生,分别对应概率0与1,但要指出的是,不可能事件发生的概率一定为0,但反过来,发生概率为0的事件却不一定是不可能事件.比如,一个红、黑两色的圆形转盘,指针恰巧停在红、黑边界上的概率用几何概型计算为该线的面积除以圆面积,数学上,线段的面积为0,所以该事件发生的概率只能是0.但现实中的线段与数学中的线段不同,总是有宽度的,所以恰好压线这种巧合是有可能发生的,是可能发生的事件,不是不可能事件,这就是一个发生概率为0但却是可能发生的随机事件的例子.同样地,必然事件发生的概率一定为1,但反过来,发生概率为1的事件却不一定是必然事件,如上面这个转盘,指针恰好压在两色分界线的概率是0,指针指在分界线之外的概率就是1,但它不是必然事件,还有恰好压线的可能.因此,"必然事件是指一定能发生的事件,或者说发生的可能性是100%"的后半句是容易引起误会的,不能把概率是否为1当作判断必然事件的标准.

　　所有随机事件在每次试验中都有可能发生也有可能不发生,那么,用什么指标来衡量随机事件发生的频繁程度呢? 在日常生活中,我们说可能性大小、机会大小,在数学中,我们用概率值.有的随机事件(如中大奖)很少发生,有的随机事件(如不中奖)则经常发生.为了表示随机事件这种不同的发生频率,我们可以用"极少""不太可能""很少""偶尔""有可能""更有可能""很有可能"等词汇来定性地描述可能性的大小.

　　Green(1982)的研究提醒大家要注意学生在掌握使用"不太可能""一半的机会""很有可能"等定性的词语描述概率时存在的语言困难.他发现,学生语言表达能力弱会导致他们不能准确描述概率情境.学生感到困难最大的是"相当有可能""不太可能"和"极有可能"这几个术语,"不是很有可能""机会很小"和"偶然"相对比较容易一些,"很可能""可能"和"不可能"是学生最容易掌握的术语.因为他是在英国做的调查,所以上述发现可能并不一定适合我国学生,仅作参考.

　　在观察随机现象的过程中,学生体验着不确定性,逐渐了解到事件发生的可能性是有大小的,但是,并不是所有学生能就此自动获得"机会可以用数字来精确度量"的概念,有一部分学生只认可定性地描述概率,如可能发生或不可能发生,或者发生的可能性很大或很小,但不接受用数字度量机会大小的观念.研究表明,这是学生进入定量描述概率之前通常会经历的一个成长过程.在吴惠红(2004)的研究中,她发现有约10%接受调查的初中1～3年级的学生只认同定性表示,不认同定量表示,他们的主要理由是概率的大小应该由很多因素决定,比如,用的力气、时间、角度、材质、容器的尺寸,甚至运气等等,如此复杂多变,如何能用一个不变的值来表示(李俊,2003a;吴惠红,2004).他们难以协调用一个确定的数字描述他们感觉变化着的随机现象发生次数之间的矛盾,认为还是用模糊一些的定性描述或者一个区间来描述概率更恰当(吴惠红,2004).

　　在学习用一个确定的值描述概率之前,可以安排一个内容过渡,即按照随机事件发生的频繁程度给随机事件在[0,1]区间上排序.这就像是要对一组学生按他们的身高排序一样,只要保证从左到右一个比一个高就行,不必知道每个人的具体身高.当然,要排序正确,学生身高的差异要比较明显才行.所以,建议教师教学时选取的事件发生概率要差异大一些,便于学生基于经验能够正确比较大小.

定性描述比较模糊,不那么确切.比如随机事件"掷得2",有的人会说"很难发生",有的人会说"不是很难发生",这两种说法争执不下.教学中,可以引导学生通过记录频数与计算频率来说服对方.频数是指发生的次数,频率是指发生的次数在总次数中占的比率,或者说频率等于频数除以总次数.因为统计是研究数据的学问,概率又可以用大数次试验中的频率来估计,所以,当我们决定通过观察、调查来弄清某个问题并用数据来说理时,这两个概念尤其是频率概念就很有用,借助它们,可以组织学生认识游戏规则的公平性.公平的游戏其规则让游戏双方获胜的可能性一样大,所以,如果不管谁当甲方,总是甲方赢得多,那么,有理由相信这个游戏规则是偏向甲方的,不公平的.

有一位小学教师在教授"游戏规则的公平性"这节课时,安排学生如下任务:"请根据公平性原则设计一摸球游戏并进行20次摸球试验(每6人一组,共7组)."结果有的小组设计了4个红球和4个绿球,有的是6个红球和6个绿球,有的1个红球和1个绿球,虽然球的总数有差异,但两种颜色球的数目都是相同的,反映出学生对规则的公平性已有认识.但是各组进行了20次摸球试验,每组汇报完试验结果(见表7-1)时问题来了,7组试验结果如下:

表7-1　7组20次摸球试验结果

组别	红球	绿球	组别	红球	绿球
第1组	11	9	第5组	10	10
第2组	9	11	第6组	7	13
第3组	15	5	第7组	8	12
第4组	12	8			

这位教师问学生:"有话要说吗?"有的学生说:"红球和绿球的个数是相等

的,按理说摸到它们的可能性应该相等,可为什么摸到两种球的次数基本上都不相等呢?"有的学生说:"我们全班试验的结果有输、有赢,也有平,是不是说明游戏规则是不公平的?"试验之后,学生对原本正确的游戏设计反而产生了质疑! 教师这个暴露学生思维的提问非常好,让她看到了学生心中的疑虑:可能性相等难道不意味着绝大多数的时候摸到两种球的次数基本上也相等吗? 要解决这个疑虑必须观察大数次试验出现红球与绿球的频率,而这已经超出了定性描述概率的要求,是初中学习的内容了.所以我个人认为,在定性描述可能性阶段,教学"游戏规则的公平性"要多采用不公平的游戏,而且输赢的概率尽量差距大些,以方便学生确立随机事件可能性有大有小的概念.上面设置的这个问题难度过大,它要求学生根据试验结果验证游戏规则的公平性(而非不公平),下面我们还会说到等可能性其实是一个不简单的概念.通过试验观察某一事件发生的频繁程度这一方法本身没错,也是获取概率的一种常用的有效方法,但选择的任务和安排的学段需要斟酌.

定性描述毕竟粗糙,还有待于上升到定量描述.随着学生年龄增长,尤其是5年级之后,越来越多的学生进入更加精确描述概率的定量描述阶段(巴桑卓玛,2006),我们发现,教学对帮助学生度过这个成长期起着积极的作用(巴桑卓玛,2006;李俊,2003a;吴惠红,2004).所以,5、6年级时进入定量描述概率的教学是适合的.

第二节　通过试验估计概率

除了中学阶段不要求的概率公理定义外,概率一般通过以下四种途径得到:定性地描述可能性(机会)大小的方法、理论计算预测概率的方法、反复试验用频率估计概率的方法和根据经验主观估计概率的方法.这四种途径在我国现行课程中涉及的相关知识及其互相联系可用图 7-1 表示.

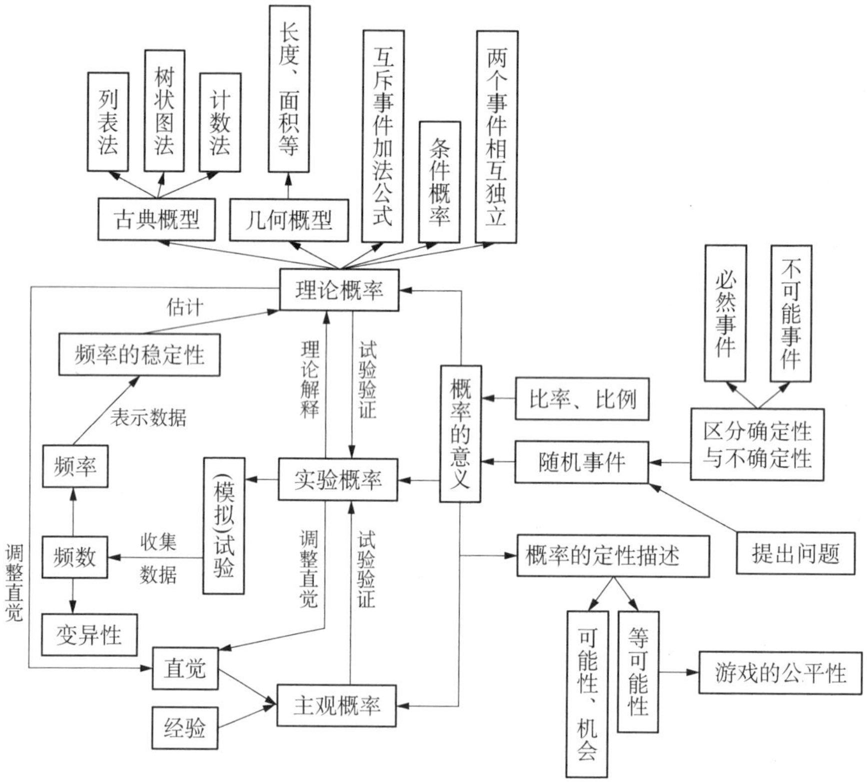

图 7-1 中小学课程中的概率内容及关系

每一种概率定义途径都有其所长,也有其所短,因此都有开展教学的必要性.教学时,常常可以从基于直觉和经验的定性描述或主观概率开始,让学生先对概率的大小作猜测,再将所求的概率问题通过试验尝试(不能直接试验的话,看能否先转化为一个模拟试验问题),记录试验结果,由频数计算频率,观察随着试验次数的增加,该事件发生的频率是否呈现稳定的趋势,再以稳定时的频率作为所求概率的估计值.获得估计值之后再思考为什么是稳定在这个值,有没有理论上的解释,引向理性分析计算概率.无论是试验途径还是理论途径,得到结果后都应该再回头与先前作的主观猜测进行比较,以纠正或验证自己的直觉.这样多种途径解决同一问题的教学方法有利于加强知识之间的沟通,满足不同水平学生认知发展的要求,特别是能够培养学生对随机现象的良好直觉.

本节我们将着重讨论通过试验估计概率的教学,在小学高年级和初中低年级,试验以实物操作为主,初三和高中可以以计算器和计算机的模拟试验为主.

频率方法也称经验方法,它将概率定义为某一事件在无限次或接近无限次的重复试验中发生的频率,因而,这是一种后验的概率,建立在实际试验结果基础之上.用试验的方法得出的频率只是概率的估计值,要想得到近似程度高的概率估计值,通常需要大量的重复试验.正如本书第二章分析的那样,计算机技术的飞速发展使通过试验估计概率的方法越来越受到重视.

有教师这样对学生说:"反复抛掷一枚硬币,对记录的数据进行统计与观察,你会发现正面朝上与反面朝上的次数这两个数据逐渐接近,当抛掷硬币的次数趋向无限大时,正面朝上与反面朝上的机会是相等的."细究的话,这一表述有三个问题:

一是"你会发现正面朝上与反面朝上的次数这两个数据逐渐接近"不合适,因为频率差异变小的同时却有可能相应的频数差异变大.比如,抛掷一枚硬币 400 次时,我得到的试验结果是 194 次正面朝上(占 48.5%),206 次反面朝上(占 51.5%),正面朝上与反面朝上的次数相差 12,频率相差 3.0%;抛掷这枚硬币 600 次时,我得到的试验结果是 308 次正面朝上(占 51.3%),292 次反面朝上(占 48.7%),正面朝上与反面朝上的次数相差 16,频率相差 2.6%.我们看到,随着试验次数从 400 增加到 600,频率差距变小了,但频数差距不是变小而是变大了.

二是"当抛掷硬币的次数趋向无限大时,正面朝上与反面朝上的机会是相等的"不妥,因为硬币正面朝上和朝下的机会都是确定的,并不要求次数趋向无限大这样的前提.

三是,这里的极限并不是数学分析中用 $\varepsilon - N$ 定义的极限,而是"依概率收敛"于某个概率值.我们不能保证存在一个 N,当 $n > N$ 时,都有频率与概率差的绝对值要多小有多小(小于任给的正数 ε),只能说这时出现"频率与概率差的绝对值大于或等于正数 ε"这件事发生的概率为 0.

笔者的研究表明,试验的教学途径与理论的教学途径对概率学习来说都是重要的,不能互相替代,在帮助学生认识概率方面,它们各自都有独特的作用(李俊,2005).理论概率因为是先验的,有确定的计算公式和答案,与其他数学内容的学习相像,学生比较习惯;试验概率有助于学生认识概率的意义,解决不会计算的概率问题以及检验计算结果,所需的预备知识少,入门容易,在计算机辅助下,精度与效率都不成为问题.但是它们也都存在不足,当我们采取理论的、形式化的方式教概率时,学生的直觉得不到直接的修正;当我们采取频率的、试验的途径教概率时,学生对古典概率的认识不会自动产生和发展,他们的理解也会受到对误差认识的影响,如果总是在尚未看到频率稳定于某个数值时就停止试验的话,他们会以为用一个区间而不是一个数值来描述概率更合适.所以,我赞成既教授概率的理论定义又教授概率的试验定义.

用试验的频率来估计概率虽然降低了概率学习的门槛,但是一些研究(Green,1982;李俊,2003a;吴惠红,2004)表明学生同样会有困难.首先是学生不容易想到用试验的方法解决问题,这可能与他们以往数学学习很少做试验,不习惯通过数据来说理有关.

吴惠红曾经给初中生做过下面两道测试题:

测试题 1 这里有四个一样大小的玻璃球,两个黑色的,两个白色的.老师把它们放在一个罐子的底部,使劲摇晃,使罐中的小球位置打乱.最后,老师停止摇晃,请大家估计四个小球落定后黑、白相间排列(如图 7-2)的概率有多大.小明凭直觉认为这种结果出现的概率是 30%,你同意他的这个结论吗? 如果同意,你是如何得到这个结论的? 如果不同意,请写出你认为正确的结论并说明你认为其正确的理由.

测试题 2 有一块羊骨,它有六个不一样的面(如图 7-3),经观察,我猜想其中的 A 面最容易被掷到,我试着一共掷了 1 000 次,下表是我在抛掷过程中记下的数据:抛掷到 25 次时,A 面一共出现了 6 次,占 24%;抛掷到 50 次时,A

面一共出现了 22 次,占 44%.

面 \ 次数	25	50	100	200	500	1 000
A	6 24%	22 44%	42 42%	72 36%	200 40%	379 37.9%

(1) 你认为我是否能够据此说掷得 A 面的概率是 38%? 请说明理由.

(2) 如图 7-4 是根据我 1 000 次抛掷结果画出的掷得 A 面的频率走势图,继续抛掷下去的话,你猜想这个走势图可能会怎样延续,将你的猜想画在图上,请用不同颜色的笔延续你想象中的两个有可能发生的走势,并写出你这样续画的理由.

图 7-2　小球黑、白相间排列

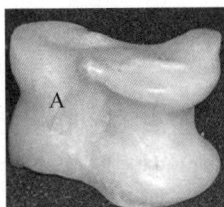

图 7-3　羊骨的 A 面

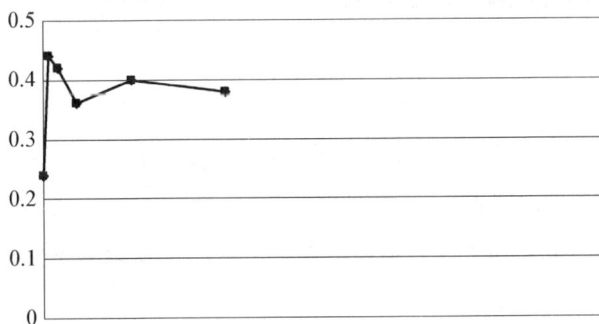

图 7-4　掷得羊骨 A 面的频率走势图

测试题 1 是一道可以计算的概率问题,但是参加测试的 7～9 年级学生当时都没有学过如何计算概率,8 年级学生因为使用的是新课程教材,所以有一些观察频率会稳定下来的活动经验. 从测试结果来看, 虽然学生都还没有学过树状图、概率计算公式等知识, 但对这个陌生的问题, 还是有 29.4% 的 7 年级学生、73.1% 的 8 年级学生和 47.8% 的 9 年级学生通过尝试分析球的个数或者列出可能的结果来作答, 却只有 3.1% 的 7 年级学生、0.7% 的 8 年级学生和 3.3% 的 9 年级学生提出通过试验来作答 (吴惠红, 2004). 7 年级学生绝大多数凭主观经验回答此题在意料之中, 但是如此少的 8 年级学生提到试验途径却尝试理论分析是出乎我们意料的. 看来只要是可以计算的概率题, 我们的学生还是倾向于计算而不是试验后估计, 这是测试中我们得到的第一个发现.

测试题 2 用的是一块不规则的羊骨, 是一道不能计算, 只能通过试验来估计的概率问题. 3 个年级都只有极个别学生回答 $\frac{1}{6}$, 7 年级和 9 年级各有 30.4% 和 32.8% 的学生用了试验方法, 8 年级这个百分比则是 62.7%. 虽然当时所有被测试学生都没有学过用频率估计概率, 但 8 年级学生很有限的观察频率的活动经验还是使他们比另外两个年级的学生更多地采用了试验途径.

从测试中我们得到的第二个发现是, 不经过学习的话, 大部分学生不知道频率有逐渐稳定的趋势, 于是他们也不认为概率值与频率有什么关系 (Li, 2000; 吴惠红, 2004). 如对上述测试题 2, 有学生这样回答:

前面很不稳定, 后面一定也一样.

无论抛掷多少次都不会有一定的规律.

以上数据表现的是频率, 不能得出概率.

接下去继续扔的话出现 A 面的次数也许会变小, 所以不能肯定地说掷得 A 面的概率是 38%.

接受测试的学生中, 只有少量学生能够给出类似如下的回答:

因为抛掷的次数越多, 频率越将趋于一个固定的值, 即抛掷到 A 面的概率,因为我已抛掷了一个足够多的数值——1 000 次,所以可以判断说掷得 A 面的概率约为 38%.

　　第三,一些学生认为一再重复并无益,既然你说的是一次试验的概率,那么一次就好;还有一些学生认为重复几次是需要的,但不需要重复太多次,因为"重复次数越多,累积误差越大"(Li,2000,p.147).

　　笔者曾经用下面这道测试题对一名 12 年级的学生进行过访谈,这道测试题说的是一位数学家预言从袋中摸出白球的机会是 30%,给了以下五种情形,问哪一种情形下可以认为预言得很准:

　　(a) 取出一个球,正是白球;

　　(b) 取出一个球,正是黑球;

　　(c) 假如这个游戏重复玩 10 次,在这 10 次游戏中,10 次他都取出了黑球;

　　(d) 假如这个游戏重复玩 10 次,在这 10 次游戏中,有 1 次他取出了白球;

　　(e) 假如这个游戏重复玩 10 次,在这 10 次游戏中,有 3 次他取出了白球.

　　这名学生选择了(e),理由是"概率为 30%".问他如果再添一个选项"(f)假如这个游戏重复玩 100 次,在这 100 次游戏中,有 30 次他取出了白球",在(a)～(f)中他选哪个? 他说:"还选(e),如果(f)中是 30 次左右才准,次数增加,上下浮动应该体现得更明显."

　　从上面列举的学生错误认知和学生具有偏向从理论上分析概率大小的倾向来看,通过系统而持久地观察随机现象积累相应的活动经验是必需的,学生需要从自己和同学们收集到的数据中看到重复次数增多可能会带来频数更大的波动,但是频率却具有稳定性的事实.这一认识不是教师口头讲讲他们就能获得的,需要学生的亲身体验以修正他们对概率频率定义的错误认知.

　　通过试验估计概率的第二个挑战是人们容易忽略试验要在相同的条件下重复进行. 比如,抛掷图钉应该使用同样的图钉才能把试验的结果汇合起来. 不知你是否还记得 2009 年 7 月 22 日的天气,因为那天在我国很多地方如果天气好的话都能观看到日全食,中央电视台也特意安排了观日全食的电视直播节目.当年 7 月 13 日,上海某媒体以"上海可能看到日全食,当天雨天概率仅 4.4%"为标题的新闻称天文台专家说:"我们查过 1986 年到 2000 年 15 年里面 7 月 21、22、23 日上海的天气 8 点时的气象记录,晴天占 11 天,晴到多云占 18 天,多云占 14 天,下雨占 2 天(雨量小于 0.1 毫米),所以看到日全食奇观可能性 相当大."但 7 月 20 日天气预报又称,气象台分析,21 日后半夜长江三角洲将有 一次降水过程,该地区 22 日上午出现降水的可能性非常大.即使没有降水,天 空也将基本被云层遮住,观测到日全食的可能性很小.专家说:"22 日上午,要真 正看到日全食全过程并不乐观,特别是长江三角洲地区,看到日全食全过程的 可能性不大."22 日早上,上海的确未能观测到日全食.看来,前面那个根据该日 历史上天气情况作预报的方法并不科学,决定天气情况的主要是气象条件而不 是日期,降水概率应该以历史上有类似气象条件的那些日子的降水情况为依 据,而不应以历史上相同日期的降水情况为预测的出发点,由于统计对象错误, 获得的统计数据也就无法帮助预测了,类似的统计和预报在 2008 年北京奥运 会开幕式前在媒体中也曾广泛传播.所以,重复试验除了强调要有足够的次数 之外,还要保证在相同的条件下进行.

　　用试验估计概率,我们一开始会直接用实物进行概率试验,如问两枚骰子 掷得的数字之和大于 6 的概率,就可以组织学生直接做抛掷两枚骰子的试验, 记录相应的试验结果.再之后,当手头没有现成的实物,或用实物进行试验比较 困难或麻烦时,可采用其他实物作为替代物或者用计算器或者计算机产生随机 数来进行模拟试验,如我们手头没有两枚骰子,就可以用分别写有 1~6 的 6 张 扑克牌代替,从袋中随机地取出一张,就是第一枚骰子掷得的数,再把取出的这 张牌放回袋中搅匀,重新随机地取出一张,就是第二枚骰子掷得的数,这个就是 用牌作为替代物做的模拟试验.再抽象一些,我们可以借助计算器或者计算机 产生随机数来进行模拟试验,如我们根据计算器说明书设定它产生 1~6 的随 机整数,每按一次回车键,计算器便产生一个范围在 1~6 的随机整数,机器每 产生一个随机整数,相当于我们抛掷一枚骰子掷得的数字,也相当于有放回地 每次抽取一张牌获得的数字,其优点是无需实物就能进行试验,而且计算器帮助我们自动搅匀和抽取,节约了时间,缺点是现在市场售卖的计算器还不方便模拟同时取出的情况,如一次从袋中随机抽取两张牌,不过,用计算机编程或者使用相应的课件是可以解决这个问题的.

在学生有了重复观察随机事件发生频率的经验,意识到频率具有稳定性之后,下一步,可引导学生思考频率为什么稳定在这个值,能否从理论上分析其原因,从而进入理论概率的学习.

∧

第三节　古典概型

有了用频率刻画事件发生频繁程度的认识之后,概率学习可以再进一步,学习如何通过理论分析、计算得出概率.有三种基本的计算方法:(1)罗列所有可能发生的基本结果(也称样本点),当样本点的个数是有限个,而且每个样本点发生的可能性相等时,用古典概率公式计算概率,即将一个事件 A 的概率定义为事件 A 所含样本点的个数除以所有样本点的个数;(2)当样本点充满某个区域,基本结果有无穷多个,任意一点落在度量相同的子区域内都是等可能时,要先用图形描述样本空间和所求事件,再将概率定义为相关图形度量(如长度、面积或体积)的比值;(3)对于含有多种完成途径或者多个完成步骤的试验可利用加法原理或者乘法原理计算事件的概率.本节呈现的是学生在比较概率大小时可能存在的典型错误.

一、一步试验的概率比较问题

学习定量描述概率会从解决最简单的一步试验(如从一个装有两种或多种颜色小球的袋中取出一只小球)的概率问题做起,虽然这个概率情境很简单,每个小球被取出都是等可能的,但有许多研究(如 Falk,1983;Fischbein & Gazit,1984;Green,1982;Li,2000;Noelting,1980a,1980b;Piaget & Inhelder,1975;Singer & Resnick,1992;Watson,2006)已陆续发现了初学者的一些典型的错误计算方法,下面我们以袋中装有黑、白两色小球为例加以说明.

第一种错误简称为部分与部分之比(part-part ratio),误以为取出一只黑球的概率是袋中黑球数与白球数之比,而不是黑球数与所有球数(part-whole ratio)之比,这种直觉的想法在没有学过古典概率计算公式的学生中比较普遍,在只有两种颜色球的情况下比值大的也的确有较大的发生概率,但是这样计算得到的两种颜色球被摸到的概率之和却不是1,所以是错误的.为了帮助学生发现这样定义的不合理性,教师除了可以强调这样定义概率会造成对立事件概率之和不是1的结论,另一方面也可以在袋中再放入第三种颜色的球,让学生思考这时如何分别表示三种颜色的球被摸到的概率,从而认识到概率古典定义公式的合理性.

第二种错误在初学古典概率公式的学生中比较常见,在摸出一个球后不放回的情况下,学生容易忘记在期望的结果数(分子)和所有可能的结果数(分母)中都要减去1,他们一般记得从分子中减去已经取走的球数,但是常常意识不到不放回的话,球的总数也相应减少了,或者说整体构成已经发生了变化,变化的构成反映在变化的概率上.强调概率公式与袋中球构成之间的密切联系也许对纠正这种想当然的错误有作用.

第三种错误是少数还没有学过古典概率计算公式的学生会有的,他们会不管口袋中有两种还是多种颜色的球,也不管每种颜色的球有多少,都自信地认为摸出每种颜色小球的概率都是50%,或者会误以为装着 n 只黑球,那么取出一只黑球的概率就是 $\frac{1}{n}$,或者认为这个概率是 $n\%$.这一错误比较明显,在简单的概率计算问题中容易纠正.

二、两个一步试验的概率比较问题

再稍复杂一些的比较概率问题是有两个装有不同数量小球的布口袋,每个袋中有两种颜色的若干小球,问想要随机地摸到某种指定颜色的小球,应挑选哪个口袋,以使摸中的概率最大(或最小).解这类问题,我们发现一些学生会认为符合以下一项者有较大的发生机会,它们是:(1)绝对量较大者;(2)总量较大者或较小者;(3)差异较大者或较小者.当然,这三种判断方法都是基于直觉的,都仅限于用差而不是商作比较,还没有将概率与构成比例联系起来.

第一种想法是比较绝对量,要指针停在蓝色上,就看哪个转盘占有较大的蓝色面积;要摸出黑球,就看哪个口袋有较多的黑球.如有两个口袋,甲口袋装着 8 个红球和 16 个黑球,乙口袋装着 50 个红球和 70 个黑球,问要取出一个黑球选哪个口袋机会较大.一位 6 年级学生选了乙口袋,理由是"因为题目已说乙口袋里的黑球多".然后,他又用同样的策略回答了下面这个关于转盘的问题,面对两个颜色分配比例相同只是直径大小不同的两个转盘,问要让指针停在蓝色区域上选哪个转盘机会较大,他选择了大转盘,理由是"因为大转盘的蓝色区域大".

第二种想法是选总量较大者或较小者,如一学生回答问题:甲口袋装着 21 个红球和 8 个黑球,乙口袋装着 210 个红球和 80 个黑球,问要取出一个黑球选哪个口袋机会较大时,她选择了甲口袋,即总量小的,理由是:因为甲口袋里只有 29 个球,而乙口袋里有 290 个球,比甲口袋多出 10 倍,所以要比甲口袋难抽到.但也有学生认为从总量大的口袋里更容易取出你想要的球,因为机会更多,于是他们会选择总量大的口袋.

第三种错误方法是选差异较大者或较小者.如一位 6 年级学生在回答上面这个问题时也选择了甲口袋,但理由是:因为 21 和 8 相差不很大,而 210 和 80 相差很大,从乙口袋中取出的绝大多数应是红球,而不是黑球,所以认为应选甲口袋.

教学中,我们可以针对这些回答,组织学生讨论并展开操作活动,提升学生的认识.

三、两步试验的概率计算问题

再难一些的是学习解决简单的两步试验(如从两个装有小球的袋中各取出一个小球)的概率计算问题.受解决一步试验概率问题的影响,学生自然地会去尝试列出随机试验所有可能的结果,再用古典概型计算概率,但学生通常会遭遇三个难点.

其一,在学习完全枚举法、列表法和树状图法之前,学生不知道如何系统地罗列结果,他们往往用试误法,想到哪个结果就把它列出来(English,1993;Green,1982;Piaget & Inhelder,1975),靠这种试误的方法,在种类不多个数很少的情况下正确率还有保证,但是遇到复杂的问题情境,即告失效.

其二是学生顺序意识薄弱,甚至没有.在明确的排列问题中,如将三个孩子排队或是给玩具熊穿衣戴帽的问题,大多数学生能够给出两步或三步试验的所有可能结果(English,1993;Green,1982).但问题中一旦有不可区分的两样东西,如抛掷两枚1元的硬币,在5个红色、3个黑色的8个球中摸出2个红球,那么初学者大都需要提示才能意识到结果中的顺序,比如"一正一反"包括两种情况"A正B反"和"A反B正".教学中,有的教师使用一枚1元硬币和一枚1角硬币来帮助学生意识到顺序问题,但是在有区别的情况下学生注意顺序了,在没有区别的情况下学生又忘记顺序了,效果不够明显.

笔者认为还是要让学生通过活动,通过收集数据,自觉地认识到顺序问题.如可以让学生进行抛掷硬币的活动,同时记录结果,不久学生就会发现"一正一反"出现的频率差不多是出现"两正"或"两反"频率的2倍,再组织学生思考为什么会出现这个结果,能否作出合理的解释,这种用自己收集的数据教育自己的做法会更加有效.

Abrahamson(2012)也认同试验与讨论的方法,他设计了一种四眼装球勺用于舀球试验,他让学生用这把勺从一袋装有相同数量的蓝色小球与绿色小球的口袋中有放回地每次舀出 4 个小球,在记录单上着色记录试验结果,他们成功地帮助学生认识到笼统地分为 5 种结果(4 蓝、1 绿 3 蓝、2 绿 2 蓝、3 绿 1 蓝和 4 绿)是不合适的,因为结果"4 蓝"在勺上只有 1 种构图,但"1 绿 3 蓝"可以有 4 种构图,2 绿 2 蓝共有 6 种构图,所以这 5 种结果不是等可能的,需要再细分为 16 种结果才能构成完整的样本空间,从而得到正确的概率.

计算含有多种完成途径或者多个完成步骤的事件概率还有第三个困难,就是一些学生分不清何时用加法原理,何时用乘法原理. 比如,问抛掷两个普通的正方体骰子,一共有多少种等可能的结果,有的学生会错误地回答有 $6+6=12$ 种,而不是回答有 $6×6=36$ 种. 要是遇到既要考虑不同途径,又要考虑不同顺序的复杂问题,如"掷得一个 5 和一个 6"的概率,学生回答的正确率又会下降一些. 解决的办法还是要求学生不要想当然,应使用列表法或树状图法枚举出所有等可能的样本点,再根据具体情境看所求事件包含多少个样本点. 请看下面这个问题:

甲、乙、丙三个盒中分别装有大小、形状相同的卡片若干,甲盒中装有 2 张卡片,分别写有字母 A 和 B;乙盒中装有 3 张卡片,分别写有字母 C、D 和 E;丙盒中装有 2 张卡片,分别写有字母 H 和 I;现要从 3 个盒中各随机取出一张卡片. 求取出的 3 张卡片中恰好有 1 个写有元音字母的概率是多少?

一名学生这样回答:

这个写有元音字母的卡片可能来自甲,可能来自乙,也可能来自丙,只有这 3 种可能,所以 3 张卡片中恰好有 1 个写有元音字母的概率是 $\dfrac{1+1+1}{2×3×2}=\dfrac{3}{12}=\dfrac{1}{4}$.

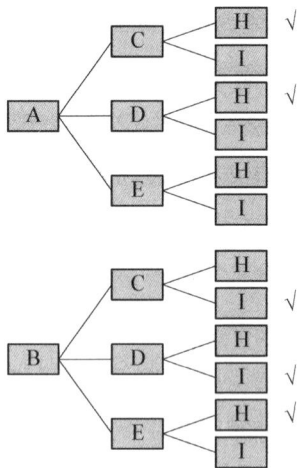

图 7 - 5　恰有一个元音
字母问题的树
状图

这名学生在写分子时就犯了想当然的错误,没有具体罗列这 12 个样本点,没有意识到在甲盒中取出 B 后也可能最终恰好只有一个元音字母,所以,所求概率应该是 $\dfrac{2+3}{2\times 3\times 2}=\dfrac{5}{12}$. 这是一个含有多种完成途径和多个完成步骤的事件求概率的问题. 如图 7 - 5,当完成步骤有 3 个或者更多时,使用树状图法来帮助罗列所有的样本点有其简明的表达优势.

树状图有等可能结果的树状图和不是等可能结果的树状图. 画等可能结果的树状图时,需要注意画出的同一级的每一个"枝条"必须是等可能的,即每一个"枝条"发生的概率是相等的,这是列举所有等可能结果的保障. 在列举第二步可能结果的时候,需要注意是有放回情形还是不放回情形,这对"枝条"的个数是有影响的. 如果还要列出更多步的可能结果,方法也是一样的. 要统计最终有几种等可能结果只要数最后"树梢"上共有几个"果子"即可. 如果要比较这棵"树"上两个事件发生机会的大小,只要数这两个事件各包含有多少个"果子",包含"果子"多的事件发生的机会也大. 每个"果子"的描述是有顺序的. 如"正正反"就表示当抛掷三枚硬币时,前两枚都是"正面",第三枚是"反面",或者表示当连续抛掷一枚硬币三次时,第一、二次是正面,第三次是反面.

有时试验结果不是等可能的,例如抛掷瓶盖,这就需要画不是等可能结果的树状图. 为了以示区别,只需在每个"枝条"上注明相应的概率就可以了. 这个内容不属于我国现行国家课程标准要求的内容,这里不再展开,但是画树状图的过程是完全类似的.

笔者发现,没有学过乘法原理的学生遇有多个完成步骤的事件,有两种自创的计算概率方法(Li, 2000),当然都是错误的. 这两种方法都是先算出每一步每一种结果发生的概率,然后,第一种方法是乘以步数或者除以步数,得到复合结果的发生概率. 如求"抛掷三枚普通骰子掷得的三个数都是 6"的概率,下面分别是两名学生的自创算法:

一枚骰子掷得 6 的几率是 $\frac{1}{6}$,所以三枚骰子的几率是 $\frac{1}{6}+\frac{1}{6}+\frac{1}{6}=\frac{1}{2}$.

这名学生将 $\frac{1}{6}$ 累加 3 步,并没有意识到三个数都是 6 的概率要比一个数是 6 的概率小得多,基于应变小的想法,另一名学生选择做除法:

因为要 3 枚骰子一起抛掷,所以三个数都是 6 的机会只有 $\frac{1}{18}$.

这名学生将 $\frac{1}{6}$ 除以步数 3,还是错的. 正确答案当然应该是 $\frac{1}{6^3}$.

第二种方法是将求得的两个概率的分子与分子相加,分母与分母相加,作为复合事件的发生概率. 如某问题说的是甲转盘的红色部分中心角为 120°,蓝色部分中心角为 240°;乙转盘的红色部分中心角为 300°,蓝色部分中心角为 60°,转动两个转盘的指针. 一名学生这样给出"两指针都停在红色部分上""两指针一个停在红色部分上一个停在蓝色部分上""两指针都停在蓝色部分上"这 3 种情况概率的计算过程:

红色:$\frac{120+300}{720}=\frac{420}{720}$;一红一蓝:$\frac{240+300}{720}=\frac{640}{720}$;蓝色:$\frac{240+60}{720}=\frac{300}{720}$.

在我们向学生传授乘法原理时,可以联系上述学生的错误想法加以澄清.

再困难一些的概率计算题的求解要用到排列组合,如下面这样的问题:一批产品共有 50 个,其中 45 个是合格品,5 个是次品,从这批产品中任取 3 个,求

其中恰有 2 个次品的概率. 教师给出的解答是:

$$P = \frac{C_5^2 \cdot C_{45}^1}{C_{70}^3} = 0.023\,0.$$

有少数学生对分子表示不理解,说:"你怎么知道哪 5 个是次品呢? 怎么能分出一堆次品和一堆正品呢? 你连哪 5 个是次品都不知道,怎么在其中任选 2 个呢?"对于这样的疑惑,我们不应一味地把责任推给学生,要让他们自己慢慢通过解题领悟. 我认为学生的这个困难是产生在概率教学之前的计数章节,在教计数技能时,教师就要重视"怎么数"的问题,什么时候逐个数,什么时候先分类再逐个数,什么时候用组合数数,什么时候用排列数数,什么时候既要用组合数又要用排列数数. 所以排列组合学习对学生灵活解决问题的能力要求很高,对于认知水平还处于具体操作阶段,还停留在先分类再逐个数的学生而言,把概率学习建立在排列组合学习基础之上实在是一种灾难.

四、两步试验的概率比较问题

有些学生不采用罗列所有等可能结果的方法而使用一些自己发明的方法,其中最为常见的当属"简单复合法". 有此错误想法的学生将一个两步试验分割为两个一步试验,然后将每个一步试验中机会较大者进行简单复合,以为此复合的结果就是两步试验中机会较大者. 如有两个口袋,甲口袋装着 8 个红球和 16 个黑球,乙口袋装着 50 个红球和 70 个黑球,从两个口袋中各取出一个球,有学生不经过计算马上就断定取出两个黑球的可能性最大,因为"甲口袋中取到黑球的可能性大,乙口袋中取到黑球的可能性大,所以取出两个黑球的可能性大".

第二种自创但不正确的方法是比较不同元素的总量,如比较红球的总量与黑球的总量,上述题目中,有学生回答说两个口袋中黑球个数之和大于红球个数之和,所以取出两个黑球的可能性最大.

第三种错误方法是:如果一种元素在一个口袋中占了大多数,同时在另一个口袋中也有不少的话,那么取出两个这种元素就有较大机会. 如甲口袋装着 8 个红球和 16 个黑球,乙口袋装着 500 个红球和 100 个黑球,一名学生判断取出两个红球的可能性最大,"因为甲口袋中两个球中只要猜对一个是红球就可以了,而乙口袋中红球和黑球的个数之比为 5∶1,所以取出两个红球的可能性最大"(Li,2000,p. 161).

最后一种错误方法是学生误认为凡是由不同类元素复合成的结果总比由同类元素复合成的结果有更大的发生机会,即不管甲、乙两只口袋中的红球与黑球数量相差多少,总是取出一个红球和一个黑球的可能性最大,这一想法可能是受到两枚硬币更容易掷出"一正一反"结论的影响.

这四种自创的错误方法中,第一种"简单复合法"最常见,不仅在中学生中存在(李俊,2003a;朱迅宇,2009),在数学教师中也存在(陈伶俐,2006;朱迅宇,2009).

前面这些例子说明学生在自己直观经验的基础上也会想出一些计算、比较概率的方法,尽管并不成熟. 我们了解学生有可能出现的这些错误后,在教学设计时就可以有意识地把行不通的简单办法作为引入,激发认知冲突,鼓励学生一起寻找新的、更加合适的办法,这会比直接告诉学生新方法的教学效果更好.

第四节 概率的含义

我们已经知道,确定概率可以有以下几种途径,即古典方法、几何方法、频率方法和主观方法. 古典方法和几何方法也称理论方法,与频率方法(也称实验方法)这一后验的概率不同,这两种方法确定的概率都是先验的概率,即无需试验就可以从理论上计算出的概率. 主观方法也称直觉方法,它是对随机现象可能性的一种个人的估计,随着新信息的出现(如尝试几次获得的结果),将调整最初基于经验或直觉之上的估计. 在一事件既不满足用理论方法求解的条件,也不能用实验方法求解时，主观估计就是唯一可行的获得概率的方法了.

上述几种研究概率的方法各有长处和适用范围，古典方法和几何方法简单明了，但古典概率定义使用的条件之一是等概率，明显地，这里概率是通过"等概率"加以定义的，包含着逻辑循环，所以数学上采用公理定义；频率方法虽然不受"每一种结果都要等可能发生"这一条件的限制，方法初等，但它无法解决不能做试验的那些概率问题. 在理论概率和实验概率都解决不了问题的时候，主观概率是一种不可或缺的方法，如前面所提到的降水概率，就是天气预报人员先依据历史上类似天气条件下的降水频率，再基于他们长期专业经验对气象数据分析后给出的主观概率，但主观概率结论的精确性有待实践的检验和修正. 由此可见，上述研究概率的方法没有优劣之分，在研究概率时能够从多个角度考虑，互相印证，那么对结论自然更有把握.

研究概率可以从理论的、实验的和主观的三个不同途径进行，同样，解释概率的含义我们也可以根据不同的情境从这三方面着想. 如"抛掷一枚普通的硬币，出现正面的概率是0.5"是什么意思？你可能说它表示掷出的结果就两种，它们各有一半的机会被掷出. 但如果再问"各有一半的机会"是什么意思？你大概多半会说，它表示在重复许多次的情形下抛出正面（或反面）的频率应该会是0.5. 所以，当试验可以重复进行时，用概率的频率定义解释概率值的含义是比较清楚的. 但是，人们在现实社会中常常是对单个的而不是事件序列进行决策，比如某医生说这位病人如果不做手术，那日后不能自由行走的概率是80%，这个概率值是医生根据他的学识，并结合病人的具体病情给出的主观估计，它的意思是这位医生认为如果有一百个和这位病人一样的病人，那么如果不手术，其中80个日后都将不能自由行走. 这个估计是主观的，医生还有可能根据手术情况以及术后情形对这个估计作出调整. 所以，学生看到题目后对事件发生的概率有争议是正常的，但是对概率值的大小可以不认同，解释概率的意义还是要恰当，不能武断地认为反正有1%不发生的概率，所以概率在现实世界决策中是没有用的.

让学生解释某个事件发生的概率是 p，他们会怎么说呢？一部分学生会这样解释机会值：p 超过 50%，意思是这个事件发生的可能性较大，且越接近 1，发生的概率越大；小于 50% 意思是这个事件发生的可能性较小，且越接近 0，发生的概率越小；50% 的概率他们就解释为说不准是发生的可能性大还是不发生的可能性大。这一解释当属定性描述的水平，认识有待提高，它更多的是把概率与一次试验的结果联系起来，而不是与发生的频繁程度（这是概率的本意）联系起来。

笔者曾经让学生解释"蒙上眼睛从装有黑、白两种颜色小球的口袋中取出一个球，正好是一个白球的机会是 30%"这句话，给出的选项有"取出一个球，肯定会是白球""取出一个球，肯定会是黑球""假如这个游戏重复 10 次，在这 10 次游戏中，有 3 次左右会取出白球"和"假如这个游戏重复 10 次，在这 10 次游戏中，恰好有 3 次会取出白球"。从学生的回答来看，选"取出一个球，肯定会是黑球"的很少，但一些缺乏概率活动经验、有匹配想法的学生会认为，这就是说 10 次中它会恰好发生 3 次，因为十分之三与 30% 匹配，认为这句话的意思不是"10 次中它会发生 3 次左右"，因为题目没说机会大约是 30%，大约才与左右匹配。这些学生认可了重复试验的选项，但是并没有形成随机观念，更多的是从数字和文字匹配角度作选择的（Li, 2000）。

吴惠红（2004）发现学生在解释"一枚质地均匀、六个面中有五个面为白一个面为黑的正方体骰子，掷出黑色的概率是 $\frac{1}{6}$"这句话的含义时，选择（本题为多项选择题）"一共有六个面，白色的面占了五面，所以说掷出白色的概率是 $\frac{5}{6}$"这个选项的学生最多，其次是"如果掷很多很多次，那么掷到黑色的频率将稳定在 $\frac{1}{6}$ 附近"，再其次是"如果掷一千次，平均每六次中会有一次掷到黑色"选项，从 7 年级到 9 年级，每个年级都如此。在这三个正确选项中，学生最认同的是古典概型解释，其次是频率稳定时频率可以作为概率的估计值，相比之下，把概率解释为在大数次试验中平均几次中出现一次的说法在这些初中生中不太常见，均没有超过 21%。这是可以理解的，因为用大数次试验中"平均几次中出现一次"的说法其实是数学期望，上述问题如果问"平均掷多少次才能掷到黑色"（即掷到黑色所需次数的数学期望），那么答案就是 6 次，即"如果掷很多次，平均每六次会有一次掷到黑色". 这种解释对这些初中生来说不熟悉.

吴惠红发现，学生是定性还是定量地解释概率，是用主观概率角度，还是用频率概率角度，再或是用古典概率角度解释概率都不是一成不变的，问题中给出怎样的信息、问题本身更适合用哪种方法解释、学生是否具备了相应的知识，这些都会影响到学生如何解释概率值的意义，但是在能够定量地解释的情况下，学生一般会采用定量而不是定性的解释，在能够用古典概型解释而且学生会计算的情况下，学生一般会采用古典概型解释，在学生不会从理论上计算的情况下，学生一般会采用主观概率解释或者频率解释，但频率解释的使用与学生是否有丰富的概率试验的活动经验有关，缺乏活动经验的学生一般很难想到做试验.

陈伶俐（2006）对安徽省 4 所市区高中的 55 名数学教师和 2 所市区初中的 22 名数学教师以及 5 所农村初中的 32 名数学教师就他们对概率概念的认识进行了问卷测试并对其中 19 名教师进行了个别访谈. 她发现，教师较熟悉概率的古典定义和频率定义，没有一位教师仅仅给出定性的解释，所有教师均倾向于定量地解释概率值. 相比之下，高中教师（参加测试时学校尚未实施新课程）更倾向于从理论的角度解释概率值的含义，市区初中教师各有一半的教师分别从试验和理论的角度解释概率值，而农村初中教师倾向于从试验的角度解释概率值. 这一结果与上述吴惠红从学生中获得的发现类似，从理论上计算概率能力较弱但实施新课程过程中又较多接触了试验概率的初中教师（尤其是农村初中教师）会更倾向于用频率定义解释概率的含义. 大多数教师不了解概率公理化定义及产生背景.

除了解释概率的含义，陈伶俐还就如何获得概率在教师中作了调查，她发现，教师主要采用排列组合方法或作树状图法等计算概率，很少设计模拟试验用频率估计概率. 高中教师理论分析的成功率高，但还是有个别教师考虑总的基本事件数和目标事件数不周全而给出错误的概率值，可惜没有一个高中教师提到用频率估计概率. 初中教师尤其是农村初中教师排列组合技能水平一般，也很少建议用频率估计概率(陈伶俐,2006).

频率是衡量事件发生频繁程度最直接的一个指标,所以,概率的频率解释很基础、很常见.那么,理论上是否可以证明:当抛掷硬币次数 n 足够大时,可以用频率来代替概率呢? 结论是:可以! 这要用到一个重要的不等式——切比雪夫不等式:

给定随机变量 X,若它的期望值和方差分别是 $E(X)$ 和 $D(X)$,则对于任意给定的正数 ε,总有:

$$P\{\mid X - E(X) \mid > \varepsilon\} \leqslant \frac{D(X)}{\varepsilon^2}.$$

它的意思是如果我们已知期望值和方差,就能够算出 X 偏离中心 $E(X)$ 超过预先给定的精度 ε 这一事件发生概率的上限.利用这个不等式,我们可以对想要控制在指定偏差(如 0.1, 0.01)之内需要试验多少次(如 100 次以上? 10 000 次以上?)做到心中有数.比如,抛掷一枚普通的硬币 n 次,掷出正面发生的频率 $\frac{X}{n}$ 服从二项分布,可知:

$$E\left(\frac{X}{n}\right) = p = 0.5, \ D\left(\frac{X}{n}\right) = \frac{p(1-p)}{n} = \frac{0.5 \times 0.5}{n},$$

所以:

$$P\left\{\left|\frac{X}{n} - 0.5\right| > 0.1\right\} \leqslant \frac{0.5 \times 0.5}{n \cdot 0.1^2} = \frac{25}{n},$$

$$P\left\{\left|\frac{X}{n} - 0.5\right| > 0.01\right\} \leqslant \frac{0.5 \times 0.5}{n \cdot 0.01^2} = \frac{10^4}{4n}.$$

当 $n = 100$ 时,掷出正面频率在区间 $0.4 \sim 0.6$ 之外(即试验结果与理论概率误差超过 0.1)的概率不超过 0.25,说明只试验 100 次误差大于 0.1 的概率还是不小的;当 $n = 1000$ 时,掷出正面频率在区间 $0.4 \sim 0.6$ 之外的概率不会超过 0.025,这个结果是我们比较愿意接受的;当 $n = 10\,000$ 时,掷出正面频率在区间 $0.49 \sim 0.51$ 之外的概率不超过 0.25;当 $n = 10^5$ 时,掷出正面频率在区间

0.49～0.51之外的概率不超过0.025.这对手动试验来说未免太"奢侈"了，除非发动很多人一起抛掷，但是用计算机模拟试验却只是一瞬间即可完成的事.

用切比雪夫不等式就能证明反映频率稳定性的伯努利大数定律了.概率论中用来阐明大量随机现象平均结果稳定性的一系列定理统称为大数定律，伯努利大数定律是其中最简单的一个.伯努利大数定律说：已知 $\dfrac{X}{n}$ 服从二项分布，是 n 次独立试验中事件 A 发生的频率，p 为每次试验中 A 出现的概率，则对任意给定的正数 ε，有：

$$\lim_{n \to \infty} P\left\{ \left| \frac{X}{n} - p \right| \leqslant \varepsilon \right\} = 1.$$

意思说，随着 n 的增大，事件 A 发生的频率与其概率的偏差大于预先给定的精度 ε 这件事发生的概率越来越小，小到可以忽略不计，于是我们可以放心地以稳定的频率值估计概率了.用频率估计概率不是偶然的巧合，而是随机现象表现出的规律性.

"概率"概念是中小学概率统计教育中的一个核心概念，认识它，学生需要经历一个比较长的过程(表 7-2).笔者发现，应用 SOLO 分类法(Structure of the Observed Learning Outcome，观察到的学习结果的结构)，学生对概率的认识依次经历以下五个从低到高的发展水平阶段，其中 P 水平(前结构水平)最低，U 水平(单一结构水平)的表现以定性描述概率为主，没有正式接受过概率学习，处于自然发展状态的 7、8 岁之前的儿童，一般给出的是 P 水平或 U 水平的回答；随着年龄的自然增长或概率教学的开展，小学生常常能够给出 M 水平(多元结构水平)甚至 R 水平(关联水平)的回答，他们或是尚未认识到比例推理的必要性，或是能够运用比例推理以比率或频率的形式计算或估计简单的概率.一般只有 12 岁以后的学生才能够给出 E 水平(进一步抽象水平)的回答，解决复杂的概率问题(李俊,2002).

表 7 - 2　学生学习概率的一个认知发展框架

SOLO 水平	概　　　　述
P	空白的回答、完全无关的回答、不合逻辑的回答、以自我为中心的回答或者没有能力进入某一问题解决的回答.
U	仅将概率解释为可能发生也可能不发生,认为机会不能被量化及预测,因此无法比较机会的大小.解决问题时没有完整地考虑所有可能发生的结果.
M	量化可能性或是主观地估计机会值时会考虑一步试验(有时甚至是两步试验)所有可能发生的结果,如出于公平性,认为每种可能发生的结果都有相等的机会发生,认为很有可能发生就意味着应该发生.同意用频率解释概率但不了解重复试验的意义.在比较机会时使用还不成熟的不涉及比例的说理方法.
R	将有利于目标事件发生的所有可能结果归为一组并用比率量化概率.在比较机会时用比例说明理由.知道经过较大次数的重复试验能做出更可靠的预测,并会主动地表达多重复几次试验的想法.
E	在复杂情形下(如有多种完成途径和多个完成步骤的事件)也能有条理地构造出样本空间或者正确使用计算概率的公式得出概率.会主动建议从大量重复的试验中收集数据,通过抽样发现规律.

第八章
概率的计算： 随机变量均值、条件概率、相互独立关系

本章我们将关注随机变量的均值(数学期望)、条件概率和两个相互独立事件概率的教学问题. 虽然正式引入这些概念是在高中, 但是它们早就与小学生、初中生见过面了. 比如, 我们已经知道试验大数次的话, 获得的频率总是在我们期望的理论概率周围波动, 这一理论概率值正是频率这个取值随机会而定的变量(称为随机变量)的均值; 三人只有一张电影票, 采取依次摸奖的办法决定幸运者, 若已知第一个人没有中奖, 那剩下两人中奖的概率就因为知道了新信息(第一个人没中奖)而从 $\frac{1}{3}$ 增大到 $\frac{1}{2}$, 这 $\frac{1}{2}$ 就是在新条件下调整后的概率, 因为第一个人摸奖的结果会影响后面两人的中奖概率, 所以随机事件"第一个人中奖"与"第二个人中奖"不是互相独立的. 这些朴素的想法都是小学生和初中生可以理解的.

随机变量均值、条件概率以及相互独立事件概率都有着广泛的应用性, 翻开"概率统计"或"数学实验"的教材, 一些常见的管理决策问题读来饶有趣味, 如下面的卖报利润问题、路灯更换问题(姜启源等, 2005)、装罐品质管理问题和电话线路设计问题(彭立民, 1983). 更详细的解答请参见原书.

卖报利润问题　某人以卖报为生, 每天早上从发行商处购进报纸零售, 晚上将没有卖掉的报纸退回. 如果每份报纸的购进价为 0.8 元, 零售价为 1 元, 退回价为 0.75 元, 那么为了获得最大利润, 他每天应购进多少份报纸?

路灯更换问题　某路政部门负责一条街的路灯维护,如果采用灯泡坏1个换1个的办法,成本往往比灯泡本身的费用更高,所以根据多年的经验,他们采取整批更换的办法,即到一定的时间,所有灯泡无论好坏全部更换.但是,上级管理部门检查他们工作质量时会根据街上坏灯泡的个数与更换时间长短对他们进行罚款.于是路政部门需要决策的是,为了尽可能地减少支出,多长时间进行整批更换才合适?

装罐品质管理问题　某食品厂生产的一种罐头规定每罐净重340克,由于生产和包装的工艺条件限制,包装后每罐的重量会有一定误差.按规定,在一批罐头制品中,如果净重少于340克的罐头不超过1%,那么这批罐头可以按一类合格品出厂;如果95%的罐头净重波动不超过标准重量的3%,这批罐头可按二类合格品出厂.现在随机抽样检查了100罐,根据抽检的样本信息,问这批罐头可按哪一类合格品出厂?在生产工艺条件不变的情况下,在装罐时平均每罐要多装多少克才能使得产品符合一类合格品的要求?如果改进工艺使罐头净重的标准差缩小,那么平均每罐要多装多少克才能使得产品符合一类合格品的要求?

电话线路设计问题　一个电话局为某街道2 000个用户安装电话,如果安装2 000条线路就太浪费了,那么装多少条能够保证在正常情况下,100次呼叫至多只有1次不能接通呢?

上述第一个问题中,每天卖出报纸的份数是随机的,通过收集每天报纸售出量数据,不妨假设报纸售出量大致服从正态分布,可求出他每天购进 n 份报纸的期望收入,再求出 n 取何值时该期望收入取得最大值.类似地,可以解决第二个问题,这个问题中每只灯泡的寿命是随机的,直接影响着罚款的多少,要求的是更换周期 T 为多少小时时,每小时路政部门期望支付的总费用可达到最小.解决第三个问题需要随机抽样一批(100罐)罐头,以该样本的均值和标准差估计总体的均值和标准差,计算净重有相应误差罐头被抽中的概率,即可推断产品的等级.要提高到一类合格品,要么在生产工艺不变的情况下多装料,要么改进生产工艺,缩小罐头净重的误差.若是前者,可算得要增加较多净重才能达到一类合格品要求,所以管理者要走改进工艺的路,根据缩小的标准差值,可以计算平均每罐要多装的量.第四个问题中,如果我们假定在一天最忙的时间里每个用户在 1 小时内平均通话 2 分钟,各户占线又看作互相独立的,可以计算得到安装 87 条线路就能使不能接通的概率小于 1%.这个结果可能是出乎我们大多数人意料的.

以上只是选取了与平民百姓日常生活相关的几个管理问题而已,马路上红绿灯持续时间的设置、商业网点的布局等等还有许许多多其他涉及随机性的问题都需要借助概率统计知识加以解决,如果我们的教学能够多联系现实问题的话,那么教与学都将变得更加有趣.

第一节　随机变量均值

离散型随机变量分布列和离散型随机变量的均值(也称数学期望)现在已经成为我国高中生的一个选修内容,高考中,除了概率的计算,理科考生最常考的内容就是分布列和数学期望.

"变量"一词我们在初中的函数教学中就使用过,"随机变量"的本质是取值随机会而定的变量.以抛掷一枚普通的硬币为例,"累计要抛掷到出现两个正面需要抛掷几次"就是一个随机变量,如果幸运,也许抛掷 2 次就能如愿,一般来讲,会需要更多次,这个随机变量有可能取值 2,3,4,….如果我们还清楚抛掷 2 次以及更多次数累计达到出现两个正面的概率,那我们可以用分布列表示随机变量的取值及其每个取值相应的发生概率,并说我们已经掌握了这个随机变量.不过,有很多事件的试验结果不表现为数量,如"掷得正面""掷得反面"等等,这时我们可以把每种结果对应到一个数,如"掷得正面"记作"1"及

"掷得反面"记作"0"等等,这样,随机变量的取值就被数量化了.再看下面这个问题:

    某工厂生产的一等品占$\frac{1}{2}$,二等品占$\frac{1}{3}$,次品占$\frac{1}{6}$.如果每生产一件次品工厂赔1元,而一件一等品赚2元,一件二等品赚1元.假设工厂生产了大量的产品,问平均每件产品可以获得多少利润,或者问,每件产品可以期望获得多少利润?

    为了利用数学工具研究随机现象,我们首先要把所关注随机现象的每种可能结果用一个实数表示.在这个问题中,我们对每件产品的利润感兴趣,但是抽到该件产品是哪一等级的事先不知道,于是利润也是不可预知的,是随机的,但总不外乎是赚2元、赚1元和赔1元这3种情况.现在我们引入这样一个随机变量 X,它共有3个取值,即$+2$、$+1$和-1,很明显,如果一等品越多,则平均利润就越大,次品越多,则平均利润越小.平均利润应与各级产品在所有产品中占的比例有关,平均利润(利润的数学期望)可认为是每一可能的利润值按其贡献大小为权重计算得到的加权平均数,用数学式子表示就是:

$$2 \times \frac{1}{2} + 1 \times \frac{1}{3} + (-1) \times \frac{1}{6} = \frac{7}{6}.$$

从本质上说,离散型随机变量的数学期望是变量取值依每一个值发生的概率为权求得的加权平均数.

    离散型随机变量 ξ 的取值可能是有限的,到某个 n 为止,ξ 的数学期望计算公式为 n 项的和;ξ 的取值也可能是无限的(如抛掷一枚立方体骰子,第几次掷得"6"),其概率分布如表8-1所示,可以永远延续下去,当无限项级数 $x_1 p_1 + x_2 p_2 + \cdots + x_n p_n + \cdots$ 绝对收敛时,这个和称为是 ξ 的数学期望 $E\xi$.可见,数学期望有时可能不存在.

表 8-1 随机变量 ξ 的概率分布

ξ	x_1	x_2	...	x_n	...
p	p_1	p_2	...	p_n	...

ξ 的取值也可以是连续的(如商店里卖的小包装面粉的重量),此时,研究 ξ 取某个值 x_i 时的概率大小是无意义的,因为它就像转转盘指针压线一样,ξ 取某个值 x_i 时的概率总是 0,所以要研究 ξ 取值落入一个区间,如落入 $(a, b]$ 的概率大小 $P(a < X \leqslant b) = \int_a^b p(x)\mathrm{d}x$,其中 $p(x)$ 称为概率密度函数,当积分 $\int_{-\infty}^{+\infty} xp(x)\mathrm{d}x$ 绝对收敛时,叫做连续型随机变量 ξ 的数学期望 Eξ. 更复杂的,随机变量还可以是多元的,可以有函数.

随机变量的均值概念涉及 3 个方面:随机变量的取值、概率以及将随机变量取值与概率的乘积之和作为反映均值的数学期望. 学生在处理相关问题时是否能够同时考虑到随机变量的取值及其相应的概率呢?是否能够用乘积关系联结上述两个量呢?为此,Piaget 以及后来的研究者(Schlottmann,2001;阴志红,2006;朱莉琪、方富熹、皇甫刚,2002)在不同年龄的学生中作了研究.

阴志红在北京市一所市示范中学和一所普通中学的初二、高一、高三进行了调查研究. 因为除了高三学生,其他年级参加测试的学生都还没有学过数学期望,所以,她设计了两份测试卷,一份是给所有参加调查的学生使用的,重点了解初二、高一、高三这三个年级的学生在进行游戏决策中是如何思考的,他们是只考虑价值量还是只考虑概率,还是既考虑价值量又考虑概率,他们是用乘积关系来综合考虑这两个因素,还是用其他方法,这份测试卷中没有出现"数学期望"这一正规术语. 她发现,初二学生在作决定时,重视事件一个维度(只考虑价值量或者只考虑概率)的学生占大多数,只有约 25% 的初二学生能够兼顾到两个维度的共同影响,但其中能够用乘法对二者进行合理联结的学生极少. 高一学生明显在决策中比初二学生有更好的表现,有约 60% 的学生意识到概率和价值量的大小这两者在决策中都有重要的影响,但是其中也只有约 14% 的学生能够将概率和价值量二者之间用乘法恰当地联结. 高三学生在这类没有明确提到术语"数学期望"的游戏测试题中,有约 70% 的学生能够主动而正确地利用数学期望进行游戏决策,但是仍然有超过 20% 的高三学生还停留在仅关注一个因素的水平,这说明在这种比较隐蔽的问题情境中,还是有相当一部分学过数学期望的高三学生不会想到应用已经学过的概念.

看来,数学期望这个概念在大多数高一学生的头脑中已经自然萌发,如果我们的教学把他们引向考虑取值与概率乘积之和,那么数学期望成为高中学生必修的内容是完全可行的.

阴志红还设计了一份只面向高三学生的测试卷,试图了解学过数学期望的高三学生的理解情况,如学生如何解释数学期望、存在哪些错误的认知、产生这些错误认知的原因等,另外她也考察了他们在解决实际问题情境中利用数学期望进行决策的意识与表现.

她发现高三学生在解释什么是数学期望时,主要有两种语义理解错误:一是以为数学期望就是在自己心里最期待的或最现实的那个随机变量取值;二是以为发生概率最大的那个取值就 是数学期望. 比如,"篮球运动员在比赛中每次罚球命中得 1 分,罚不中得 0 分. 已知某运动员罚球命中的概率为 0.6,求他罚球 1 次的得分 η 的数学期望."有的学生算都不算就选 1 分作为答案,理由是:我的期望是投中. 由于学生个性上的差异,他们所表现出的期待也不尽相同,有的学生把最高期待当作数学期望,有的学生把最低期待当作数学期望,也有的学生把自己认为最现实的期待当作数学期望. 持第二种误解的学生则认为概率最大的那个取值在实际中最容易发生,所以更应该"期望".

持有这两种想法的学生对数学期望的理解与汉语"期望"的语义趋同,"数学期望"也的确常被简称为"期望". 他们认为,随机变量的数学期望就是当事人最期待的随机变量取值,是当事人心理上最愿意获得的或最可能发生的那个结果. 这样的理解会产生两个问题,一是只管比较随机变量各个取值或者只管比较各个取值发生的概率,未将取值与概率两者一同考虑;二是会认为数学期望是随机变量能够取到的一个数值,于是对抛掷骰子,所得骰子的点数 ξ 的数学期望是 3.5 就会无法理解,因为 3.5 这个点数根本不可能掷得. 在她调查的示范中学和普通中学高三学生中依次有 28％ 和 44％ 的学生在解释上述 3.5 含义时同意选项"没什么意思,就是按照公式计算得到的结果". 看来教学中,我们要重视对期望含义的解释,以免学生望文生义. 现行数学课程标准没有使用"数学期望"这个名称,只称呼"随机变量的均值",我个人认为同时使用这两个名称并没有问题,问题不在于"数学期望"这个名称本身,而是需要开展对其含义的说明与讨论.

虽然高三学生已经学过数学期望,知道要用乘法联结随机变量的取值和相应的概率,但是还是有一些学生在回答随机变量平均取值环节发生错误,最常见的一种错误就是把取值的算术平均数而不是加权平均数作为数学期望. 比如,在上述投篮问题中,一名学生这样回答:罚球 1 次得分的数学期望值是 0.5 分. 理由是:运动员在实际投篮时可能投中(1 分),也可能投不中(0 分),这样的平均得分应该是 0.5.

这样的回答理由说明该学生根本不考虑概率的影响,不了解数学期望概念中"概率"大小起着"权重"的作用. 数学期望本质上是随机变量取值的加权平均数,理解这句话要突出"加权"两字,因为不少学生习惯于用算术平均数而不是加权平均数来综合一组数据. 同时,还要强调数学期望是一个定值,它约等于大数次试验时随机变量取值的平均数. 学生能够复述"数学期望反映了离散型随机变量取值的平均水平"并不意味着他们能够合理地解释它的含义(李慧华,2008).

在使用数学期望公式环节,阴志红发现,求赢利(获奖)的数学期望时,有些学生会故意忽略分布列中赢利(获奖)为 0 或为负数的项,认为既然考虑赢利的数学期望,所以就不应该将没有赢利或亏损计算在内. 这种想法导致一部分学生只在赢利取值中分配概率或者在计算数学期望时因为直接扔掉赢利为 0 和为负的项而出错. 所以,教材应该安排一些涉及随机变量可以取负值的例题和习题(如有赢利及亏损情况的经营问题)以引起学生的注意,纠正认识上的偏差.

我们知道,求一个离散型随机变量的数学期望一般要先求它服从的分布列,但是一位中学教师在教学中却遇到这样一个问题,对于同一道高考题,学生给出了两种不同的分布列,但是最后的数学期望值又相等了,而且换其他数据,两种方法得到的数学期望总是相等,他觉得很奇怪.我们先来看一下 2010 年广东高考理科试卷的第 17 题:

某食品厂为了检查一条自动包装流水线的生产情况,随机抽取该流水线上的 40 件产品作为样本称出它们的重量(单位:克),重量的分组区间为(490,495),(495,500),…,(510,515),由此得到样本的频率分布直方图,如图 8-1 所示.

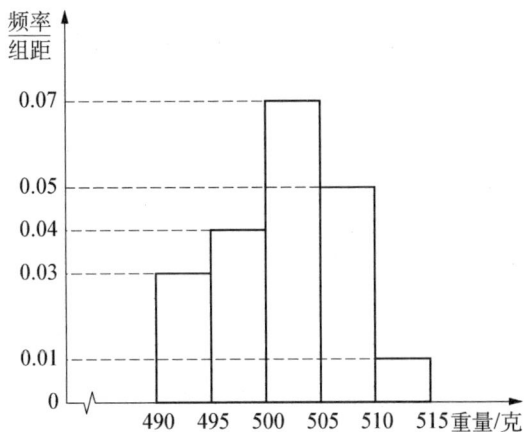

图 8-1 样本频率分布直方图

(1) 根据频率分布直方图,求重量超过 505 克的产品数量.

(2) 在上述抽取的 40 件产品中任取 2 件,设 ξ 为重量超过 505 克的产品数量,求 ξ 的分布列及期望.

(3) 从流水线上任取 5 件产品,求恰有 2 件产品合格的重量超过 505 克的概率.

解:(1) 重量超过 505 克的产品数量是 $40 \times (0.05 \times 5 + 0.01 \times 5) = 12$ 件;

对于小题(2),学生中有两种解法.

解法1:依题意知,ξ 的所有可能取值为 0、1、2;

$$P(\xi=0)=\frac{C_{28}^2}{C_{40}^2}=\frac{63}{130},$$

$$P(\xi=1)=\frac{C_{12}^1 C_{28}^1}{C_{40}^2}=\frac{56}{130},\ P(\xi=2)=\frac{C_{12}^2}{C_{40}^2}=\frac{11}{130},$$

ξ 的分布列为:

ξ	0	1	2
P	$\frac{63}{130}$	$\frac{56}{130}$	$\frac{11}{130}$

$$E\xi=0\times\frac{63}{130}+1\times\frac{56}{130}+2\times\frac{11}{130}=0.6.$$

解法2:依题意知,40 件产品中有 28 件产品重量不超过 505 克,12 件产品重量超过 505 克,即产品的重量落在 $(490,505]$、$(505,515]$ 内的概率分别:

$$\frac{28}{40}=0.7,\ \frac{12}{40}=0.3,$$

$p(\xi=0)=0.7^2=0.49,\ p(\xi=1)=C_2^1\times0.7\times0.3=0.42,\ p(\xi=2)=0.3^2=0.09.$

ξ 的分布列为:

ξ	0	1	2
P	0.49	0.42	0.09

所以 $E\xi=0\times0.49+1\times0.42+2\times0.09=0.6.$

(3)略.

以上两种解法,求得的分布列不同,所以其中一定有错的. 因为本题是"在上述抽取的 40 件产品中任取 2 件",属于不放回地取,解法 2 是当作放回了,所以是错的. 但为什么所得到的期望却总是一致呢? 我们不妨设产品重量不超过 505 克的个数为 m,超过的个数为 n,则在放回和不放回的情况下,分布列分别如表 8-2 所示.

表 8-2　不放回和放回情况下不同的分布列

解法 1(不放回)			解法 2(放回)		
$\xi = 0$	$\xi = 1$	$\xi = 2$	$\xi = 0$	$\xi = 1$	$\xi = 2$
$\dfrac{m(m-1)}{(m+n)(m+n-1)}$	$\dfrac{2mn}{(m+n)(m+n-1)}$	$\dfrac{n(n-1)}{(m+n)(m+n-1)}$	$\dfrac{m^2}{(m+n)^2}$	$\dfrac{2mn}{(m+n)^2}$	$\dfrac{n^2}{(m+n)^2}$

所以,解法 1 中,$E\xi = \dfrac{2mn + 2n(n-1)}{(m+n)(m+n-1)} = \dfrac{2n}{m+n}$,错误的解法 2 中,

$E\xi = \dfrac{2mn + 2n^2}{(m+n)^2} = \dfrac{2n}{m+n}$,两个值总是相等的,不是巧合. 如果读者有兴趣,可以计算一下它们的方差,是不一样的. 这个例子再次提醒我们,计算概率时,对有没有"放回"这一条件要比较敏感.

在阴志红(2006)、梁绍君(2006)和李慧华(2008)的研究中都发现,在分布列明显的情况下,学过数学期望的高三学生都会计算数学期望,但是,在比较隐蔽的情形下,他们使用该概念进行决策的意识与能力较弱. 阴志红调查了 248 名高三学生,用的是从薪资角度给 3 家求职单位排序的问题,结果有 59% 的学生正确地解答了此问题;梁绍君用于测试的是一道给 3 个投资方案排序的问题,在参加测试的 470 名高三学生中,能够正确算出 3 种预选方案的期望值和方差,并加以比较决策的不到 8%,多达 67% 的学生对此问题无能为力. 李慧华调查了重点中学的 100 名高三学生,其中一道测试题是 3 人各取一把钥匙去打开一牢门,但只有一把钥匙能打开,问平均需要试多少次才能打开牢门,有 34% 的高三学生给出了完全正确的回答,但在另一道要求学生对平均数和数学期望这两个概念之间的联系说说自己看法的测试题中,80% 的学生只会模仿着教材内容说"数学期望反映了离散型随机变量取值的平均水平",而说不出更多. 在她的测试卷和访谈中都没有学生提出过诸如"数学期望概念中概率担当的角色就是加权平均数中权的角色"这样的观点. 在寻找原因时,阴志红和李慧华都认为学生认识不深与教材的编写、教师的教学、高考的考法有很大关系,教材和高考对数学期望的轻视导致教师教学中也不对其作更多具体的解释.

我们在进行随机变量均值教学时,不能把它作为一个公式来教,否则,学生虽然学会了套公式计算,却不了解公式的含义,对计算得到的结果不会解释,那这样的知识除了对付考试又有什么用呢? 做试验依然是加深学生理解的法宝. 我们知道,解决问题时运用下面三个常用性质能够简化随机变量均值的计算:

若 a 是常数,则 $E(aX) = aE(X)$.

若 X、Y 是两个随机变量(并不要求互相独立),则 $E(X+Y) = E(X)+E(Y)$.

若 X、Y 互相独立,则 $E(XY) = E(X)E(Y)$.

下面我们用在线小程序,以模拟抛掷四枚普通骰子 5 000 次为例(http://ariehbennaim.com/simulations/simulation7.htm),体会四个随机变量和的均值公式的含义.

四枚骰子读数之和是一个随机变量,不妨称其为 Y,$Y = X_1 + X_2 + X_3 + X_4$,它是四个随机变量(每枚骰子的读数) 的和,我们已经知道 $E(X_i) = 3.5$,所以我们在试验之前已经期望试验结果(骰子读数之和的均值) 会很接近 $3.5 \times 4 = 14$,让我们用图 8-2 中的试验结果检验一下.

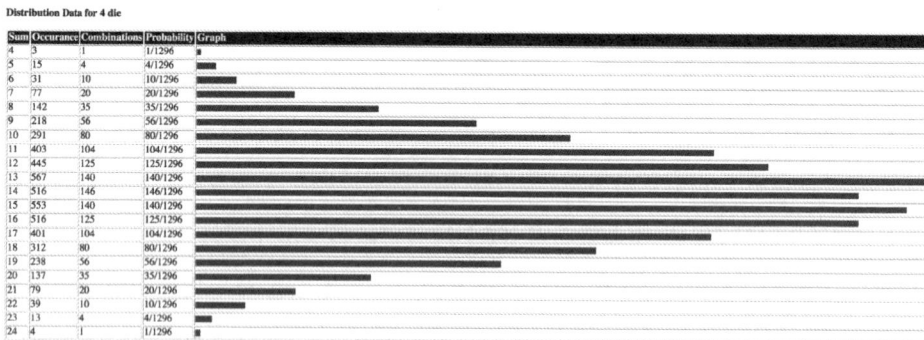

Distribution Data for 4 die

Sum	Occurance	Combinations	Probability	Graph
4	3	1	1/1296	
5	15	4	4/1296	
6	31	10	10/1296	
7	77	20	20/1296	
8	142	35	35/1296	
9	218	56	56/1296	
10	291	80	80/1296	
11	403	104	104/1296	
12	445	125	125/1296	
13	567	140	140/1296	
14	516	146	146/1296	
15	553	140	140/1296	
16	516	125	125/1296	
17	401	104	104/1296	
18	312	80	80/1296	
19	238	56	56/1296	
20	137	35	35/1296	
21	79	20	20/1296	
22	39	10	10/1296	
23	13	4	4/1296	
24	4	1	1/1296	

图 8-2　模拟抛掷四枚普通骰子 5 000 次骰子读数之和的结果

$$\frac{4 \times 3 + 5 \times 15 + 6 \times 31 + \cdots + 21 \times 79 + 22 \times 39 + 23 \times 13 + 24 \times 4}{5\,000} \approx 14.03.$$

结果表明果然如此.

除了理解意义,我们也应注意选用真实的决策问题,帮助学生树立起利用

数学期望进行决策的意识与信心. 比如,可以考虑增加像下面这样的应用问题:
"一道单项选择题有 n 个选择项,答对得 a 分,问答错扣多少分比较合理?"这个
问题不仅有学生熟悉的问题情境,而且随机变量的取值有正也有负. 解答时可
以根据评分的松紧尺度考虑评分原则,比如一种很自然的考虑是制定的评分标
准应使学生在瞎猜的情况下得分的均值为 0,设答错扣 x 分,则这种情况下学生
得分的分布列为

X	a	$-x$
p	$\dfrac{1}{n}$	$\dfrac{n-1}{n}$

$$E(X) = a \cdot \frac{1}{n} + (-x) \frac{n-1}{n} = 0, 得\ x = \frac{a}{n-1}.$$

如果选择题是常见的有 4 个选择项的问题,且答对得 3 分,那么,按照上述
公式,答错扣 1 分就比较合理. 美国 AP 统计学考试算分时是从答对题数量中减
去答错题数量的四分之一方法倒扣分的,它的选择项个数是 5,与我们考虑的这
个评分原则是一致的.

再看一个应用随机变量均值与方差解决的现实问题(茆诗松、乐培正、李
俊,2010):

某人有一笔资金,可投入房地产和开商店这两个项目,其收益率都与市场
状态有关. 若把未来市场划分为好、中、差三个等级,其发生的概率分别为 0.2、
0.7、0.1,通过调查,此人认为购置房地产的收益 X(万元)和开商店的收益 Y
(万元)在这三个等级的分布分别为:

X	12	4	-4
P	0.2	0.7	0.1
Y	7	5	-2
P	0.2	0.7	0.1

请问此人资金应该流向何方为好？

解：我们先考虑数学期望（即平均收益）：

$$E(X) = 2.4 + 2.8 - 0.4 = 4.8(万元),$$

$$E(Y) = 1.4 + 3.5 - 0.2 = 4.7(万元).$$

从平均收益看，购置房地产较为有利，平均可多收益 0.1 万元. 但是投资不仅要看期望的回报，还必须看风险. 我们再来计算它们各自的方差：

$$\sigma^2(X) = (12-4.8)^2 \times 0.2 + (4-4.8)^2 \times 0.7 + (-4-4.8)^2 \times 0.1 = 18.56,$$

$$\sigma^2(Y) = (7-4.7)^2 \times 0.2 + (5-4.7)^2 \times 0.7 + (-2-4.7)^2 \times 0.1 = 5.61,$$

及标准差：

$$\sigma(X) = \sqrt{18.56} = 4.31, \ \sigma(Y) = \sqrt{5.61} = 2.37.$$

这里，标准差（方差）愈大，收益的波动就大，从而风险也大，购置房地产的风险高于开商店的风险约一倍，而平均收益率相差不大. 前后权衡，该投资者还是选择开商店，宁可收益少一点，也要回避高风险. 不过，我们也需要指出：与概率统计中的其他概念一样，数学期望是随机变量在大数次试验中的平均取值，若单从某一次具体试验来说，由于众多因素的随机性，按数学期望决策并不一定是最佳决策.

第二节　条件概率

2003 年教育部颁布的《普通高中数学课程标准（实验）》把"条件概率"列入理科选修内容，这是它第一次成为我国大陆高中数学课程的一个教学内容. 条

件概率 $P(B|A)$ 是指当获知"事件 A 发生了"这一新的有效信息时,我们对某一随机事件 B 发生的频繁程度有了新的更为恰当的认识,将原有概率 $P(B)$ 予以调整而给出的关于事件 B 新的概率.

日常生活中,我们经常会根据新获得的信息而重新评估某一事件发生的概率,比如,保险公司在与司机续约下一年度保险费时,会根据上一年度该司机的行车安全情况、出险的次数等决定下一年度司机需要支付的保险费数额.没有任何违章和事故,次年的保险费可以打折,但如果有酒驾或有两次及两次以上出险,那么次年的保险费就得上浮,这就是在获知了司机新的行车信息这一条件后,保险公司重新评估其事故发生率的例子.学习条件概率不仅是为后面的学习打基础,而且它本身就蕴含着根据新信息对原定概率作调整这种在生产、生活中非常有用的思想方法,它是在 18 世纪由英国人贝叶斯提出的,在条件概率教学中,我们应突出这种思想.

条件概率定义:设 A、B 为两个事件,且 $P(A) > 0$,称

$$P(B \mid A) = \frac{P(AB)}{P(A)}$$

为在事件 A 发生的条件下,事件 B 发生的条件概率.这里出现了 $P(AB)$,它表示事件 A 与 B 同时发生的概率,因为 $0 < P(A) \leqslant 1$,所以 $P(B \mid A)$ 一般大于 $P(AB)$.另外,正如上面保险公司保费例了显示的,调整后的条件概率与原先的概率 $P(B)$ 相比,有可能变大,也可能变小.

条件概率在医学诊断上也有重要应用.在某人被怀疑得了某种疾病时,医生会要求他进一步做化验,如果化验结果显示为阴性,则他没有得此病,反之,结果显示为阳性,则他得了此病,所以我们一般都期待化验结果是阴性.不过,世界上极少有达到 100% 正确率的化验手段,于是会出现很糟糕的情况就是有人得病了但化验结果是阴性,于是延误了治疗,或是有人根本没得病但化验结果是阳性,带来不必要的心理负担和治疗,所以知道并减小条件概率 $P($阴性 $|$ 有病$)$ 和 $P($阳性 $|$ 没病$)$,尤其是前者是很重要的,当然,为了更加有把握,

可以再做一次化验.

条件概率虽然有上述现成的计算公式,但是给出公式之前先从学生已有知识出发,用树状图法求解以及用频数的方法求解是有助于学生理解甚至自己发现这一公式的.比如有这样一个求条件概率的问题:A、B两射手独立地对靶进行射击,命中率分别为 0.8 和 0.6,射击后发现有一枪中靶,求是 A 击中的概率.

我们可以用树状图法求解,只中一弹只有两种可能——"A 中 B 不中"和"A 不中 B 中",所以有了"只中一弹"这一条件,我们可以在缩小的样本空间{A 中 B 不中,A 不中 B 中}中考虑"A 中 B 不中"这件事发生的概率,注意,这里"A 中 B 不中"和"A 不中 B 中"不是等可能的,所以不能使用古典概型,而要借助不是等可能的树状图这样计算:

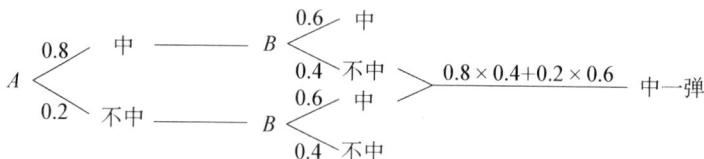

$$P(A \text{ 击中} \mid \text{中一弹}) = \frac{0.8 \times 0.4}{0.8 \times 0.4 + 0.2 \times 0.6} = \frac{8}{11},$$

或借助列联表形式用期望频数法求解:

表 8-3 两射手问题的列联表

	B 击中	B 不中	总数
A 击中	$80 \times 0.6 = 48$	$80 \times 0.4 = 32$	80
A 不中	$20 \times 0.6 = 12$	$20 \times 0.4 = 8$	20
总数	60	40	100

$$P(A \text{ 击中} \mid \text{中一弹}) = \frac{32}{32 + 12} = \frac{8}{11}.$$

也可以假设两射手重复如此射击 100 次，用模拟试验频数法估计. 笔者用了 Probability Constructor（Tangible MATH 3.04，1998）软件中的面积模型来模拟，将单位面积左、右按 0.8 与 0.2，上、下按 0.6 与 0.4 划分为四格，进行 100 次模拟随机投点试验，得到如图 8-3 的数据.

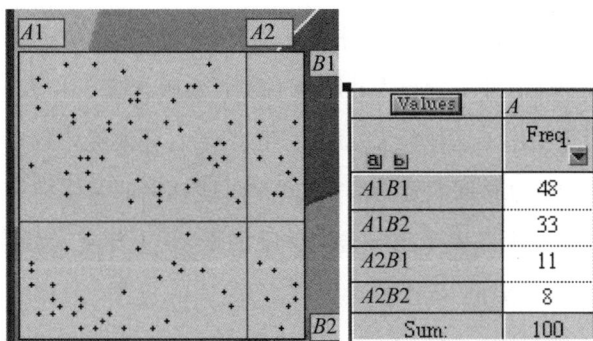

图 8-3　100 次模拟投点试验的一种结果

因此估计 $P(A\,\text{击中}\mid\text{中一弹})=\dfrac{33}{33+11}=\dfrac{3}{4}$.

上述三种方法表明，在获知"只中一弹"这一新信息（条件）后，我们对是 A 击中的概率可以这样计算：

$$P(A\,\text{击中}\mid\text{中一弹})=\frac{n(A\,\text{击中但}\,B\,\text{不中})}{n(\text{中一弹})}=\frac{P(A\,\text{击中但}\,B\,\text{不中})}{P(\text{中一弹})}$$

$$=\frac{P(A\,\text{击中且中一弹})}{P(\text{中一弹})}.$$

于是可以发现条件概率的一般计算公式. 再用条件概率公式直接计算一遍，体会其简洁性：

设事件 A 为"射手 A 一弹中靶"，B 为"射手 B 一弹中靶"，C 为"有一弹中靶"，则所求概率为：

$$P(A\mid C)=\frac{P(AC)}{P(C)}=\frac{P(A\overline{B})}{P(A\overline{B})+P(\overline{A}B)}=\frac{P(A)P(\overline{B})}{P(A)P(\overline{B})+P(\overline{A})P(B)}$$

$$= \frac{0.8 \times 0.4}{0.8 \times 0.4 + 0.2 \times 0.6} = \frac{8}{11}.$$

通过上述求解过程我们可以发现,这个条件概率问题的解决实际上就是缩小样本空间,然后在缩小的新的样本空间上解一般的概率问题. 这里,样本空间从原来的"A 中 B 中""A 中 B 不中""A 不中 B 中"和"A 不中 B 不中"四种可能结果缩小为"A 中 B 不中"和"A 不中 B 中"这两种,然后再看"$P(A$ 中 B 不中)"在 $P(C)$ 中所占的"比重". 现行人教版高中数学 A 版选修 $2-3$ 教材中对抽取奖券问题的分析也使用了这种转化方法,它指出,若三张奖券中只有一张能中奖,有三名同学无放回地抽取奖券,则三名同学可能抽取的全体结果为 $\{Y\overline{Y}\overline{Y}, \overline{Y}Y\overline{Y}, \overline{Y}\overline{Y}Y\}$,若事件 A 表示第一名同学没中奖,事件 B 表示最后一名同学中奖,已知事件 A 发生的情况下问事件 B 发生的概率,则样本空间缩小为 $\{\overline{Y}Y\overline{Y}, \overline{Y}\overline{Y}Y\}$, $P(B \mid A) = 0.5$(见该教材 p. $51 - 52$). 所以,即便没有正式学过条件概率的学生,也可以通过这样的转化用树状图或列联表求解条件概率问题.

结合具体问题求解从而归纳公式有利于解决一些学生可能有的疑惑,比如在计算条件概率 $P(B \mid A)$ 时事件 A 不是一定发生吗?为什么 $P(A) \neq 1$ 呢?公式的推导过程能够帮助学生明了分母 $P(A)$ 是如何来的,其真正的含义是什么. 图 $8-4$ 也有助于学生更好地理解条件概率,图中示意样本空间 Ω 中含有随机事件 A 和 B,一般的概率 $P(B)$ 以及 $P(AB)$ 从几何上看就分别是 B 和 AB 在样本空间 Ω 中所占面积的比例,现在已知 A 发生了,考虑条件概率 $P(B \mid A)$ 时我们只需缩小到 A 事件这个范围来考察 B 事件发生的概

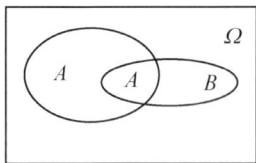

图 $8-4$ 条件概率示意图

率,于是条件概率 $P(B \mid A)$ 就是 B 在 A 内的那部分(即 AB)在 A 中所占面积的比例,一般情况下,$P(B \mid A) > P(AB)$.

有研究显示,在给出条件概率计算公式之前,先使用模拟试验得出频数或用列联表形式得出期望频数求解,会更符合初学者的认知发展过程

(CadwalladerOlsker，2011；Gigerenzer & Hoffrage，1995)，还有上述的条件概率示意图，它们揭示了条件概率与其他理论概率之间的联系，对促进学生理解条件概率有益，笔者建议高中教材或教师在教学中使用它们.

下面我们来谈谈条件概率教学中需要帮助学生克服的那些困难. 我认为困难主要有以下三个方面：(1)正确辨认条件；(2)正确使用条件；(3)列出正确的样本空间并求解概率. 下面我们一一予以说明.

首先是"正确辨认条件". 条件概率的问题中常常不会明确出现"条件"二字，所以，初学者常常会没有意识到这里要用条件概率，或者把不是条件的当成了条件.

比如，在上述检查结果阳性这个问题中，由于缺乏相关经验，有些学生认为患癌症与检查结果为阳性是一回事，所以，他们在得知一个人检查结果为阳性后立即就将此人定为癌症患者，而不认为已知"患癌症"这个信息会对"检查结果为阳性"的概率有影响. 又如，我给大学生上课时常会问问题 1：一个家庭有两个孩子，问都是女孩的概率是多少？基本上学生会正确地回答"是 $\frac{1}{4}$". 再问问题 2：一个家庭有两个孩子，已知其中有一个是女孩，问另一个也是女孩的概率是多少？常常学生会马上接口说是 $\frac{1}{2}$，反映出他们对条件的不敏感，认为 $P(A \mid B) = P(A)$. 于是我接着问问题 3 以引起他们对条件的关注：一个家庭有两个孩子，已知大的孩子是女孩，问小的孩子也是女孩的概率是多少？这时，不少学生开始琢磨问题 2 与问题 3 之间乃至三个问题之间的区别了. 其实，从问题 1 到问题 2，加入了条件"两个孩子中有一个是女孩"，使得样本空间从原来的 4 种可能结果缩小为 3 种——女女、女男、男女，所以问题 2 的正确答案是 $\frac{1}{3}$. 问题 3 也加了条件"大的孩子是女孩"，使得问题 3 的样本空间从原来的 3 种可能结果又减少到 2 种——女女、女男，所以答案自然就是 $\frac{1}{2}$ 了. 随倩倩发现，对条件的敏感性通过学习是可以改进的(随倩倩，2012).

再看问题：小王忘了朋友家电话号码的最后一位数，他只能随意拨最后一个号，他连拨两次，求第一次没拨通而第二次才拨通的概率.

设第 i 次拨通用事件 A_i 表示（$i = 1, 2$），那么要求的是积事件概率 $P(\overline{A_1}A_2)$ 还是条件概率 $P(A_2 \mid \overline{A_1})$ 呢？初学者的确不容易区分.

首先，$P(\overline{A_1}A_2) = \dfrac{9}{10} \times \dfrac{1}{9} = \dfrac{1}{10}$，$P(A_2 \mid \overline{A_1}) = \dfrac{1}{9}$，两者不等，需要区分. 那么所求的是哪一个呢？应该是前者而不是后者，因为前者的意思正是一共拨了两通电话，求第一次没拨通而第二次拨通了的概率，关注的是第一次没拨通而第二次拨通了的概率；而后者的意思是在第一次没拨通得到信息的基础上能够第二次拨通电话的概率，关注的仅是第二个电话，所以不符合题意.

更常见的把"不是条件的当成了条件"的错误有两种，文献中称其为"因果偏见"和"时间顺序偏见"（Falk，1983；Shaughnessy，1992）. 这两种偏见有一定的联系，都是错误地理解了条件概率的含义，前者是误将条件概率 $P(A \mid B)$ 解释为这是求在事件 B 这个"因"下，出现事件 A 这个"果"的概率，即将条件关系解释成了因果关系，于是在他认为 B 的确是"因"，A 的确是"果"的情况下，会主观地过高估计 $P(A \mid B)$，在他认为 B 不是 A 的"因"或 A 不是 B 的"果"时，会主观地认为 $P(A \mid B)$ 没有意义或者给出偏低的估计；后者是误把条件概率 $P(A \mid B)$ 理解成在发生了事件 B 之后，事件 A 发生的概率，即认为 B 一定发生在前，A 发生在后. 虽然都有那么一点合理性，但它们都是需要纠正的错误认知. 持这两种想法的人会认为"从一个装有两个黑球和两个白球的盒子里先取出一个球，然后不放回地再从盒子里取出一个球. 如果第二个球为白色，则第一个球也为白色的概率为多少"是一个根本无法求解的问题，因为这与他们的因果解释和时间解释都矛盾，一定要说一个概率值的话，他们中有的人会认为是否知道第二个球的颜色无所谓，第一个球早拿出来了，影响不了它，还是 $\dfrac{1}{2}$（Díaz & Batanero，2009；Falk，1983；Shaughnessy，1992；随倩倩，2012）.

的确，这个问题与人们的直觉意识是不一致的，Díaz 和 Batanero 曾经在

177 名心理学系的大学生中做过为期两周的教学干预实验,教授条件概率及其求法,但是对比实验前后学生的认识,她们发现并没有出现明显的变化(Díaz & Batanero,2009). 随倩倩在访谈一位学过条件概率给出答案是 $\frac{1}{2}$ 的学生时,问她要不要计算一下这个条件概率,学生也自信地说不用条件概率公式就能求出来,可见这是一种普遍而顽固的认识.

这个问题如果用树状图法罗列出所有 12 个等可能的结果,用缩小样本空间的方法就可以求出正确答案是 $\frac{2}{6}$,即 $\frac{1}{3}$. 不过,如何让学生信服它还是不容易的. Falk 曾经建议教师可以先把拿出的第一个球用布蒙上,放在一边,再拿第二个球,给学生看,它是白球,然后让学生猜一猜蒙布的第一个球是白球的概率,这样可以帮助学生理解为什么第二个球的颜色可以有助于估计第一个球是白球的概率. 他还建议可以举考古学和天文学的例子,说明我们今天找到的线索有助于推断很久以前发生的事情,所以条件概率中的"条件"不一定要发生在先(Shaughnessy,1992).

再来看看"正确使用条件",学生在这个环节上的主要困难有:(1)以为 $P(A \mid B) = P(AB)$;(2)以为 $P(A \mid B) = P(B \mid A)$;(3)忽视基本比率信息. 其中(1)和(2)有内在联系,有的学生分不清哪个事件是条件,遇有涉及两个事件的复杂概率就用乘法,这样保证不会出现概率值超过 1 的低级错误;也有的学生对记法 $P(A \mid B)$ 和 $P(AB)$ 的区别不清楚,前者是在事件 B 已经发生的前提下,在缩小了的样本空间上考虑事件 A 的概率;而后者是在 A 与 B 可以各自发生或不发生的情况下,在原有的样本空间上考虑事件 AB 发生的概率.

下面这个问题能够考查学生是否以为 $P(A \mid B) = P(AB)$ 以及 $P(A \mid B) = P(B \mid A)$,它是随倩倩根据相关文献改编的一道测试题. 她的被试者是完成高二学习即将升入高三的 262 名来自上海和山东的学生,他们分别是:没有学过条件概率的上海某重点中学理科班学生和山东某普通中学文科班学生,还有学过条件概率的山东某普通中学的理科班学生.

问题 某医疗中心病人中不超过 55 岁的病人占了 60%，已经知道该医疗中心不超过 55 岁的人中有 25%、超过 55 岁的人中有 30% 曾经患过中风. 假设我们从这个医疗中心随机选取一个病人，请回答以下问题并写出过程：

(1) 这个人曾经患过中风的概率为多大？

(2) 这个人曾经患过中风并且他的年龄在 55 岁以上的概率为多大？

(3) 若这个人的年龄在 55 岁以上，则其曾经患过中风的概率为多大？

(4) 若这个人曾经患过中风，则他的年龄在 55 岁以上的概率是多少？

随倩倩的研究发现，上述四道小题正确率最高的是学过条件概率的山东理科班学生对(1)和(3)的回答，正确率分别是 57% 和 54%，其他所有题目没有一类学生的正确率超过 50%，正确率最低的是小题(4)，均在 20% 以下. 比如学生认为小题(1)的答案是 25%＋30%，但其实"不超过 55 岁"和"超过 55 岁"这两组人数并不相等，所以不能这样直接相加；有的学生认为后面三道小题的答案是一样的；有的认为 55 岁以上有 40%，40% 中又有 30% 中风过，所以小题(3)和(4)的答案是一样的，都是 $P = 30\% \div 40\% = 75\%$；或者认为患过中风的为 55%，55 岁以上的为 30%，所以小题(4)的答案是 $P = 55\% \times 30\% = 16.5\%$. 这些错误回答都反映出学生的确存在混淆 $P(A \mid B)$ 与 $P(AB)$，以及 $P(A \mid B)$ 与 $P(B \mid A)$ 的问题. 这些错误认知在国外文献中也有很多报告，如 Shaughnessy (1992)指出，人们经常会误以为 P(患艾滋病|检查结果为阳性)＝P(检查结果为阳性|患艾滋病).

让我们再看下面这道经典的出租车问题(Tversky & Kahneman, 1974)：一天夜晚，一位老人目睹了一场交通事故，据他说肇事车辆是一辆蓝色出租车. 这个城市里有两个出租车公司，蓝色出租车公司(记作 B)有 15 辆出租车，绿色出租车公司(记作 G)有 85 辆出租车. 经测试，该老人在类似条件下识别颜色的正确率是 80%，问肇事出租的确是蓝色出租车的概率是多少？很多人的答案是 80% 或 80% 左右，但是都不对，正确答案是 41%，比老人辨认的正确率 80% 低很多！

解决这个问题可以这样考虑，肇事车的颜色与老人指认的颜色一共有四种情况：肇事车为蓝色且被正确地指认为蓝色（其概率是 $0.15 \times 0.8 = 0.12$）；肇事车为蓝色且被指认为绿色（其概率是 $0.15 \times 0.2 = 0.03$）；肇事车为绿色且指认为蓝色（其概率是 $0.85 \times 0.2 = 0.17$）；肇事车为绿色且被指认为绿色（其概率是 $0.85 \times 0.8 = 0.68$），这四种情况的概率和为 1. 现在求被指认为蓝色车情况下的确是蓝色车的概率，自然是 $\dfrac{0.12}{0.12 + 0.17} \approx 0.41$.

本题的答案 0.41 未免出乎许多人的意料，这主要是因为蓝色出租车公司相比绿色出租车公司规模太小了. 当我们把蓝色出租车在出租车市场份额从现在的 15% 调低到 5% 时，所求概率会下降到 0.17，但是当我们把蓝色出租车的份额调高到 25% 和 50% 时，所求概率就会上升到 0.57 和 0.8. 所以我们之前的感觉是基于市场份额平均分配的前提的，另外，我们也更注重证据，忽视了两个出租车公司出租车数量比例对于所求概率的影响.

下面谈谈学生在"列出正确的样本空间并求解概率"方面存在的困难. 因为像不注意"放回"和"不放回"、列出的各样本点不是等可能也使用古典概型等常见错误在上一章第三节"古典概型"中已经谈过，所以这里主要关心涉及顺序的条件概率问题和不能使用古典概型的条件概率问题.

请看第一个问题：现有三个筹码，一枚两面均为红色，一枚两面均为黑色，还有一枚一面为红色一面为黑色. 将三个筹码充分混合后随机地取出一枚放在桌上，问朝上的一面正是红色的概率是多大？若朝上的一面正是红色，那么其另一面为黑色的概率是多少？

如果马马虎虎，可能就会设事件 A 表示红色，B 表示黑色，但是这是错的，因为没有反映题目中对顺序的区分要求，原题中"朝上一面为红色，另一面为黑色"与"朝上一面为黑色，另一面为红色"是完全不同的，所以，本题要设事件 A 表示朝上一面为红色，事件 B 表示另一面为黑色，于是第一问是求 $P(A)$，第二问是求 $P(B|A)$，那么样本空间有 6 个样本点（顺序是先说朝上一面再说另一面）：红 1 红 2、红 2 红 1、黑 1 黑 2、黑 2 黑 1、红黑、黑红，它们是等可能的，事件 A 由"红 1 红 2、红 2 红 1、红黑"组成，事件 AB 仅由"红黑"组成，所以答案依次

是 $\frac{1}{2}$ 和 $\frac{1}{3}$.

随倩倩的测试卷中没有问这两小问,而是问"若朝上的一面正是红色,那么其另一面也为红色的概率是多少"(题目背景略有改动),发现学生主要有这样两种错误回答:

(1) 因为朝上一面为红色,朝下一面也为红色,只有两面都是红色才行,所以概率为 $\frac{1}{3}$.

(2) 因为有两个筹码上有红色,一个筹码为两面都是红色,另一个筹码一面是红色、一面是黑色,所以已知朝上的为红色,那么朝下也为红色的概率为 $\frac{1}{2}$.

第一种回答存在前面分析过的"$P(A \mid B) = P(AB)$"错误,没有把"朝上的一面正是红色"当作条件,从而将样本空间缩小到朝上一面为红色这个子集上来考虑问题;第二种回答虽然把样本空间缩小了,但是没有考虑到顺序,把"红1红2"与"红2红1"当成一种情况了,这就不符合使用古典概型的等可能前提了. 在随倩倩的测试中,有90%的被试者给出了"$\frac{1}{2}$"或"$\frac{1}{3}$"的答案,是所有测试题中正确率最低的一道题.

虽然缩小样本空间是解决条件概率问题的一种常用方法,但是也有无法用古典概型解答的条件概率问题,这时就需要用条件概率计算公式了,比如下面这个问题样本空间中的各个样本点就不是等可能发生的:

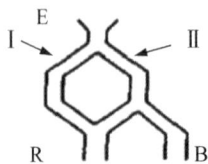
图 8 - 5

把一个球扔进入口 E(如图 8 - 5,若通过 Ⅰ 只能从 R 口出,若通过 Ⅱ 可以从 R 和 B 两个口出).

(1) 球从 R 出来的概率是多大?

(2) 如果已知球从 R 出来,则它通过通道Ⅰ的概率是多大?

随倩倩的调查数据显示,这道题的正确率偏低,尤其是小题(2),正确率仅为24%,回答正确的学生基本上都用了条件概率公式,而回答错误的学生基本上都是把Ⅰ—R、Ⅱ—R、Ⅱ—B当作等可能的三条路径了,而其实它们的概率分别为$\frac{1}{2}$、$\frac{1}{4}$和$\frac{1}{4}$.

以上我们综述了文献中报告的关于条件概率学生可能存在的种种不成熟或错误的想法,最后,我们基于以上论述来谈谈条件概率的教学.我们已经看到,条件概率的学习与之前的知识联系颇多,如古典概型、几何概型、加法原理、乘法原理、树状图法、列表法等,也与阅读理解技能有关,更与学生对条件概率不成熟的认知相关.所以,教学中我们尤其要注意以下三个方面:(1)从易到难,循序渐进;(2)暴露"病灶",越辩越明;(3)九九归一,各取所需.

下面两个问题因为呈现方式不同而产生了不同的难度:

问题1 Titanic号1912年在其首航4天后在北大西洋与冰山相撞沉没,船上所载2 201人中只获救711人,表8-4是按旅客所在舱位统计的乘客与船员生还和死亡人数.在所有乘客中随机抽取一名乘客,求:(1)这个人是生还者的概率;(2)这个人是生还者并且他来自二等舱的概率;(3)若这个人是生还者,则他来自二等舱的概率;(4)若这个人来自二等舱,则他是生还者的概率(McConnell等人,2010, p.387).

表8-4 按舱位统计的乘客与船员生还与死亡人数

	头等舱	二等舱	三等舱	船员
生还	203	118	178	212
死亡	122	167	528	673

问题2 某医疗中心病人中不超过55岁的病人有60名,超过55岁的病人有40名,已经知道该医疗中心不超过55岁的人中有25%、超过55岁的人中有30%曾经患过中风.假设我们从这个医疗中心随机选取一个病人,请回答:

(1)这个人曾经患过中风的概率为多大？(2)这个人曾经患过中风并且他的年龄在 55 岁以上的概率为多大？(3)若这个人的年龄在 55 岁以上,则其曾经患过中风的概率为多大？(4)若这个人曾经患过中风,则他的年龄在 55 岁以上的概率是多少？

　　虽然问题 1 比问题 2 多了一些类别,问题 2 比问题 1 多了一些计算,但它们所提出的问题实质是一样的.问题 1 的信息用清晰而有条理的表格表示,降低了学生阅读理解的难度,也方便他们将新学的条件概率问题转化为已会的古典概型问题,比较适合初学者.问题 2 没有给出列联表(表 8-5),需要学生根据文字信息,或自己去设计并填写表格,或使用公式计算,这就增加了难度.在随情情的调查中,共计 255 名学生解答了此题,没有一名学生主动画出列联表,有 26 人(其中 21 人来自没有学过条件概率的上海某重点中学理科班)有意识地计算了列联表中的那些数据.可惜教材讲条件概率只讲公式,却弃树状图和列联表这些常用工具不用,这是与许多文献(如 Batanero & Borovcnik,2016)中的建议背离的.

表 8-5　某医疗中心病人按年龄段统计的中风患者人数

	不超过 55 岁	超过 55 岁	总数
中风	$60 \times 25\% = 15$	$40 \times 30\% = 12$	27
未中风	45	28	73
总数	60	40	100

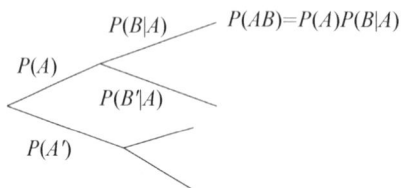

图 8-6　用树状图计算条件概率示意图

　　有的学生画树状图时对其上每一枝所表示的概率究竟是积事件概率还是条件概率分不清,英国 SMP 教材《统计 1》(The School Mathematics Project,2004,p. 49)给出图 8-6 显示"树梢"是前面树枝上概率的积这一法则依然成

立,且有

$$P(A \mid B) = \frac{P(AB)}{P(B)} = \frac{P(B \mid A)P(A)}{P(B \mid A)P(A) + P(B \mid A')P(A')}.$$

这对理清学生的认识,建立知识之间的联系有好处.

从已有的国内外认知研究结果来看,学生关于条件概率的错误认识较多,又不知如何检验计算结果,这是一个学习难点.所以一方面教师需要了解学生会怎么想又为什么会这么想,教学中要有意识地暴露那些错误的认知,并通过辨析加以澄清;另一方面,教师要探索解决概率问题的多种方法,既可方便学生检验,又可培养学生思维的灵活性,因为不同的解题途径对学生学习基础的要求不同,所以还便于教师因材施教,即"九九归一,各取所需"的意思.

请看下面这个著名的 Monty Hall 概率问题:有三扇门,一扇门的后面藏着一辆车,另两扇门后都分别藏着一头羊.一人先选中一扇门,然后一位主持人将一扇藏有一头羊的门打开,问此人是否要更改原来的选择,以获得车?许多测试发现,很多人认为换不换无所谓,反正就是在两扇门中碰运气嘛.正确答案却是换比不换得车的概率大.

这个问题适合中学生的方法也有好几种,比如拿两个白筹码和一个红筹码分别代表两头羊和一辆车,将它们依次随机地放在三处位置,代表在三扇门后.请两位相信换不换无所谓的学生上台,一位扮演主持人,一位做记录,全班其他学生在座位上依次来参与这个游戏.通过记录、比较选"换"的成功率和选"不换"的成功率,全班学生很快就能感受到"换"的好处,尤其是那个扮演主持人的学生体会更深,可以请他谈谈他对游戏的新感悟.再抽象一些,我们可以拿一个写有"1""2""3"三等分的转盘以及一枚硬币,一个人做模拟试验:先转一次转盘决定车的位子,再转一次选定哪一扇门,由抛掷硬币决定要换还是不换.后面的记录、计算、比较都与前面的集体活动一样进行.

除了模拟试验方法,我们也可以用理论分析方法.因为选择三扇门 A、B、C 是等可能的,选择了一扇门,之后的分析完全雷同,为了节省篇幅,这里就仅给

出车在 A 门后的各种情形(见表 8-6).

表 8-6　车在 A 门后所有的可能情况

车在	首猜		开		换否	结果	
	门	概率	门	概率	状态	输赢	概率
A $P=\dfrac{1}{3}$	A	$\dfrac{1}{3}$	B	$\dfrac{1}{2}$	不换	赢	$\dfrac{1}{18}$
					换	输	$\dfrac{1}{18}$
			C	$\dfrac{1}{2}$	不换	赢	$\dfrac{1}{18}$
					换	输	$\dfrac{1}{18}$
	B	$\dfrac{1}{3}$	C	1	不换	输	$\dfrac{1}{9}$
					换	赢	$\dfrac{1}{9}$
	C	$\dfrac{1}{3}$	B	1	不换	输	$\dfrac{1}{9}$
					换	赢	$\dfrac{1}{9}$

如果车在 A 门后,那么一共只有这 8 种可能性,虽说 4 赢 4 输,但是,这 8 种结果发生的概率如表中所示是不相等的,所以不是换不换无所谓,换了赢的概率是 $\dfrac{1}{9}+\dfrac{1}{9}=\dfrac{2}{9}$,不换赢的概率是 $\dfrac{1}{18}+\dfrac{1}{18}=\dfrac{1}{9}$. 如果车在另外两扇门后,一样可以分析得到换门后赢的概率是 $\dfrac{2}{9}$,均 2 倍于不换门赢的概率 $\dfrac{1}{9}$. 所以总的来说,换门后赢的概率是 $\dfrac{2}{3}$,不换门赢的概率是 $\dfrac{1}{3}$.

本题也可以用条件概率求解. 我们说过,条件概率是在你获得了新的信息以后对先前给出概率的修正,在主持人打开有羊的门之前,我们认为三扇门后面有车的概率相等,都是 $\dfrac{1}{3}$,但是,在我们给出猜测(假如我们猜 A 门后有车)以及主持人据此打开有羊的门(假如 C)之后,我们知道 $P(C)=0$,令 E 表示主持人打开无车的门 C,则:

$$P(A \mid E) = \frac{P(A)P(E \mid A)}{P(E)}, \ P(B \mid E) = \frac{P(B)P(E \mid B)}{P(E)}, \ P(A) = P(B) = \frac{1}{3}.$$

如果车在 A 门后,那么主持人可以打开 B 门或者 C 门,$P(E \mid A) = \frac{1}{2}$;

如果车在 B 门后,那么主持人只能打开 C 门,$P(E \mid B) = 1$;

如果车在 C 门后,那么主持人不可能打开 C 门,$P(E \mid C) = 0$.

因为 A、B、C 是互斥的而且已经包括了所有可能,所以由全概率公式有:

$$P(E) = P(A) \cdot P(E \mid A) + P(B) \cdot P(E \mid B) + P(C) \cdot P(E \mid C)$$
$$= \frac{1}{3} \times \frac{1}{2} + \frac{1}{3} \times 1 + \frac{1}{3} \times 0 = \frac{1}{2}.$$

再由条件概率公式:

$$P(A \mid E) = \frac{P(A) \cdot P(E \mid A)}{P(E)} = \frac{\frac{1}{3} \cdot \frac{1}{2}}{\frac{1}{2}} = \frac{1}{3},$$

$$P(B \mid E) = \frac{P(B) \cdot P(E \mid B)}{P(E)} = \frac{\frac{1}{3} \cdot 1}{\frac{1}{2}} = \frac{2}{3}.$$

也就是说,在我们给出猜测(假如我们猜 A 门后有车)以及主持人据此打开有羊的门(假如 C)之后,我们对 A、B、C 三扇门后有车的概率已经调整为 $\frac{1}{3}$、$\frac{2}{3}$、0 了,换(改选 B 门)后赢的概率是 $\frac{2}{3}$,不换(仍选 A 门)赢的概率是 $\frac{1}{3}$,其他情况的计算也完全雷同.

这个问题的解法很多(臧丽娜,2009),但是九九归一,都得出换可以增加赢的概率,不过它们的可接受性相差很大. 教师可根据自己学生的基础决定可以达到的抽象水平,学生也可以选择更适合自己的那些方法. 鉴于这种答案与直觉差异大的问题,笔者建议教学应从模拟试验开始,首先通过学生自己收集到的数据形成正确的看法,再从理论上去印证答案的合理性.

∧

第三节 相互独立关系

在上一节我们已经看到,对任意两个事件 A、B,无条件概率 $P(A)$ 与条件概率 $P(A|B)$ 之间没有固定的大小关系,加了条件之后,有时概率会变小,有时会变大.什么时候不变呢? 它们相互独立,这正是这一节要讨论的主题.

"相互独立事件同时发生的概率"是 2000 年和 2002 年我国《全日制普通高级中学数学教学大纲》中规定的必修内容,要求学生要了解相互独立事件的意义,会用相互独立事件的概率乘法公式计算一些事件的概率.2003 年我国教育部颁布的《普通高中数学课程标准(实验)》把这一内容改成了理科选修内容,安排在选修 2 - 3 中.很明显,条件概率与独立性之间有着密切联系,这也意味着学生对其中一个内容存在的某些偏见可能会影响到他们学习另一个内容.

两个事件之间的独立性是指:一个事件的发生不影响另一事件发生的概率,用符号来表达的话,有:

定义(1) 设 A、B 为两个事件,$P(A) > 0$, $P(B) > 0$,事件 A 与 B 相互独立就是指 $P(B|A) = P(B)$ 和 $P(A|B) = P(A)$ 都成立.但是,因为有其中一个等式就能推出另一个,所以定义中两个等式只要写一个就可以了.这里,我们从 $P(B|A) = P(B)$ 出发,推导另一个成立.由 $P(AB) = P(A)P(B|A)$ 和 $P(B|A) = P(B)$,可得到 $P(AB) = P(A)P(B)$,而 $P(AB) = P(B)P(A|B)$,于是推得另一个等式 $P(A|B) = P(A)$ 也成立.这也说明独立性是相互的.

类似地,我们可以证明,事件 A、B 相互独立的充要条件是 $P(AB) = P(A)P(B)$,于是有了另一个定义:

定义(2)　设 A、B 为两个事件,如果 $P(AB) = P(A)P(B)$,则称事件 A 与 B 相互独立.

应该指出,定义(2)比定义(1)的条件宽,它包含了 $P(A)P(B) = 0$ 的事件 A 和 B 在内,所以可作为相互独立的一般定义,现行人教版高中数学 A 版教材采用的就是这个定义.判断事件 A 与 B 相互独立的主要方法就是检查 $P(AB) = P(A)P(B)$ 是否成立,如果不成立,我们称事件 A 与 B 不相互独立或者相依.一旦有了相互独立这一条件的话,积事件的概率就可以化为各事件概率的积,即:

$$P(A_1 A_2 \cdots A_n) = P(A_1)P(A_2) \cdots P(A_n),$$

这样就简化了概率的计算.

相互独立关系是概率论中一个非常重要的概念,常用的二项分布概念就是建立在每次试验是互相独立的前提下.家中几台不同家用电器以及电器线路中不同元件都是相互独立工作的;福利彩票开奖,每次得到的结果是相互独立的等等.

除了常用,学习相关性还有助于破除人们的很多误解.例如,问抛掷 6 枚普通硬币,出现"正正正正反正""正正正反反反"和"正反反正反正"这 3 种结果的可能性哪个最大,不少人都会选"正反反正反正",因为它正、反面出现的频率差不多,顺序又显得比较凌乱.但事实却是这 3 种结果发生的可能性一样,都是 $\left(\dfrac{1}{2}\right)^6$,因为抛掷时每枚硬币出现正面或反面的概率是不受其他硬币抛掷结果影响的,即每枚硬币掷得的结果都是相互独立的.

又如,买彩票时,不少人相信研究已经开出的中奖号码能够提高中奖率,可以买经常出现的号码或者很少出现的号码,认为它们是幸运码或者是近期最容易出现的号码,这也是误解.因为每次抽奖前都有一个严格的检验球珠质量的过程,以确保每个球被抽到的概率相同.所以,以前抽奖的结果不能影响新一期任何一个号码被开到的概率,即每次抽奖的结果都是独立的,历史记录是不可能起任何指导作用的.

普及相关性的知识很重要,但是许多研究和教学实践又反映出学生在如何判别两个事件是否相互独立上存在不小困难(Kelly & Zwiers,1986;龚亚霞,2006;徐明,2003),而且不少学生受限于极为有限的学习经验也无法自己给出正确的背景多样的相互独立的例子(随倩倩,2012).

判别相互独立关系的困难首先来自日常语言的负面影响,学生最常见的错误是将数学中的"相互独立"理解为互不相干、互不影响等,而不是数学中"两个事件发生的概率互不影响"这一含义,于是一些学生在判断事件之间是否是相互独立关系时,常不涉及概率的计算和验证,仅凭主观经验看事件之间是否相互影响,这在一些简单情况下还行得通,但是因为缺乏经验或知识,学生也常常出错.比如连续几天的天气一般相互是会有影响的,其下雨的概率并不相互独立;篮球比赛中的"罚球两次"(无论第一次投球是否进,都有两次投球的机会),考虑心理因素的话,两次命中的概率也不相互独立.尤其是下面这个例子更能说明仅凭经验不可靠:抛掷若干枚硬币,$A = \{$既有正面又有反面$\}$,$B = \{$最多有一个正面$\}$,分别就以下两种情况讨论 A 与 B 的独立性:(1)抛掷两枚硬币;(2)抛掷三枚硬币.

如果我们从日常生活即有没有相互影响的角度去判断 A 与 B 是否相互独立,那么结果不会因为是抛掷两枚硬币还是抛掷三枚硬币发生改变,两道小题我们应该会给出同样的结论.但是按照我们前面说明的,要判断事件 A、B 是否相互独立,只需检验 $P(AB) = P(A)P(B)$ 是否成立,不妨计算一下概率,看看结果会怎样.

如果抛掷两枚硬币,则:

$$P(A) = \frac{1}{2}, \ P(B) = \frac{3}{4}, \ P(AB) = \frac{1}{2}, \ P(AB) \neq P(A)P(B);$$

如果抛掷三枚硬币,则:

$$P(A) = \frac{3}{4}, \ P(B) = \frac{1}{2}, \ P(AB) = \frac{3}{8}, \ P(AB) = P(A)P(B).$$

所以由相互独立的定义可以判断抛掷两枚硬币时 A 与 B 不相互独立,抛掷三枚硬币时 A 与 B 相互独立.这一答案与日常经验角度判断得到的答案不同.这个例子不仅说明用概率与不用概率判断得到的结果不一致,而且说明两个事件在不同的样本空间中,其是否存在相互独立关系也不一定相同.

困难之二是学生容易混淆相互独立关系与互斥关系,把相互独立解释为没有交集(Díaz & Batanero,2009;龚亚霞,2006;Kelly & Zwiers,1986).龚亚霞对河南省两所省重点中学的 353 名高二学生进行了测试调查,在她的测试卷中有这么一个问题:抛掷一枚普通的正方体骰子,有以下三个事件:$X = \{$得到的点数为偶数$\}$,$Y = \{$得到的点数比 2 大$\}$,$Z = \{$得到一个质数$\}$,则(1)判断事件 X 与 Y、Y 与 Z、Y 与 $\overline{Z}$ 的相互独立性,你是如何判断的?请尽可能多地写出你的判断方法.(2)判断 X 与 Z、$\overline{X}$ 与 $\overline{Z}$ 是否相互独立.

龚亚霞发现,检查交集不空从而得出都不相互独立的错误解法在被试者中非常典型,在对此题作答的学生中占了 63.7%,有的学生还画了集合文氏图.显然这些学生是把"概率互不影响"理解成了"事件互不影响",使用的是"有交则不相互独立"的错误判断方法.在他们看来,交集非空则有关系、影响,所以就不是相互独立.其实,互斥才是两个事件的交集为空集,互斥事件是指两个不可能同时发生的事件,若 A、B 是互斥事件,则当事件 A 发生时,事件 B 必不发生,反之亦然.从集合角度看,A、B 互斥可理解为 A 与 B 不交,但是两个相互独立事件是可以同时发生的,只要一个事件的发生对另一个事件发生的概率没有影响即可,比如上面提到的抛掷三枚硬币的例子.

将相互独立关系与对立关系混淆起来也是学生常犯的一种错误,因为对立关系是互斥关系的一种特殊情况,这里就不再赘述了.虽然学生在学习相互独立概念时,容易与先前学过的互斥关系、对立关系发生混淆,其实这三者之间除了对立事件一定是互斥事件之外,没有什么关系.互斥的两个事件可以相互独立,也可以不相互独立.但在大多数情况下有进一步的结论:

如果 $P(A) > 0$,$P(B) > 0$,那么:

若事件 A 与 B 是互斥关系(即 $P(AB) = 0$),则 A 与 B 一定不会是相互独立

关系(即必有 $P(AB) \neq P(A)P(B)$);

若事件 A 与 B 是相互独立关系(即有 $P(AB) = P(A)P(B)$),则 A 与 B 一定不会是互斥关系(即 $P(AB) \neq 0$).

一句话,若 $P(A) > 0$, $P(B) > 0$,则互斥必不独立,独立必不互斥. 当然,如果 A、B 中至少有一个是不可能事件,那么它们既独立又互斥.

至于学生不会自己举例的问题,我想最主要的原因还是他们见识到的例题、习题少,教材中的题目少,教师也不刻意补充. 据访谈得知,教师一般仅安排 1、2 节课进行相关性的教学(随倩倩,2012),所以学生非常缺乏经验,自然举不出新的例子.

分析了学生的学习困难,我们再来探讨教学中克服这些困难的办法. 我觉得主要有三个:一是为了克服学生误把"互不相交"当作判断"相互独立"的标准,我们在教学中要多强调两事件相互独立是"一事件发生对另一事件发生的概率没有影响",不要省略"概率"两字,这对初学者建立正确的概念表象很重要.

二是要使用教材中提到的性质:"如果事件 A 与 B 相互独立,那么 A 与 $\overline{B}$、$\overline{A}$ 与 B、$\overline{A}$ 与 $\overline{B}$ 也都是相互独立的",让学生知道它也是判断独立性的一个方法. 上述龚亚霞的那道测试题中要求学生尽可能多地给出判断方法,但是在对前两道小题均给出正确判断的 14.3% 的学生中,多数学生在判断了 Y 与 Z 相互独立之后,又从头开始推理判断 Y 与 $\overline{Z}$ 的关系,说明即使是学得较好的学生,他们运用独立事件性质的意识也相当弱. 当有的学生因为计算错误而得出 Y 与 $\overline{Z}$ 不独立的错误结论时,也没有任何警觉,看不出这个结论和已经得到的 Y 与 Z 相互独立是矛盾的.

三是教学中应有意识地注意对相互独立关系、互斥关系和对立关系进行辨析,创设问题情境,让学生自己发现思维矛盾. 比如龚亚霞就上述测试题访谈一名学生,就帮助她意识到了自己理解上的问题.

师:小题(1)你打算用什么方法来判断指定事件是否独立呢?

生：先计算了一下它们的概率,后来发现 X 与 Y、Y 与 Z 有交集,相互之间有联系(影响),所以不独立.

师：X 与 Y 的交集表示什么?

生：它们都出现的点数是 4、6.

师：用等可能事件的概率一节课中介绍的方法,能否求出公共部分表示的事件的概率?

生：……可以,是 $\frac{2}{6}$,也就是 $\frac{1}{3}$.

师：那就记为 $P(XY) = \frac{1}{3}$,你已经求出了 $P(X)$ 和 $P(Y)$,这三者之间的关系?

生：$P(XY) = P(X)P(Y)$,X 与 Y 独立.

X 与 Y 有交集,同时概率计算后发现它们又是相互独立关系,相信这样的思维冲突经历会有助于学生克服"有交则不相互独立"的错误认识.

互斥、互交在我国教材中都有文氏图示意,但是没有相互独立的示意图,这里介绍朱珉仁(1998)表示独立事件的方法,应该对纠正学生"有交则不相互独立"有帮助.他用下面这个例子加以说明:

甲、乙独立地同时向一敌机炮击.已知甲击中敌机的概率为 0.6,乙击中敌机的概率为 0.5,求敌机被击中的概率.

不妨设 $A = \{$甲击中敌机$\}$,$B = \{$乙击中敌机$\}$,事件 A、B 相互独立可用图 8-7 表示.

其中整个矩形的面积为 1,A 行的面积代表 $P(A) = 0.6$,B 列的面积代表 $P(B) = 0.5$,所以左上角部分的面积 $P(AB) = P(A)P(B) = 0.6 \times 0.5 = 0.3$,因此所求概率为 $P(A \bigcup B) = P(A) + P(B) - P(AB) = 0.6 + 0.5 - 0.3 = 0.8$,或者 $P(A \bigcup B) = 1 - 0.4 \times 0.5 = 0.8$.

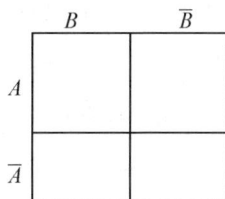

图 8-7

在这个图示中,事件 A 与 B 是相互独立的,满足 $P(AB) = P(A)P(B)$,但 $A \bigcap B \neq \varnothing$.

最后一个建议是给教材和学习参考书的编写者的,不要总是使用类似"假定在这段时间内两地是否下雨相互之间没有影响""各次射击是否击中相互之间没有影响""各台机床是否需要照顾相互之间没有影响"这样的说法,因为这样的假定,一方面使学生养成不需要关心事件是否相互独立这一前提的懒惰心态,反正题目中总会有这样的假定的,另一方面更容易使学生忽略"两事件概率之间不相互影响"中的"概率"两字,把相互独立事件是对"概率"没有影响,误解为"事件 1"不会导致"事件 2"的发生.

现行的人教版高中数学教材中相互独立这部分内容仅限于讨论两个事件的相互独立,但后继内容有时会用到多于两个事件的相互独立条件,比如上述抛掷 6 枚硬币的问题,会直接使用"积事件的概率等于各事件概率的积",所以教师应该了解从 2 个到多个,相互独立性是如何拓广定义的,高中生又是如何基于直觉解决 3 个事件相互独立判断问题的.

龚亚霞(2006)调查发现,在涉及 3 个随机事件的问题中,除了上述以"是否有影响"和"是否有交"两种错误方法判断之外,学生中还有两种错误做法:一是先判断两两是否独立,如果两两相互独立,则认为三个事件相互独立;二是验证是否有 $P(ABC) = P(A)P(B)P(C)$ 成立,如果成立则认为相互独立,否则不独立.其实,判断 3 个事件的相互独立性既要有 3 个事件两两相互独立,也要有 $P(ABC) = P(A)P(B)P(C)$ 成立.就像下面这个例子那样,完全可能出现 A、B、C 3 个事件两两相互独立,但是 $P(ABC) = P(A)P(B)P(C)$ 却不成立的情况:第 1 枚筹码一面是红色一面是黄色,第 2 枚筹码一面是红色一面是蓝色,第 3 枚筹码一面是黄色一面是蓝色,第 4 枚筹码一面是白色一面是黑色.将 4 枚筹码放在布袋中搅匀,随机地摸出一枚,令事件 A 为"摸出的筹码有一面为红色",事件 B 为"摸出的筹码有一面为黄色",事件 C 为"摸出的筹码有一面为蓝色",则计算可得 $P(A) = P(B) = P(C) = \dfrac{1}{2}$, $P(AB) = P(BC) = P(CA) = \dfrac{1}{4}$,

$P(ABC) = 0.$

不仅 3 个事件两两相互独立可以找到 $P(ABC) \neq P(A)P(B)P(C)$，从而 3 个事件不相互独立的例子，而且也可以举出 $P(ABC) = P(A)P(B)P(C)$，但 3 个事件不是两两相互独立的例子. 如：

在 1，2，…，7，8 中随机地任取一数，令事件 A、B、C 依次为 $A = \{1, 3, 5, 7\}$，$B = \{2, 3, 5, 7\}$，$C = \{1, 3, 6, 8\}$，则 $P(ABC) = \dfrac{1}{8}$，$P(A) \cdot P(B) \cdot P(C) = \dfrac{1}{2} \times \dfrac{1}{2} \times \dfrac{1}{2}$，$P(ABC) = P(A) \cdot P(B) \cdot P(C)$，但 $P(AB) = \dfrac{3}{8}$，$P(A)P(B) = \dfrac{1}{4}$，$P(AB) \neq P(A)P(B)$.

鉴于学生有一定的推广经验，笔者建议在不加重学习负担、不增加教学难度的基础上，教材可以在阅读材料中说明一下三个事件相互独立的含义是什么，供有兴趣的学生了解，也可丰富他们一般化的经验.

我们已了解到在学习相互独立时，不少学生使用"是否有影响"和"是否有交"的原则来判断是否相互独立，教材可以更加有针对性地讨论或澄清这些错误想法，教学和考查的重点不应局限于概率的计算，不理会应用. 因为不考而不教，少考而少教，让学生自己回家看看的做法则更不可取. 概率教学并不简单，Kelly 和 Zwiers(1988)研究发现，学过哲学的学生可能会从思想上排斥相互独立这个概念，因为他们从哲学课上学到"宇宙就是一个庞大的关系网，世上万物都可以彼此密切联系着"，所以他们在学习相互独立概念时，就会感到困惑，怀疑概率中运用概率公式来求独立事件的概率有什么意义. 对此，他们建议教师应说明：有些事物之间的联系是微不足道的，就象人与人之间的吸引力可以忽略不计一样. 这样的告诫与建议来自于对学生所思所想的关注，让我们大家都来重视研究学生的学习，不断改进我们的教学.

第九章
概率统计教育的回顾与展望

在国际课程发展大环境下,我国教育部 2001 年颁布的《全日制义务教育数学课程标准(实验稿)》和 2003 年颁布的《普通高中数学课程标准(实验)》均极大地提升了概率统计在中小学数学课程中的地位,使概率统计教学内容成为横跨我国基础教育所有学段的必学内容,并强调相应的教学重点要转移到培养学生统计意识、积累活动经验,从而学习并体会统计基本思想方法这些重要的方面.

∧

第一节　对我国概率统计教育的历史回顾

概率统计曾几度进入过我国中学数学课程. 查阅我国 20 世纪中小学数学课程标准或教学大纲(课程教材研究所,2001),可以发现,关于统计图表的知识自 1950 年起,一直是我国小学数学的教学内容,但是教与学一般不涉及学生自己收集数据等统计活动,基本上是对现成数据的整理与表示. 1950～1963 年间的小学数学教学大纲为小学高年级学生安排了常用统计表和简单统计图的认识和作法,约占 10～12 课时. 1978 年之后,小学统计增加到 18 课时,还学习平均数的计算. 初中阶段,1941～1948 年间的初中数学教学大纲中安排了统计图表及制作方法.1978 年以后,初中均安排学习统计初步,内容有总体和样本、频数分布和频率分布、平均数、加权平均数、方差、标准差,占 10～16 课时不等.虽说学习内容有限,课时很少,但是统计在小学和初中课程中的地位是有保障且稳定的.

关于概率的教学,起落次数则比较多.1936～1951 年间我国颁布的数学课程标准或教学大纲都在高中讲排列组合之后安排了概率内容.当时,高中代数教材中有一章是关于概率的,这些教材基本上是西方教材的中译本或改编本.中华人民共和国成立后,出于政治原因,学制、教学大纲均采用苏联模式,数学教材自然也都改编自苏联教材.因为苏联教材中没有概率内容,所以我们也就不教概率了,虽然 1950 年的《数学精简纲要》高中部分仍然有"或然率"这项内容,但在《对旧用教本的精简意见》中却明确指出:"或然率须少讲."1951 年的数学课程标准中还保留着,但 1952 年起,排列组合之后的概率内容从数学教学大纲中消失了.

1958～1963 年期间,在当时经济改革和国际教育现代化运动的背景下,我国数学教育也曾进行了课程内容的现代化改革,产生了一些"革新"教材,并在小范围内实验.1963 年的《全日制中学数学教学大纲》在高中代数部分安排了 10 课时的概率学习.上海当时编写过一本名为《概率论与数理统计》的高中教材,但是由于这本教材缺乏对中学生认知特点的准确把握,基本上是大学教材的改编,理论上要求太高、太深,联系实际的案例又脱离中学生的生活实际,教师难教,学生难学,只在少数学校实验后就偃旗息鼓,退出了中学教育(张福生等,1998).

1976 年,十年"文化革命"结束,我国教育部着手大力发展教育事业,当时计划将概率安排为所有高中生必修的内容,如 1978 年、1980 年颁布的数学教学大纲中都安排高中生学习概率,学习内容有随机事件的概率、等可能性事件的概率、概率的加法、概率的乘法、简单事件独立试验 n 次恰好发生 r 次的概率,占 10 课时.但教学实践中这样的计划实施起来困难重重.1983 年,教育部将概率调整为高中选修内容,这意味着高考将不考概率.于是,尽管教材中有,但是因为它不在高考考查范围之内,其教学在绝大多数高中便形同虚设了.

1992 年的上海课程标准和 1996 年的全国高中数学教学大纲再次在高中必修课中引入概率.全国的教学大纲安排了 12 课时的概率学习,内容有随机事件的概率、等可能性事件的概率、互斥事件有一个发生的概率、相互独立事件同时发生的概率、独立重复试验等内容,并为理科生再安排了 18 课时的概率与统计,学习离散型随机变量的分布列、随机变量的期望值和方差、连续型随机变量的概率密度、抽样方法、用样本方差估计总体方差、用频率分布估计总体分布、累积频率分布,也为文科和实科学生再安排了 12 课时的统计.这样的安排在全国 2000 年的数学教学大纲中得以维持,但由于教学实验总是滞后于教学大纲的颁布,因此,直到 2001 年,中国绝大部分地区的高中都未教、未考上述内容,只有像上海一些很少的城市在 12 年级学完排列组合后安排大约 10 课时的时间学习概率.

回顾我国概率统计教育数次起伏的历史,我们发现,对于在小学和初中阶段学习"用统计图表表示数据"并"用算术平均数、方差等统计量来分析数据"这些统计初步的内容,历史上没有多大争议,主要的争议在于是否需要讲概率、抽样、分布、相关关系等.从世界范围看,各国也普遍有描述性统计内容,但对什么时候开始学概率,如何学概率,差异也较大,一般也都经历了从重视计算到重视让学生参与数据收集等统计活动的过程,很多东亚国家与我们一样,也在 20 世纪末或 21 世纪初开始在高中之前尝试引入概率教学.从世界范围看,2000 年之后,概率统计在中小学课程中的地位有了明显的提高.

1999 年有 38 个国家和地区的 8 年级学生参加了 TIMSS－1999(1999 年进行的第三次国际数学和科学研究复测)数学测试,测试内容分"分数和数感""度量""数据表示、数据分析和概率""几何""代数"五部分,最终学生平均成绩的排名是:新加坡第一(604 分)、韩国第二(587 分)、中国台湾第三(585 分)、中国香港第四(582 分)、日本第五(579 分)(Mullis 等人,2001),东亚地区学生表现非常突出.在"数据表示、数据分析和概率"部分的测试中,上述五个国家或地区依然排在前 5 名,只是顺序有所变化,变为韩国第一,新加坡第二,然后依次是中国台湾、日本和中国香港.但除韩国学生这部分的得分在五部分中居中游之外，其他四个国家或地区在这部分的得分是五部分测试内容中得分最低的(Mullis等人,2001),显示出这是当时东亚学生相对薄弱的学习领域.

相反,美国和英国学生在五部分测试中"数据表示、数据分析和概率"都是相对较好的,他们的几何成绩最差.我认为这个结果与中小学课程所强调的内容有关,表9-1反映的就是参加TIMSS-1999的部分国家和地区在8年级以及8年级之前有没有教过表中3项最基本内容的情况(Mullis等人,2001,p.191).

表9-1　直至8年级学过三项内容的学生百分比(TIMSS-1999)

国家和地区	用统计图表表示和解释数据	算术平均数	简单的概率——理解和计算
美国	96	93	79
比利时	86	93	24
加拿大	91	81	72
中国台湾	11	12	4
捷克	49	88	7
英国	99	93	90
中国香港	65	30	10
意大利	84	62	49
日本	43	38	3
韩国	95	78	99
荷兰	87	77	46
新加坡	97	88	17
国际平均	75	70	43

数据显示,截止1999年除了韩国,其他东亚国家和地区如新加坡、日本、中国台湾和中国香港对概率和统计初步的课程要求普遍较低,尤其是日本、中国台湾和中国香港.在上述三地,8年级学生中只有3%~10%的学生学过最基本

的概率知识,远远低于国际平均水平 43%. 我国大陆学生没有参加这次国际测试,但是当时我们 8 年级学生基本上也都没有学过概率,情况是差不多的. 1991 年,在我国大陆学生唯一参加过的另一个大型国际测试 IAEP 2(第二次国际教育成就评价)中,我们的学生在"数据分析、统计和概率"部分测试成绩位列第 10 名,而在其他四个领域(数与运算、测量、几何、代数与函数)中均获第 1 名(范良火、朱雁,2005). 同样的学生,不同的学习领域,4 个考第一,1 个考第 10,应该是"有没有为学生提供充足的学习机会"影响到了学生的表现.

20 世纪 90 年代,我国数学教育工作者围绕 21 世纪数学教育改革问题做了很多研究,如对美国、英国、德国、日本、法国、加拿大、荷兰、新加坡、前苏联、中国香港等地课程的研究与介绍,对格劳斯主编的《数学教与学研究手册》、弗赖登塔尔的《作为教育任务的数学》等一些重要著作的翻译、学习等等. 基于国外对概率统计教育的一些理论和实践,我国学者也认真思考着应该如何发展,如当时由北京师范大学教科所刘坚(笔名刘兼)主持的国家"八•五"规划青年基金课题"21 世纪中国数学教育展望——大众数学的理论与实践"课题组就曾经提出他们对我国新世纪数学教育的设想规划,该研究团队由来自全国各地的年轻学者组成,在人民教育出版社张孝达先生等专家的扶持和指导下,于 1993 年和 1995 年先后出版了两本研究论文专辑,在第 2 辑中就有一篇名为《数学课程的重要组成部分"概率统计"》的文章. 今天重新读来,颇为感慨,当时研究经费极其有限,课题组成员凭着热情和朝气非常投入地工作,所提方案既有借鉴成分,也有独立思考成分.

这篇文章共分 5 部分,前 4 部分的内容如下:第 1 部分阐述了概率统计的学科特点,第 2 部分介绍了美、英、日等国中小学课程中引入概率统计的现状,第 3 部分说明我国将概率统计引入中小学课程的必要性与可行性,第 4 部分较为详细地提出了课程设计思路. 首先,针对当时概率统计只是高中数学选修内容,高考不考的现状,提出要将其改为必修内容,并建议在小学、初中和高中,分阶段地多次引入. 建议从小学 3 年级开始学习,力求内容浅显、直观,利用媒体上出现的简单统计资料或从学生身边有关的事或简单的机会决策说起,要重视模拟试验.文中详细说明了小学、初中和高中可以安排哪些教学内容,与目前的数学课程标准比较,义务教育阶段的安排基本一致,高中差别大一些.原文提出要为升大学和就业的学生分设不同教学要求,建议在学习排列组合的基础上,引进概率的意义、性质和计算,会应用二项分布、正态分布来进行预测,能认识样本容量的大小对统计推断精确性的影响,能通过模拟试验来解释问题.但文中没有提出高中区分必修内容和选修内容的建议,也没有提到研究变量的相关性、独立性检验等这些已写入现行高中数学课程标准中的内容.

除了文献研究,这个课题组还在实践方面做了艰辛的探索.1993年下半年起,在原国家教委基础教育课程教材研究中心的支持下,他们制定了《小学数学课程改革方案(试验稿)》,1994年初开始组织编写"大众数学"意义下的《新世纪小学教科书·数学》,1994年9月开始实验,在上述研究论文专辑的第2辑中,收录了该方案的试验稿和实验教材的编写及实验报告.《新世纪小学教科书·数学》从1年级开始就安排了统计的教学内容,统计教学强调让学生从学看统计图表入手,认识统计的作用,体会客观事物的不确定性,逐渐学会设计图表、收集数据、整理数据和解释数据.

上世纪90年代,我国国家统计局统计教育中心也组织进行过一个在初中进行统计教育的实验研究.1990年,国家统计局组织编写了3本统计选修课实验教材,从1991年至1995年,先后在黑龙江等7个省市的11个实验区的120个班级进行了初中统计选修课实验.在5年间的5轮实验中,经过十几次修改,把原来的3本教材合编修改成1本初中统计选修课实验教材.1996年,该教材通过了全国中小学教材审查审定委员会的审定,从1996年至2000年,每年参加学习的学生达到12万左右.上述介绍来自国家统计局网站2006年的新闻稿"我国在基础教育中普及统计知识工作取得重大突破",笔者是在与国家统计局统计教育中心的石占前先生交谈时获悉这一线索的,但是因为笔者没有见到具体的教材、研究报告等,所以不清楚它究竟对哪些内容进行了实验,实验的具体结果如何,所以无法作更为详细的介绍.

上述这些研究成果无疑使21世纪初颁布的数学课程标准在如何规划概率

统计课程方面有了更多的理论和实践借鉴,经过这样一个"设想——实践——反思"的认真研究过程,21 世纪初这场改革在概率统计教育方面应该说迈出了稳稳的一大步.

概率从原来进入高中必修课程都难,到现在已经进入小学数学课程;统计从原来小学、初中各十几个课时,到现在覆盖从小学到高中的各个学段;教学内容从强调现成数据套公式计算,到现在注重让学生经历从提出调查问题到收集、整理、分析数据和推断这样一个全过程,这样的进步是令人鼓舞和欣慰的.从 2001 年至今我国新课程的实验情况来看,基础教育阶段的两份数学课程标准中所安排的概率统计课程计划是基本可行的,我国教育部颁布的《义务教育数学课程标准(2011 年版)》也坚持了概率统计教育的改革方向,只对少量内容作了调整、修改和完善.

认真挖掘新课程与以往改革不同之处无疑将揭示其成功的原因.笔者认为,我国目前的概率统计课程在以下方面体现出与历史做法的不同:(1)大幅增加概率统计学习覆盖的时间和学段;(2)强调培养统计思想和观念的课程目标;(3)以频率而不是排列组合作为概率学习的基础;(4)教学中注意讲道理并联系实际问题展开;(5)积极利用国内外的研究成果.下面我们逐一对这些做法及其合理性予以说明.

第一,大幅增加概率统计学习覆盖的时间和学段.

现实社会中大量存在的不是确定现象,而是不确定现象,为了帮助学生更好地认识和把握随机现象,培养他们通过数据解决问题的意识和本领,提高概率统计在学校数学课程中的地位,大幅增加学习内容和课时是必然的.高中数学课程标准就具体教学内容已建议了课时,但义务教育阶段的数学课程标准没有相应的要求,所以,表 9-2 中,小学和初中数据依据的是 2008 年人教版小学数学教师用书和初中数学教师用书中建议安排对概率统计的课时所作的统计.虽然义务教育阶段不同版本教材的教学安排不尽相同,但是概率统计所占课时百分比相差不大,以笔者所参与编写的华东师大版初中教材为例,相应的课时百分比是 12%.

表 9-2　概率统计在新课程中所占课时数与百分比(2008年)

	小学	初中	高中		
			必修	选修1(文科)	选修2(理科)
概率统计课时数	38	39	24	14	22
数学总课时数	721	356	180	72	108
课时百分比	5%	11%	13%	19%	20%

注：表中小学和初中数据依据的是2008年人教版小学数学教师用书和初中数学教师用书

笔者认为,大幅增加概率统计学习覆盖的时间和学段对这次成功引入概率统计起到了决定性作用.一方面,它体现出国家决策层对这次课程改革的极大决心;另一方面,它也反映出课程设计者注重统计思想和活动的课程编制指导思想.

第二,强调培养统计思想和观念的课程目标.

我国以往的概率统计教学与代数教学差别不大,在数学教学大纲中,它就是被写在代数后的下一个内容,教学和考试的重点都是计算,或算统计量,或算概率,虽然研究的是随机现象,可是学生却很少有机会专注而系统地观察随机现象,他们对随机现象的错误直觉也得不到质疑和修正.如果把统计教学定位于单纯地对现成数据的处理,那么根本不需要这么多的课时来完成,这也是2000年课程改革之后,经常有人质疑为什么新课程要花那么多时间学习概率统计,为什么课堂上要安排那么多数据收集活动的原因,反映出对统计教学特殊性的误解.

把概率统计当作代数来教的教师,总是舍不得把宝贵的教学时间用于教材中设计的实验活动,他们会跳过教材中那些"小孩子游戏",这样一来可以留更多的教学时间给学生进行练习和准备考试,二来他们认为反正试验数据是不确定的,做不做也无所谓.然而,已有很多研究表明概率统计教学不适合采用教师口头说教、纸上谈兵的方式(如,Fischbein & Gazit,1984;李俊,2005),因为学生的错误直觉不会因此受到质疑、调整和克服.当前,通过直观模拟试验等活动,用真实数据进行概率统计教学已经在世界上成为主流看法,教师要经常创造机会,鼓励学生在活动中检查或修正他们的信念和直觉.因为随机现象的规律性不能在几次试验中显现,所以不同于其他内容的教学,概率统计教学首先存在一个让学生信它的问题.

第三,以频率而不是排列组合作为概率学习的基础.

实践表明,计数问题模型多、分类巧、解法活、验算难,所以大多数高中学生甚至教师都会对排列组合问题感到困难,如果把概率入门教学建立在掌握复杂的计数技巧上,无疑会令人生畏,也多半会失败.我国历史上数次把概率引入高中课程却又不得已退出,主要也就是受此困扰.

一名重点中学高三学生在回答笔者给出的以下问题"学校里有 400 名女学生,440 名男学生,每名学生的名字都各自写在一张小纸条上,放入一个盒中搅匀.如果校长闭上眼睛随便从盒中取出 1 张纸条,试比较抽到写有男、女学生名字的纸条的可能性大小"时,他给出了如下计算抽到男生名字概率的过程:$\dfrac{C_{440}^1}{C_{840}^1}$ $= \dfrac{440}{840}$,显然,这是一个不必要的繁琐过程,这样的高三学生虽然不多却也不是极个别,访谈中他们都称概率题目做多了,所以看到求概率第一反应就是使用排列组合(Li, 2000).

这次概率统计能够顺利进入,一个重要的改变就是不把概率教学建立在排列组合计数技巧之上,在小学阶段注重区分确定性现象和随机现象,学习记录事件发生的频数,在此基础上会使用"极少""不太可能""有可能""很有可能"等词定性地描述可能性.初中阶段,进一步学习用频率估计概率、通过列表或画树状图计算概率、沟通概率的频率定义和理论定义之间的联系.到了高中,2003 年版的课程标准安排学生在必修课中进一步了解概率的意义,学习用产生随机数进行模拟试验的方法估计概率.希望在理工方面发展的学生在选修课中,在学完 14 课时的计数原理(加法原理、乘法原理、排列组合、二项式定理)之后,再学习 22 课时的概率统计,概率内容有离散型随机变量分布列、超几何分布、正态分布、条件概率、事件独立等.运用计数技巧解决概率问题仅出现在要求较高的报考理工科学生的新课程中,这样的安排有较强的可操作性.

第四,教学中注意讲道理并联系实际问题展开.

中小学数学新课程的实验教材,包括新编的一些大学概率统计教材,都力争通过讲道理来帮助学生理解,懂得方差公式背后的道理,复杂的计算公式才变得简单明了.尝试过简单随机抽样方法,对照样本数据和总体参数,才能有效打消对使用它的种种顾虑.尽量选取学生感兴趣的游戏或实际问题为题材,凸显所学知识与现实世界的联系也已成为教材编写和教师教学的指导思想,如组织学生讨论游戏规则是否公平,估计彩票获奖的概率,通过抽样调查关注我国空气质量情况,研究香烟浸出液对种子发芽速度的影响,调查通俗歌曲喜好程度与年龄、性别的关系,学习如何就敏感问题进行调查等等,不胜枚举.

第五,积极利用国内外的研究成果.

1948 年,国际统计学会(ISI)旗下成立统计教育委员会.1991 年,该委员会正式更名为国际统计教育学会(IASE).1979 年,面向中小学教师的《统计教学》(Teaching Statistics) 杂志在英国出版.1982 年,第一届国际统计教学大会(ICOTS1)在英国召开,从此,世界各国热心于统计教育的学者有了自己的组织和交流平台.IASE 网站(http://iase-web.org)内容丰富,从会议论文集,到统计教育研究杂志(SERJ),再到博士论文,琳琅满目.美国、英国、加拿大、澳大利亚、新西兰等国是开展大规模概率统计教育并进行教学研究比较早的国家,经过这几十年的探索,全球已经形成了一支稳定的、合作的研究队伍,积累了许多普及概率统计教育的经验,电子课本、教学辅助资源、统计实验平台等免费的教学资源非常丰富,如统计世界教师教学资源的网站(http://www.worldofstatistics.org/primary-secondary-school-teacher-resources).

我国新课程的一些理念和做法借鉴了国际上的一些主流看法和做法.比如,"强调学习统计图表和简单的数据计算技能外,必须重视数据的收集、整理和分析过程,必须培养学生运用所学知识解决简单实际问题的意识和能力""在小学就让学生了解随机现象,将有助于他们形成科学的世界观与方法论""要求学生能对数据的来源、处理数据的方法,以及由此得到的结果进行合理的质疑"

"使用案例教学法开展概率统计教学""在计算和制图方面,鼓励和提倡使用计算器、计算机等新技术"等等,都是文献中人们普遍认同的看法.

虽然我们在建设新课程过程中吸收了不少国外的先进思想和研究成果,但是,21 世纪中国的概率统计教育也有令国外同行好奇的地方.比如,中国是如何开展教师培训的,以致于可以如此迅速地把概率统计引入全国的中小学教育;中国很多学校缺少计算器、计算机、投影仪,更没有 TinkerPlots(一个流传很广,用于概率统计教学的软件)这类商业软件,如何采用直观化、数值化的实验途径等. 2008 年,在墨西哥召开的 ICMI 和 IASE 联合研究项目"学校数学中的统计教育"会议,我作为"发展中国家教师教育"小组的召集人,邀请当时广州市教育局教学研究室中学数学教研员许世红老师在小组交流,介绍他们是如何围绕概率统计开展形式多样的教研活动的,这引起代表们极大的兴趣,ICMI 前任主席 Michèle Artigue,IASE 前任主席 Carmen Batanero 和时任主席 Allan Rossman 三位均在座,如此高度关注发展中国家教师的概率统计教育实属不易.会上大家表示,虽然中国的教研制度其他国家很难照搬,但是教师需要从外部获得有力的专业上的支持,也需要在教师之间开展互帮互助,提高教学质量,这些方面中国做得很好.我们的成功经验对其他国家,尤其是发展中国家或者与我们文化接近的国家,也是有价值的.

近年来,我国对学生认知的研究也颇为活跃,这类研究为课程制定者、教材编写人员和教师有针对性地纠正学生的错误,提升学生的认知水平提供了重要的理论指导.一些学生的常有想法被写入了教材,供教师教学中与全班学生集体讨论或是组织相应的活动予以检验,在学生活动获得数据的基础上,辨析这些说法的合理性,矫正学生的错误,广大教师赞同教材的这种改变.

历史经验告诉我们,学生对概率的认识并不会随着年龄的增长而自然地提高,教学才起重要作用的.但是,是否教、如何教并不完全取决于课程标准,除了教师的专业知识,很大程度上还取决于高考是否考、如何考.虽然数值化、直观化的教学途径有助于积累经验、帮助理解,但是,研究表明,理论的教学途径或实验的教学途径不能互相替代,无论哪一种途径,在帮助学生认识概率方面都有其独特的作用(李俊,2005),因此,主观的、理论的和实验的途径都应采纳.

第二节　对未来概率统计教育的展望

概率统计教育经过数十年的曲折发展,终于已经进入我国中小学的数学课程,这是令人欣慰的.今后数十年,我们应该继续共同努力,提高我国的概率统计教育水平,让更多人能够理解和应用好这个工具.下面,我们从统计专业人员的支持、教学内容的扩充、评价方式的改进、师资的培训这四方面展望未来我们可以做的一些工作.

一、统计专业人员的支持

近年来,"大数据时代"已经成为一个热词,我们也真切地感受到我们的生活、学习和工作正随着智能手机、感应器、网络的使用而不断地发生着新的变化.我们的个人行为、地理位置通过网络的使用会被精确地记录下来并被加以分析和利用,比如我们在网上搜索、浏览过某样商品,我们就马上会收到相关商品的推荐信息;我们要去某地但不知具体路线,使用 GPS(全球定位系统)便可放心上路,具体路线、抵达时间还会随前方路况而及时调整;通过银行转账数据,国家可以监控非正常的资金流动;安全部门对社交媒体文字信息监控可以发现潜在的威胁等等;电子数据的计量单位也已从 B、KB、MB 发展到 GB、TB、PB、EB、ZB、YB 和 BB(1 BB=1 024^7 MB, 1 024=2^{10}).总之,大数据正对每个人的生活、国家乃至全球的政治、经济、公共服务等领域带来巨大影响,这样的现实社会大背景自然非常有利于概率统计教育的发展.

然而,与代数、几何、三角相比,概率和统计是非常年轻的两个学科领域,对其内容、思想和作用人们普遍了解很少.在我国,让概率统计在中小学有立足之地主要取决于政府的决心和支持,但要进一步发展概率统计教育,责任主要在热心于普及概率统计教育的统计学家和中小学教育工作者的身上,我们应加大对概率统计的宣传,让更多的人了解它们.

在上述 2008 年的 ICMI 和 IASE 联合研究项目"学校数学中的统计教育"的会议期间,伊朗和菲律宾同行介绍了他们联合当地统计学会一起推进中小学概率统计教育发展的做法,可供我们借鉴. Parsian 和 Rejali 介绍说,虽然像平均数这样的统计知识进入伊朗学校课程有 30 多年了,但是总的来说,大家对统计不了解,误用也很多.为此,他们主要做了以下事情:(1)在伊朗数学会和各大学的组织下,伊朗每年都搞"全国统计日"庆祝活动,形式有开设讲座、举办展览、展示当年结题的统计研究项目的成果等;(2)伊朗数学会每年会定期组织一些学生一起研讨如何使用统计方法来解决现实生活中的问题;(3)每年举办面向中学生的统计竞赛和面向大学生的奥林匹克竞赛;(4)把统计列为高考考查的内容;(5)翻译、编写和出版一些统计的科普读物和期刊,在全国巡回演讲、开讨论班,演讲中既介绍统计有怎样的应用价值,也评鉴一些乱用统计的例子,很受教师欢迎(Parsian & Rejali,2008).

菲律宾则主要抓高校的概率统计教育和全国骨干教师的培训. Reston 和 Bersales 介绍说,菲律宾教师存在以下问题:(1)很少或几乎没有统计软件;(2)缺乏使用计算机技术的技能;(3)统计基础薄弱;(4)因不了解统计的实际应用而看不到统计的价值;(5)不熟悉统计说理,对统计概念没有深刻的理解.为此,菲律宾政府办的统计研究培训中心和菲律宾统计学会在推进概率统计教育发展方面做了大量工作,他们编写教师培训教材、编写供中学教师使用的统计教学材料、牵头培训统计师资、组织统计专题研讨会和全国性的统计学术会议,在菲律宾大学的统计学院,已连续 5 年每年举办师生学术报告会,宣讲他们的研究成果.另外,菲律宾每年也举办学生的统计竞赛(Reston & Bersales,2008).

上述两个国家教师面临的困难与我们相似,在我国,高校的概率统计课程一般是在 1980 年之后开设的,数学系毕业的数学教师在大学期间常常只修过"概率论与数理统计"这一门课程.正如本书第一章所述,概率、统计、数学在学科特点和思想方法上有较大区别,这样少的专业培训,让绝大多数数学教师对概率和统计教学缺乏足够的底气.所以,如果由统计学会和统计学家牵头推进中小学统计教育,组织教师培训、学生竞赛,都将是非常有益的.

1980 年代末,英国和美国最早发起了统计竞赛,现在,不少国家和地区也都定期组织比赛.通过竞赛,学校可以促进学生开展跨学科的研究学习,选手学习能力和解决问题能力得到培养,合作、交流的能力得以锻炼,一些好的研究项目通过竞赛得到推荐和宣传,一些统计方法的误用会被澄清,通过对竞赛的宣传,还能增进公众对统计的了解等等,好处多多.至 2017 年,中国统计教育学会已经组织了五届全国大学生统计建模大赛,每两年举办中小学生统计图表设计邀请赛,可喜可贺.

以笔者对面向学生的统计竞赛的了解,这样的竞赛一般都按年龄段分组,如小学高年级组、初中组、高中组和大学组,竞赛的形式一般有两种:海报式与研究报告式,低年龄的竞赛以统计图表丰富的海报式居多.研究报告一般要求A4 纸约 10 页,选题以学生自选身边感兴趣的问题研究为主,要求研究问题清晰而具体.研究方法上,鼓励学生明白地使用简单的数据分析方法而不要稀里糊涂地使用那些复杂的方法.评分时,一般邀请学校教师与统计专业人员一起参加,教师主要把握从该年龄段学生的学习内容来看问题的解决是否是高水平的,统计专业人员则在统计方法运用是否恰当上把关.对海报的评价一般从内容、创新性、统计图的恰当使用、表述的清晰性和总体效果这些方面来评价,对研究报告则会看研究问题、研究设计、数据收集、对过程的反思、最终表述等方面,如果具有原创性还可以额外加分.研究报告的书写要求规范,所用的调查问卷、收集的原始数据、参考了哪些资料、获得谁的帮助都要作为附录一一予以说明.

近年来,一些大学生的统计建模比赛因为主办方提供大数据而带来更大的挑战性,如面对警察署提供的过去 5 年中逮捕的数百万人的数据,参赛选手需要设计并执行创新方法,对如何改善公共安全提出建议(Gould,2014).

随着我国统计专业队伍逐渐壮大,相信会有更多的统计专业人士投身于发展我国中小学统计教育这一事业.

二、教学内容的扩充

我国的中小学概率统计教育尚属起步阶段,随着改革的发展,教学内容的扩充是必然的.下面,通过比较中外义务教育阶段的课程标准与高中教材来看看我们未来可以在哪些内容的取舍上作更加深入的探讨.

首先我们选择美国学前期至 8 年级(NCTM,2000)以及新西兰 1 至 8 年级的课程标准(New Zealand MOE,2009)与我国小学和初中的概率统计课程内容(中华人民共和国教育部,2011)作比较.之所以选择它们,是因为 NCTM 的《美国学校数学教育的原则和标准》(以下简称"美国标准")对世界各国的课程计划影响很大,而新西兰则有很强的概率统计教育研究队伍,它们均属于统计教育开始较早的国家.美国、新西兰两国的 9 年级均属于下一学段,所以没有包括.

就统计教学内容而言,比较发现,这 3 份文件在小学低年级的要求一致性最强,都是从学生熟悉的生活情境提出简单的问题并收集数据给出回答,要求学生会根据一定的规则对物体进行分类和计数,再用象形统计图表示.在这个阶段,调查对象都局限于学生自己或学生周围的事物,属于"就事论事"性质的调查,即不把调查结果推广到调查对象之外更广泛的群体.

到小学高年级,3 份标准的分化开始显现.开展统计活动、学习统计图表并用于交流,这是 3 份课程标准统计教学的一个共同内容,但是美国、新西兰因为引入了更多的图表类型以及融入非形式化的统计推断而显示出更高的教学要求.比如,我国课程从未尝试过在小学高年级讲分布,但是美国标准要求在 3~5 年级把学习的重点转移到把一组数据作为一个整体来看,描述它的形状,并使用数据的统计特征,如中心、极差等来比较两组数据.

图 9-1 所示为该标准中 3～5 年级的一个案例,睡眠分类标准为——"轻":有一点声音就醒;"中等":大声能被吵醒;"沉":一夜不醒;"其他":与上面三种均不同. 让学生根据下面的统计数据探究 1 年级和 5 年级学生的睡眠规律.

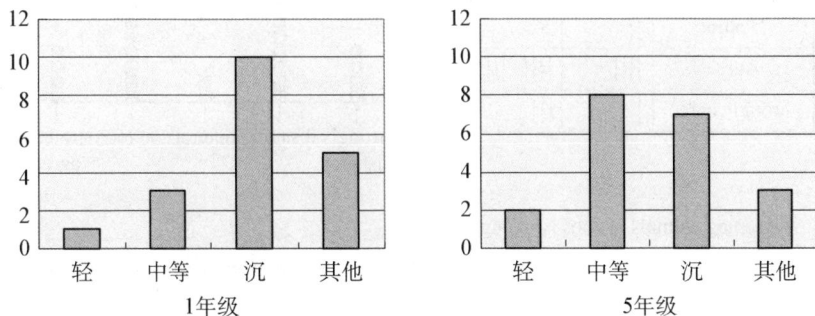

图 9 - 1　学生睡眠习惯的调查

图中的数据表明,1 年级学生比 5 年级学生睡得沉. 对此,学生会感觉有点意外,于是教师组织他们讨论这个结果有没有合理的解释. 有的学生提出这样的假设:因为 1 年级学生在外面玩的时间长,所以,他们的活动强度大,导致他们睡得沉. 大家认识到需要收集 1 年级和 5 年级学生有代表性的一天活动的数据来考查他们所提出的这一假设. 这个案例倡导的是学生要从数据中读取信息,形成结论,思考所获得的结论是否合理,猜想结论成立的原因并依据数据向他人论证自己的猜想. 这不正是在培养数据分析观念吗?

新西兰自 4 年级起就开始使用多种统计图,如条形统计图、饼图、茎叶图等,还要求学生根据具体问题选择合适的统计图并说明理由,经历统计设计、统计调查、统计整理、统计分析、得出结论的统计探究循环过程. 下面是该标准 7 年级的一个案例——就"动物园养动物是不对的(Keeping animals in zoos is wrong)"这一看法调查了某个班级,调查的结果用了四种形式表达(见图 9 - 2,五个选项依次是"强烈反对""反对""中立""支持""强烈支持").

基于调查数据,我们可以提出诸如"有多少女生不同意这一看法""男生更倾向于同意这一看法吗"这样的问题,请给出更多不同类型的问题,再就你、你

"Keeping animals in zoos is wrong"

	Boys	Girls
Strongly disagree	||	||
Disagree	|||||	|||
Neutral	||	
Agree	||||	||||| ||||
Strongly agree			|||

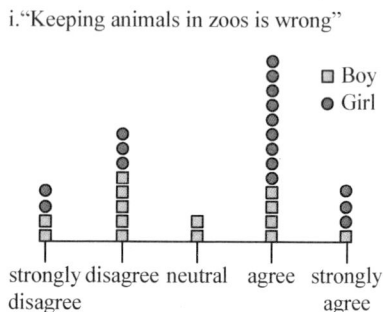

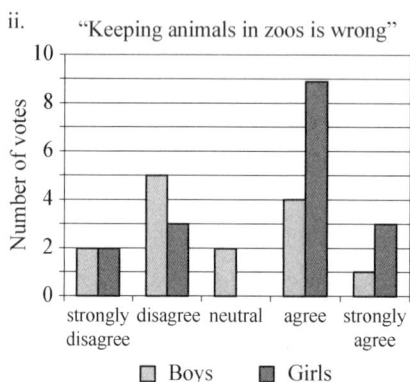

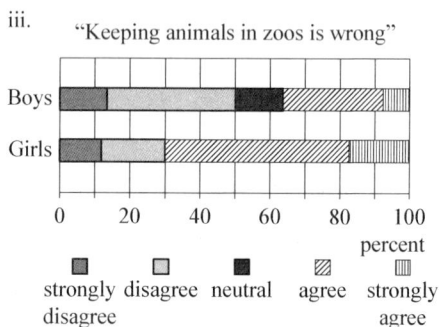

i. "Keeping animals in zoos is wrong"

ii. "Keeping animals in zoos is wrong"

iii. "Keeping animals in zoos is wrong"

图 9 - 2 对"动物园养动物是不对的"调查结果(New Zealand MOE,2009)

的朋友或家人感兴趣的话题,写出一些"我想知道"的问题,与一两位同学合作,就其中的一个或几个问题展开调查,经历统计探究循环过程.

荃叶图和箱线图(图例见本书第一章)以及图 9 - 2 中最后那个 100% 堆积条形图都是新的数据表示法,适合用来考察分布,比较两个总体的特征以及不同样本的同一特征,但均未进入我国的小学和初中课程.上述两个案例反映出使用新技术作统计图、将统计图表当作说理工具的价值取向,这是符合计算机时代概率统计教育发展趋势的.

让我们转而考察上述 3 份课程标准对小学和初中概率教学的要求.从教学时间上来看,美国、新西兰两国概率教学覆盖所有学段,我国 2011 年版的义务教育数学课程标准将概率教学缩短为从小学高年级到初中.我赞成这一改变,因为就目前安排的概率内容来看,不需要把时间跨度拖得这么长. 比如,对确定与不确定的体验,美国标准建议安排在小学低年级学习,但是许多研究发现,孩子们容易懂得随机现象发生无法预测,具有不确定性的一面(巴桑卓玛,2006;Green,1982;Fischbein & Gazit,1984;Li,2000). 在巴桑卓玛的调查中发现:"学过和没有学过统计的 1~8 年级的学生对根据已有的生活经验区分确定性和不确定性的认识水平没有差异,而且所有年级的学生理解的比例达到 95%~100%",也就是说,即使不教,学生从日常生活经验中也能学到. 笔者在上海的一些中学做的测试和教学实验也表明,即使没有学过,绝大多数学生也能够正确区分"不可能""可能"与"必然".

从课程内容来看,美国标准要求学前期至 2 年级,讨论与学生经验相关的可能与不可能的事件. 在 3~5 年级,对事件可能或不太可能发生进行描述,并用肯定发生、可能性一样大和不可能发生等语言定性地讨论事件发生的可能性;预测简单情况下的概率值并验证预测的结果;理解一个事件发生的概率可以用 0~1 之间的数来表示. 在 6~8 年级,要求理解并运用合适的术语来描述互补事件(即对立事件)和互斥事件(即不相容事件);用比例及对概率的基本理解来对试验和模拟结果作出推测;使用有组织的列表、树状图和面积模型计算简单的复合事件的概率. 可见,我国和美国内容大体一样,从体验不确定现象并定性描述可能性发展到定量描述概率,建立实验概率与理论概率之间的联系,但是我们将互补事件和互斥事件这两个概念安排在高中教.

与美国不同,新西兰概率教学的进度快许多,1~2 年级体验不确定现象并定性描述可能性;3 年级要求学生比较袋中三种颜色的木块哪一种摸到的可能性最大(小)并解释理由;5 年级要求能够在简单情况下列出所有可能的结果;6年级要求能借助树状图和二维表来表达所有可能的结果,并解释为何抛掷两枚硬币 24 次,一正一反比两个正面或两个反面发生得更加频繁. 下面这个案例来自该标准的 7 年级:2 只红色和 2 只蓝色小球放在一个桶里,随机地取出两个球,完成以下问题:(1)写出所有可能的结果;(2)取出两只红球的概率是多少;(3)如果取 60 次,你期望有多少次取出两只红球;(4)现在请试验 60 次,把你的结果记录在表中,和你的期望一样吗?试验结果会改变你的期望吗?如果你再重复试验 60 次,你期望会有多少次取出 2 只红球?这一案例涉及主观概率、重复试验、记录结果、用频率估计概率、列出样本空间、计算概率、解释概率的含义、比较概率、沟通实验概率与理论概率、交流等多项技能,比我国现行的课程要求高.

也许有人说不如再整合一下,小学就不要学概率了,全部集中安排在初中,反正前些年新课程下的初中生不都是使用这种"浓缩"课程的嘛.我不赞同这个观点,理由一是越晚开始概率教学,学生受确定性数学思维训练的影响就越大,积累的错误认知就越多、越顽固,纠正的难度也越大.理由二是小学高年级学生已经具备了概率学习的能力,教育应该促进、引领其更好地发展,学生难以自发地认识随机现象发生频率在大量重复试验时有趋于稳定的一面,需要在教师的组织下体验这一特点.理由三是要培养学生的数据分析观念,学会用数据说理的方法,关键是要让学生亲身经历利用所学的概率统计知识解决具体的实际问题的过程,从中体会这些知识和方法的重要性和有效性.缩短概率统计教学时间,必将首先缩短学生体验、理解和主动探索的时间,那么概率统计教育恐怕又要回到只教知识的老路上去了.

"运用模拟方法(包括计算器产生随机数来进行模拟)估计概率"是我国现行高中数学课程标准中的内容,美国、新西兰是在初中阶段就引入的,我也赞成早一点安排.这样做的目的主要有三个,一是可将理论计算得到的概率与试验结果相比较,两种获得概率的途径殊途同归,相互印证;二是用这一方法可解决学生还不会通过理论计算求解的一些复杂的概率问题,可以矫正、验证学生对一些他们感兴趣的事件的概率大小的直觉,如"许多人在写一个均匀的硬币抛掷 10 次后的结果时,都会频繁地交替写正面和反面,有意避免连续出现 4 次或 4 次以上正面朝上或反面朝上,那么这一直觉可靠吗?连续出现 4 次或 4 次以上正面朝上或反面朝上的概率很小吗?大概有多小?"如果不会算不要紧,我们可以利用机器(或者随机数表)产生随机数进行模拟试验来估计这个概率,原来连续出现 4 次或 4 次以上正面朝上或反面朝上的概率并不如我们所想象的那么小.这样,我们的直觉就自然地被调整了;三是从中也能让学生深刻体会随机现象背后存在的规律性,看到大样本的分布与总体实际的分布更接近,所以要用大样本而不是小样本的信息去估计总体的相关信息.华东师大版初中数学实验教材在9年级安排了阅读材料——模拟试验,介绍用计算器产生随机数做模拟试验估计概率的方法,从我们得到的反馈来看,初中学生能够学习,只是因为这部分内容现在未列入我国义务教育数学课程标准,很多地方也还不允许中考时使用计算器,所以实际上许多教师不会在教学中介绍这一思想方法.

前些年有教师抱怨为什么小学生抛掷硬币,初中生还在抛掷硬币.其实,统计学习离不开数据,除了调查获得的现实世界的数据,硬币、骰子、转盘等产生的随机数据也是重要的学习资源,抛掷硬币、投掷骰子、转转盘等是产生随机结果的一些最简便的方法,凭借这些学习工具,加深了学生的学习内容,如从填表记录到自己设计实验记录表,从记录的数据中读取明显的信息到联系几份数据表寻求随机现象的规律,从抛掷一枚硬币到同时抛掷几枚硬币或抛掷两种硬币等,这些变化都会加大理论分析的难度,所以我们不能仅仅看学生操作的是什么工具,应该更关注他们在干什么.

高中阶段的比较因为课程分化变得更加困难,这里简单介绍一下华东师范大学牵头的"主要国家高中数学教材比较研究"课题组子项目"主要国家高中概率统计教学内容的组织和呈现方式"的相关研究成果.在咨询了当地数学教育工作者后,"主要国家高中数学教材比较研究"课题组选定了中国、日本、新加坡、美国、德国、俄罗斯、英国7个国家共8套高中数学教材作为比较对象,每册教材的出版信息如表9-3所示.这里,我们没有对它们使用的年级和必修还是选修予以说明,主要是因为各国的教育体制和学制不同,在有的国家,教材有明确的使用对象和使用顺序,但有的国家则没有清晰的规定,所以也无法说明.我们没有收集各套教材相应的练习册,比较对象仅限于教材中的内容.

表 9 - 3　各套教材基本信息

国家	出版社	编号	教材名称与出版年份
中国	人民教育出版社	①	普通高中课程标准（实验）教材数学 A 版：必修 3(2007 版)、选修 2 - 3(2009 版)
日本	数研出版社	②	新编数学：数学 A(2006 版)、数学 B(2007 版)、数学 C(2007 版)
新加坡	Panpac Education	③	数学 4(2008 版)、H2 数学第 2 卷(2006 版)
美国	Pearson Education	④	Prentice Hall Mathematics：代数 1（2009 版)、代数 2(2009 版)
美国	Wright Group/Mc Graw Hill	⑤	UCSMP：高级代数(2010 版)、函数、统计和三角(2010 版)
德国	Schroedel	⑥	EDM 数学基础：11 - 12(2010 版)
俄罗斯	莫斯科教育出版社	⑦	代数与分析初步：10(2006 版)
英国	剑桥大学出版社	⑧	SMP AS/A2 数学：统计 1(2004 版)、统计 2(2005 版)

英国、美国、德国在中小学开展概率统计教育时间相对较长,中国、日本、俄罗斯则相对较短,新加坡受东亚文化的影响,但教育体制与评价又是英式的,从借鉴别国发展经验来看,选择这样七个国家进行比较研究还是很有意思的. 笔者将高中概率统计教学分为 27 个主题,统计了 8 套教材对它们的覆盖情况,结果如表 9 - 4 所示.

表 9 - 4　各教材覆盖主题情况

主题	覆盖的教材编号	主题	覆盖的教材编号
茎叶图	①③④⑤⑧	概率古典定义	①②③④⑤⑥⑦⑧
箱线图	③④⑤⑥⑧	概率频率定义	①③④⑤⑥⑦
线性回归	①②③④⑤⑥⑧	大数定律	②③④⑤⑦
非线性回归模型	①③④⑤⑥⑧	离散型随机变量的数学期望与方差	①②③⑤⑥⑦⑧

主题	覆盖的教材编号	主题	覆盖的教材编号
二项分布	①②③④⑤⑥⑧	随机变量线性变换后的期望与方差	①②⑤⑧
正态分布	①②③④⑤⑥⑧	离散型随机变量函数的期望与方差	②⑧
正态分布标准化	②③④⑤⑥⑧	互斥事件和的概率	①②③④⑤⑦⑧
泊松分布	③⑧	和事件的概率	②③④⑤⑦⑧
超几何分布	①	独立事件积的概率	①②③④⑤⑦⑧
抽样方法	①②③④⑤⑧	条件概率	①②③④⑤⑦⑧
点估计	①②③④⑤⑥⑧	概率密度	①②③④⑤⑥⑧
平均数、方差的无偏估计	③⑤⑥⑧		
中心极限定理	②③⑤⑥⑧		
区间估计	②③⑤⑥⑧		
假设检验	③⑤⑧		
卡方独立性检验	①⑤⑧		

英国 SMP 和美国 UCSMP 以覆盖 24 个主题名列榜首,紧随其后的是新加坡 Panpac 覆盖了 23 个主题,日本数研覆盖了 18 个主题,中国人教社和美国 Prentice Hall 都覆盖了 17 个主题,德国 EDM 与俄罗斯莫斯科教育最少,依次为覆盖了 14 个和 8 个主题.需要说明一下德国 EDM 教材的情况,因为有的主题如抽样方法、互斥事件和的概率、独立事件积的概率、条件概率在初中阶段已经学习过,所以德国高中教材覆盖主题的总量相对比较少,尤其是其概率部分,但是中心极限定理、假设检验、卡方独立性检验等主题该教材也的确没有涉及,所以德国高中概率统计内容少是客观事实.

"概率古典定义""线性回归""离散型随机变量的数学期望与方差""二项分布""正态分布""点估计""互斥事件和的概率""独立事件积的概率""条件概率""概率密度"被普遍认为是高中概率统计需要涵盖的教学内容,也是我国高中数学教材已经包含的内容. 8 套教材中有 5、6 套教材都有,而我国人教版教材没有的专题有"正态分布标准化""箱线图""中心极限定理""区间估计""大数定律""和事件的概率".

我认为,像"和事件的概率"计算进入我国课程是比较容易的,因为我国学生有集合语言的基础,也学过样本空间概念,计算更是我们的强项;箱线图与茎叶图一样,是较新的数据表示法,因为茎叶图是初中生都能掌握的,有望下放到初中学习,所以让高中生借助图形计算器或计算机制作更为抽象的箱线图,从中更清楚地了解分布信息,如四分位数的位置、四分位差等也是可行的;"正态分布标准化""大数定律"与"区间估计"都是相关内容的深化,我国 2003 年版的高中数学课程标准是首次引入一些新的概率统计教学内容,改革需要一个渐进的过程,相信随着我国概率统计教育的发展,这些新内容的教学也会逐步走向深入. 另外,统计的应用性非常强,像"平均数与方差的无偏估计""中心极限定理"都是用样本估计总体以解决实际问题必须要知道的知识,我国教材目前还没有涉及它们,虽然我们讲抽样方法,但如果只停留在概念介绍的水平而不结合实际运用,那就限制了学习的意义. 上述六个主题在未来修订我国高中数学课程标准时应认真论证是否有进入的可能性.

从覆盖的知识主题数量来看,我国内容不少,超几何分布只有我国人教版教材有,我国新课程实施后被调整为高考不考的选学内容——独立性检验和假设检验也仅各有 3 套教材涉及,看来这样的调整还是合理的. 但我们也发现,我国教材在使用计算器模拟与运算、考察分布等通过数值化途径学习概率统计、运用概率密度函数或累积分布函数求概率以及运用概率统计知识解决实际问题方面是缺失的,用新技术处理大数据是今后高中概率统计教育的趋势,使用图形计算器或计算机等新技术可以逾越应用所要求的微积分等知识技能的门槛. 另外,一些主题的深入程度也还有待提高,比如正态分布、概率密度函数等,与其他教材相比,我们篇幅很少,没有详尽的研究.

在概率统计教学内容的选取上,我认为首先我们还需要更加重视知识的应用性. 比如"平均数",我们从小学就开始教它,根据现成的数据计算平均数甚至加权平均数我们的学生普遍不感到困难,学生也知道测量值大小不一时可以以平均数作为代表,看到数据组中有特别大或特别小的值也有较多的学生能够想到先去掉极端值再求平均数,但是读到像用平均数来计算"北京居民平均工资""北京人均消费"这些身边的统计数据时却不会警觉,不会意识到这些平均数都是没有太大实际意义的统计数字.一座城市中,一个富翁花 300 万元购买两辆高级轿车对人均消费的贡献相当于 15 万人每人多花 20 元对人均消费带来的贡献,两件难易程度完全不同的事件一经"平均"变得没有区别了.当随机变量的分布不服从正态分布时,算术平均数与中位数、众数差距会很大,这时算术平均数是不能反映中等水平的.这正是新西兰课程标准强调平均数的教学必须与分布相结合的原因.类似地,还有关于抽样调查的内容选取,我们还不够重视让学生自己设计用于调查的问卷、决定抽样的对象与数量、如何抽样以避免偏差、如何控制试验中的无关变量条件等等,这些实用的知识和技能都不是完全可以从书本中学习到的,需要在相应的统计活动中积累经验.

下面这个利用概率知识帮助判案的案例摘自美国标准 9~12 年级:在瑞典的一次庭审中,管理泊车的警察作证说他记录了一辆车某一边的两个轮胎气阀的位置.一小时后待他重新回到该处时,气阀还在原来的位置.(这个警察的做法是把气阀的位置记成最接近的"钟点"位置.例如在图9-3 中,气阀位置被记作"10:00"和

图 9-3　显示气阀在"10:00"和"3:00"的轮胎位置图(NCTM,2000,p.332)

"3:00".)在这种情况下,他开了一张超时泊车的罚单,但是车主却声称他已经在其间用过车子,只不过停回到了原来的泊车位而已.主审法官会相信管理泊车的警察还是相信那个车主呢?

主审法官作了这样的假定:车轮运动时是互相独立的,因此两个气阀回到它们先前"钟点"位置的可能性是 $\frac{1}{12} \times \frac{1}{12} = \frac{1}{144}$,法官认为这个可能性还不够

小,所以判驾车人无罪.法官说如果警察能够提供所有四个轮子的气阀都回到先前位置的证据,那么法庭会判驾车人有罪.

上述说理涉及各个车轮运动是相互独立的假设,这一假设是否成立需要考察,所以美国标准建议教师组织学生在直道、弯道、坡道等不同假定下,通过收集数据来作出判断,讨论气阀回到原来位置的概率是多少,还能否提出一些更精确的记录轮胎位置的方案以减小误差等等.该标准用了案例本身约 2 倍的篇幅来分析案例,给出教学建议.

第二,我们还需要更加重视对知识的理解.比如,给出一块木板长度的 9 个测量值,问怎么估计这块木板的长度,为数不少的学生认为取众数作为估计值最好,因为有几个人都独立测量出这个数值,应该比较准(李慧华,2008).其实,这样的回答反映出这些学生虽然了解众数的概念,但并不了解测量误差是一个随机变量,他们误以为测量误差是可以避免和控制的(比如测量时尽量认真仔细).但事实是,测量误差不是人为可以避免的,每一次测量由于影响测量精度的各种因素随机地产生着影响,使得测量误差大小也随机地变化,反复测量它的话,那么这些测量误差通常符合正态分布,根据样本均值的性质(见本书第四章第一节平均数、中位数与众数),样本平均值是木板长度的一个好的估计,样本中的数据与均值的偏差平方和在同类偏差平方和中是最小的,所以解决本问题可以直接求这 9 个测量值的平均数.也有一些学生看了题目就把一头一尾的两个测量值先去掉了,其实给出的 9 个测量值中并没有极端值,根本不需要使用"去掉最大和最小值后再求平均数"的办法,反映出学生不理解为什么要截尾.

第三,内容的选取与安排还需要更精心地考虑差异性.满足不同学生的学习需求是开设选修课程的出发点,但是通过直接删减教学内容达到区分的做法是一种粗糙的、简单化的做法,我国 2003 年版高中数学课程标准中理科学生选修 2 的内容删去概率内容就成了文科学生选修 1 的内容,这样的设计很难说已经体现了满足文理科学生今后不同需要的初衷,即使采用相同的案例,课程标准也可以考虑给出不同的教学指导建议.这里,我想通过介绍美国 1989 年 9~

12 年级课程标准(全美数学教师理事会 NCTM，1989)中的一个案例(p. 145 -
146)来说明如何为学业基础不同的学生设计适合多种水平的课程.

假如安妮告诉你，她用旧的方法投篮，平均命中率是 60%. 如果她改用新方
法，则最初的 10 次投篮中就投中了 9 个. 她能否就此下结论说新方法比旧方
法好？

对此问题，该课程标准给出了 4 个不同水平层次的教学方案：

水平 1：学生通过规定整数 4～9 对应"投中"和 0～3 对应"不中"来建立这
个问题的模型. 他们将一个均匀的正 20 面体的骰子(它有 20 个面，数字 0～9 在
面上各出现 2 次)掷 10 次. 如果其中有 9 个或多于 9 个的"投中"出现，则认为这
回试验获得了成功. 让学生重复试验，并用百分比表示成功率. 为了更好地估计
概率，可以汇总全班学生的试验结果.

水平 2：学生作类似的模拟试验但不用骰子改用随机数表.

水平 3：学生学习和使用计算机编程，用计算机产生随机数进行模拟试验，
估计成功的概率.

水平 4：学生把这个问题与具体的二项分布联系起来，计算在命中率为
60%的假设下，投 10 次至少有 9 次投中的概率.

上述 4 个水平虽然解决的问题对所有学生来说都是同一个，但涉及预备知
识的多寡、解题方法的抽象程度、教具和学具等都是不一样的. 相信这样的多样
化教学设计更能满足学生不同层次的需求，值得我们借鉴和学习.

课程发展以渐进而不是激进的方式进行为宜，因为我们需要在思想观念转
变、专业知识培训、学生学习规律研究等方面做准备，所以即使我们认识到有些
知识和技能是未来公民需要具备的基本素养，但是我们可能依然暂时不将其纳
入课程内容，如利用计算机技术进行模拟随机试验，以非形式地解决统计推断

问题已经作为今后正规学习统计推断的准备内容而进入了新西兰、澳大利亚、美国的一些中学数学课程标准,但是对我国来说,条件还不成熟,尚需等待.

三、评价方式的改进

传统的概率统计教学和考试往往只停留在计算层次,如给学生两组数据,平均数相等,问哪组波动较小等等.有一位教师在 2004 年他的专著中这样总结初中统计初步课程:其"特点是独立分支,内容不多,计算量大.对策是正确理解概念,牢记公式,熟练掌握运算技巧".这样的描述与本书阐述的概率统计学科特点相去甚远.幸好,近来我国课程改革已经很大程度地改变了统计教育这种面貌,像注重学生开展统计活动、注重学生对概念和方法的理解、注重数据分析观念的培养等均已被写进了课程标准,教材编写人员也在尽力开发相应的教学素材,以落实课程标准.但是不可否认,我国概率统计教育目前还处在起步阶段,教学内容偏少、不深,考题偏重计算,学校所学的统计知识无法运用于实践,这些现象在其他国家普及统计教育的初期也都发生过.为此,我们需要了解国际上相关测试评价的做法与动向,借鉴它们考查理解、测试能力的经验.

由经济合作与发展组织(OECD)牵头实施的"国际学生评估项目"(PISA)是一项以改善教育政策为导向的跨国测试研究,重在评价义务教育末期的 15 岁学生的阅读、数学、科学素养.它是这样界定数学素养的:"在各种各样情境中能够自觉产生使用数学的意识,使用数学的概念、程序、事实和工具来描述、解释、说理甚至预测,看到数学在社会中所起的作用,能够积极参与社会事务、运用数学理智地进行判断和决策的能力."(OECD,2013,p.25)这样的测试目标与当前培养学生概率统计素养的大方向一致,值得关注.

自 1955 年起,美国高中为那些想在高中阶段再多学一些知识的学生开设了 AP(The Advanced Placement Program)选修课程系列,这类课程内容讲的是大学里的知识,学生可以通过自学或修课的方式学习,如果考试通过,那么就可以在读大学时获得免修并承认相关课程学分的待遇.AP 考试目前已有约 40 个考试科目,统计学也是其中之一.

统计学 AP 考试的内容主要有四个方面:(1)探索数据:描述规律、运用规律,约占考分的 20%～30%;(2)抽样与实验:计划并进行一项调查,约占考分的 10%～15%;(3)预见规律:用概率和模拟试验研究随机现象,约占考分的 20%～30%;(4)统计推断:估计总体参数和假设检验,约占考分的 30%～40%.考试持续 3 小时,分为 40 道选择题和 6 道解答题两部分,各占总分的50%,解答题中最后 1 道为调查研究题.AP 考试不要求学生记公式,主要考察学生对上述各领域的理解和学生应用知识进行推断和决策的能力.主要的公式、数表都印在试卷上,考生可以使用具有统计功能的图形计算器(李俊,张洁铭,2006).这样的测试对象与内容对我们评价高中生的学习也有借鉴之处.

下面,我们分情境与形式、知识与技能、过程与能力三方面,对 PISA 以及AP 考试中的概率统计考题特点作一梳理.

考题的情境与形式:无论是 PISA 还是 AP 考试,考题基本上都有一个现实问题情境,PISA 2009 将情境分为个人、教育、公众、职业、科学、数学 6 种,从前至后,离学生熟悉的情境越来越远,离形式化的数学情境越来越近.如抛掷骰子游戏属于个人情境,它直接和学生个人日常活动有关.在学校里进行调查等在校园内发生的为教育情境.公众情境则和当地或者广泛的社群有关,需要学生观察周遭环境的某些层面或环节.天气预报、歌星唱片销量、体育竞赛、彩票等都属于社会情境.工农业生产数量与产品质量、商品销量等与工作场合有关的问题属于职业情境.科学情境则较为抽象,指将数学用于自然世界、科技领域以及技术过程和理论研究的情境,如人口数据、地震数据、医学数据、环保数据等.数学内部问题为数学情境的问题.现在,我们虽然已经重视使用问题情境了,但是常常以教育和公众情境为主,缺少职业和科学情境,容易剥离情境或更换情境的考题偏多(李俊、黄华,2013),这与前面提到的教材缺乏应用性素材是一致的,也是我国统计学科发展现状与普及程度的反映.

有趣的是,为了照顾所有考生的个人兴趣,PISA 数学命题要求不应明显偏向任何情境,做到均衡分布.但是 PISA 2012 概率统计机考候选题中最多的情境是科学和职业,这可能是因为机考的重点是对数据进行分析,如分析 GDP 数据、地震数据、植物与气候关系、面包店各种面包销售情况、职业病数据等,所以科学情境和职业情境就比较多了(李俊、黄华,2013).

AP 与 PISA 考查的形式以前以纸笔考试(允许使用计算器)为主,但自 2012 年起,PISA 特别加强了对过程的考查,创造性地引入了机考(computer-based assessment of mathematics,CBAM),以弥补纸笔测试在考查能力方面的不足.在机考的环境下,考生可以在屏幕上拖动条形、对三维立体图形进行操作、旋转,对较多的数据进行有选择的排序、表示、分析,直观地画出数据拟合线,让计算机随机产生样本并在此基础上研究总体的性质,用计算机模拟试验来解决概率问题等等.从笔者接触到的 PISA2009 实测题和 PISA2012 机考候选题来看,PISA 测试使用最多的是选择题、填空题和判断题,计算机环境下的新题型以计算机制条形图为主,"计算机实时呈现变化的数据"和"计算机模拟试验"的考题很少,考试也以封闭性答案考题为主,这可能均与开发及评阅相应试题的成本、难度有关.

考查知识与技能:我们知道,数学概念可以用来揭示事物的本质属性,它既区别于其他事物又与其他事物发生联系,所以,如果没有深刻理解概念的话,就很有可能会张冠李戴.请看下面来自 AP 考试的两道考查概念的考题.

例 1 下面哪一种情况下用分层随机抽样要比用简单随机抽样好?

A. 总体可以被分为很多层,使每一层只有很少的个体

B. 总体可以被分为几层,使每一层有很多个体

C. 总体可以被分层,使每一层里的个体尽可能相像

D. 总体可以被分层,使每一层里的个体尽可能不同

E. 总体可以被分层,使每一层里有相同数量的个体,从而每个个体有相同的机会被抽中

此题属于概念型选择题,主要考查学生对基本概念的理解及运用,正确答案是 C.正如我们在第五章中分析的,无论是随机抽样还是有意抽样,都有很多方法,在介绍抽样和抽样的具体方法时,我们经常会谈到像抽样多少、同质、异质、被抽中的机会、分层、随机等等.经命题者这么"一搅和",一些对何时适用分层随机抽样不甚理解的考生就"懵了".

数学概念可以分为三类,第一类是只了解概念的大意也不影响运用;第二类是要知道大概表述才能运用;第三类是要明确表述细节才能运用,下面的例 2 考查的就是第三类概念.

例 2 一家糖果公司说它生产的糖 10% 是蓝色的糖.如果从它生产的糖中随机抽取 200 粒作为一个样本,发现 16 粒是蓝色的糖,那么最适合选用下面哪个检验来决定这个公司是否要改一改它的说法?

A. 配对 t 检验

B. 一个样本的比率 z 检验

C. 两个样本的 t 检验

D. 两个样本的比率 z 检验

E. χ^2 相关性检验

此题的正确答案是 B,这里 200 粒糖是一个样本,并没有两个样本,也没有配对,虽然 χ^2 相关性检验也会用到抽样、百分比、假设检验,但是它通常用于确定两个变量间是否有一定的关系,本问题则是总体比率的大样本检验问题,适合用 z 检验.

上述两例都是考查概念的,看学生对具有相近特征的概念的辨析能力,认识肤浅的学生在这种"迷魂阵"前就会迷失方向.

因为 PISA 和 AP 考试都可以使用计算器,所以它们的计算型选择题主要考查的是学生对基本方法的掌握程度.

例 3 所有进入某研究机构的包都须经过安全检查.已知 97% 装有违禁物品的包通过安全检查时机器都会报警,但 15% 没装违禁物品的包通过安全检查时机器也会报警.如果平均每 1 000 个进入这个研究机构的包中,有一个是装有违禁物品的,那么在一个报警的包中真的装有违禁物品的概率是多少?

    A. 0.000 97　　　　B. 0.006 40　　　　C. 0.030 00

    D. 0.145 50　　　　E. 0.970 00

本题的正确答案是 B,考的是运用贝叶斯公式计算概率,因为允许考生带计算器,所以解题中用到繁琐一点的计算也没问题.这两道考试的计算题通常以填空题的形式出现.

例 4 一名研究者正在研究美国中部地区的一种白蚁.他先随机选择了 49 对白蚁,每对的两个白蚁都来自同一个生物群体.他另外又随机选择了 55 对白蚁,每对的两个白蚁分别来自不同的生物群体.他把白蚁一对一对地放在一些培养皿中,观察它们是否有攻击行为,下表是观察到的结果:

	有攻击	无攻击	总计
同一群体	40(33.5)	9(15.5)	49
不同群体	31(37.5)	24(17.5)	55
总计	71	33	104

进行 χ^2 一致性检验,结果是 $\chi^2 = 7.638$,表中括号里的是相应的期望值,以下哪个论断是根据这个结果得到的?

    A. χ^2 在 0.05 水平下不显著

    B. χ^2 是显著的,$0.01 < p < 0.05$;表中的值说明来自同一个群体的白蚁比来自不同群体的白蚁发生攻击行为的可能性小

C. χ^2 是显著的，$0.01 < p < 0.05$；表中的值说明来自不同群体的白蚁比来自同一个群体的白蚁发生攻击行为的可能性小

D. χ^2 是显著的，$p < 0.01$；表中的值说明来自同一个群体的白蚁比来自不同群体的白蚁发生攻击行为的可能性小

E. χ^2 是显著的，$p < 0.01$；表中的值说明来自不同群体的白蚁比来自同一个群体的白蚁发生攻击行为的可能性小

本题的正确答案是 E，题中直接提供了理论频数(期望值)和 χ^2 值这些常规的繁琐运算结果，试卷所附的"公式和表"中也有 χ^2 值表，所以考查重点是学生是否知道提出的是什么假设、自由度是多少、如何查表、χ^2 检验统计决断的规则是什么．这种理论型选择题，主要考查考生对基本性质、定理、方法的条件及结论的掌握，同时考查分析、比较、判断和推理的能力．

例5 有 n 对数据 (x_1, y_1)，(x_2, y_2)，…，(x_n, y_n)．x 值的平均数和标准差依次是 $\bar{x} = 5$，$S_x = 4$，y 值的平均数和标准差依次是 $\bar{y} = 10$，$S_y = 10$，下面这些式子哪一个可能是由最小二乘法得到的回归直线？

A. $\hat{y} = -5.0 + 3.0x$ B. $\hat{y} = 3.0x$ C. $\hat{y} = 5.0 + 2.5x$

D. $\hat{y} = 8.5 + 0.3x$ E. $\hat{y} = 10.0 + 0.4x$

本题的正确答案是 D，试卷所附的公式中与此题相关的有：

$$b_1 = \frac{\sum (x_i - \bar{x})(y_i - \bar{y})}{\sum (x_i - \bar{x})^2}, \ b_0 = \bar{y} - b_1 \bar{x}, \ \hat{y} = b_0 + b_1 x.$$

已知条件中没有具体的数据，也不知道 $\sum xy$，所以，这道题的回答可以依据推理找出答案，由已知条件和上面的后两个公式，可以将候选答案缩小范围到选项 A 和 D，再由它们的图象性质，可以看到选项 D 的可能性更大．

以上 3 道题都涉及计算,但考查重点不在计算,而在于公式和数表的选择.我们看到,即使是与计算有关的选择题,命题者也可以考查学生概念的理解水平和他们的推理能力,设计巧妙.

　　考查过程与能力:"整理与表示数据"是常见的统计考核内容.纸笔测试的话,限于时间,一般会让学生补充统计图上未完成的少量作图.但是在计算机环境下,考查范围可以大大扩展,如考生是否以及如何读取用电子数据表(如Excel 的数据表)形式提供的上百个统计数据图表的? 如果学生没有在数据表中对数据排序的活动经验,要找出某种数据在某个范围的数据有多少,最大值或最小值是什么,可能只会凑近屏幕逐个去数或比较,当数据很多且复杂时,这么做非常低效而且很容易出错.虽然 PISA 机考题目中会对选择、排序等给出操作说明,但是有过操作数据表学习经验的学生就会迅速地获得答案而不用理会这些说明.

　　要在一组数据的基础上提出一个假设或判断某个说法的正确性,我们常常需要收集更多的数据作为证据,这一要求在纸笔测试中也很难满足,但在计算机环境下,命题者可以事先将大量数据输入数据库,或者让计算机实时产生随机数,学生按一下按钮,刷新的数据就出现了.学生按了多少次按钮、关注呈现出的什么数据,都可以在后台记录下来并用来考查学生是否具备了在变动的多组数据中得出判断的能力.不过,目前计算机环境下完成"直观拟合数据"和"实施模拟试验"还处在起步探索阶段,PISA 2012 机考候选题中这类考题也各只有一道(李俊、黄华,2013).

　　PISA 考题中有一些题是关于两个变量之间的相关关系的,当然首先要画散点图,在计算机环境下,当学生确定要分析哪两个变量之间的关系以后,计算机就可以帮学生画出相应的散点图,学生要做的是根据散点图对两者关系类型作出分析推断,这样的过程会涉及多种能力,如"符号与形式化""表示""问题解决""交流""说理与论证"等等,既考了过程又考了能力,相信这应该是将来命题的发展方向.

四、师资的培训

教育发展极大地依赖于师资的质量,为了能够顺利地推进 21 世纪初的这场中小学课程改革,教育部非常重视教师培训,提出"先培训,后上岗;不培训,不上岗"的原则,培训规模前所未有.培训内容一般分为通识培训和学科培训,前者注重教育新理念,后者注重课程新内容.其实,这两方面的联系可能比我们想象得更为密切,教师在教学中能否更多地发动学生参与,这与教师对课程新内容的熟悉和把握程度有关,教师对课程新内容的本质是否理解也会影响到教师在教学中采取怎样的教学策略.

曾经读过一篇比较专家教师和新手教师数学教学行为差异的论文,作者获得的其中一个发现是:新手教师因为对所教的内容不够熟悉、对教学技能的掌握不够熟练、对学生学习中的疑问困难也不了解,所以他们在教学中放不开,害怕学生提问,教学容易变成封闭的单向传输知识的教学(Borko & Livingston, 1989).我个人认为,无论是新教师还是老教师,教某个自己感觉还不够熟悉的新内容时恐怕都会有类似的表现,怕被"问倒".虽然为人师需要很多知识,如所教内容的本质是什么,知识之间如何关联,学生学习存在怎样的困难又如何克服,如何激发学生学习的积极性,如何启发学生的思维,如何管理学生等等.但是对学科内容知识的把握和对学生学习困难的了解对于教师上好课还是最为基本的.

现在中小学的统计课程一般都是含在数学课程中,由数学教师教授,但是,绝大多数数学教师的学科背景是数学而不是统计,所以教学中他们常会遇到学科知识中的问题.因为是新的课程内容,大家都缺少教学经验,所以,中小学教师也不太清楚学生的学习困难,发现学生的错误认知后,教师也不明了如何帮助学生矫正更为有效,这方面的中文资料非常难找.

程伶俐曾经于 2006 年在安徽调查了 109 名教师对概率知识的理解,其中 32 名农村初中教师,22 名市区初中教师,还有 55 名市区高中教师.她的研究发现,这三部分教师对古典概型最为熟悉,解"抛掷两枚普通的正方体骰子,求'两点数之和为7'的概率"这样的概率计算问题都没有困难,农村初中教师正确率最高,为100%,城市高中教师最低为87%,说明即使在师资力量相对较弱的农村,教师也能够胜任这类问题的求解.在解答"一个口袋中有3个黑球与4个白球,从中任意摸出4个球,求其中只有2个黑球的概率.请写出多种解题方案,方法越多越好"这道测试题时,这三部分教师给出的主流解法还是古典概型解法,有95%的城市高中教师、82%的城市初中教师和60%的农村初中教师用了排列组合公式计算概率,但农村初中教师用此方法的正确率只有41%.初中教师,尤其是农村初中教师比城市高中教师更擅长采用列举结果的方法.只有3名城市初中教师和1名农村初中教师提出可采用做试验用频率估计概率的方法,但没有一名高中教师运用这个方法.这说明在求概率值时,这些教师主要采用排列组合方法或作树状图法等从理论上分析问题,很少想到设计模拟试验用频率估计概率,这种倾向在他们解释概率值含义和纠正学生"概率无用论"错误想法时表现得也很明显.在解释"两点数之和为7"的概率是什么意思时,71%的高中教师从理论的角度加以解释,但只有15%的高中教师是从试验角度解释的,各有50%和46%的市区初中教师分别从理论和试验的角度解释这个概率值,而这个比例在农村初中教师中为41%和60%,农村初中教师更倾向于从试验的角度解释概率值.在询问教师打算如何帮助那些因为看到实际发生的频率不等于理论上的概率而对概率有用性产生疑问的学生时,农村初中教师有一半使用试验方法,市区初中教师使用试验方法的百分比有所降低,从理论上来说明概率意义的百分比有所上升,市区高中教师则倾向于举实例说明概率的实用价值,很少主张使用试验的方法(程伶俐,2006).

我们看到,在程伶俐的这个调查研究中,无论是高中教师还是初中教师,无论是城市教师还是农村教师,他们都更加熟悉、习惯于使用概率的古典定义.与初中教师相比,高中教师更能够成功地从理论分析的角度处理概率问题,他们很少谈及试验.初中教师尤其是农村初中教师,他们排列组合技能水平一般,但也很少提出用频率估计概率的方法.我认为这一结果固然与问题本身的结构有关,但与长期以来概率统计教育重理论学习、轻试验体验的课程设置也有很大关系.职前的概率统计教育强调理论概率而忽视概率试验,致使教师遇到概率问题也主要采用排列组合方法或作树状图等罗列所有结果方法来解决.2001年之后的小学和初中概率教学开始强调实验概率,强调学生对不确定现象的体验要先于理论概率的教学,于是接受确定性数学训练相对较少的初中教师经过自己的教学,对概率的频率定义反而比城市的高中教师更加熟悉,更加会用.参加调查的初中教师使用的新教材是先出概率的频率定义后出概率的理论定义的,教师在教学中组织学生做实验,帮助学生分析数据,久而久之,做实验试一试也成为他们自己考虑问题的一种方式了.访谈中一些初中教师也谈到"新课程培训时间很短""主要靠自己钻研,靠自己的理解去教学生",这让我们看到教师期盼获得持久务实的专业支持,同时教师通过教学,也正在努力丰富自己对教学内容、学生学习的理解水平的认识,探索有效的教学策略.

师资培训首先应重视学科内容知识的传播以增加教师的自信心.非常希望数学课程标准或者对数学课程标准的解读能够把具体的课程要求细致化和具体化.比如对待极端值,统计学家是不是也总是一"舍"了之? 不是.遇有极端值,统计学家首先建议要寻找原因,再决定是保留还是删去,看看有没有什么理由来解释极端值的存在.在正态分布情况下,对于一个样本容量为1 000的大样本,如果有不超过5个观察值离均值3个标准差或更多是正常的,但是如果100个样本就观察到有3个那就要引起注意了.另外,我们还需要找找其他产生极端值的原因,比如是否是机械记录数据时偶尔出现的错误,是否是数据传送或记录中出现了错误,样本中有没有混入来自其他总体的个体而导致偏差,会不会意味着我们所假设的理论有误需要进一步研究? 总之遇有极端值首先要仔细分析其产生的原因,如果原因不明要予以特别关注,不能草率地舍去,舍去的话也必须清楚地予以报告说明.

师资培训其次要注意的是形式.从具体到抽象是人类学习的普遍规律,教师的学习也是如此,应在丰富多样的统计活动中开展,而不是听听讲座.我国有很好的教研制度,近年来兴起的网络直播共享平台使教师专业发展又有了新的形式.本书第六章第二节假设检验中我们提到过如何检验一组数据(如"10，11，9，10，11，9")是否是伪造的抛掷正方体骰子 60 次每个数字掷得次数的结果，如果我们在教师培训时，能够让教师有类似这样试验与校验的机会，那么经过活动，他们将有机会接触到解决这一问题的不同方法，积累合理的变异大小的经验，从原来只能泛泛地说"抛掷骰子是一个随机试验，其结果具有不确定性和不可预见性"等，上升为会从变异系数角度判断哪些试验结果发生的概率极小，有"人为伪造数据"替代真实试验的嫌疑，还能够加深对方差概念的理解，了解假设检验的思想方法，体会概率统计对合理科学决策的指导意义等.

再次，师资培训要注意让教师亲历落实"培养统计观念"这一课程目标的过程.我们知道，把统计当代数来教或者当现成"药方"来传授都是不合适的，前者不能体现统计随机性的本质，后者低估了统计活动的复杂性.概率统计教学既要教公式，也要讲公式的含义和使用的注意事项，既要有教师讲授，也要组织学生合作学习，让学生参与从提出问题、收集数据、表示数据、分析数据到得出结论这样使用统计解决问题的全过程.我们希望教给学生的不仅是可以用文字或语言明确表达的知识，而是这些知识的传承可以通过书籍、影像等形式不打折扣地进行.我们还希望建立学生用数据说理的习惯，培养学生与他人合作、交流的意愿与技能，运用所学知识投身于解决实际问题的能力，具备对不恰当使用统计工具提出质疑的敏锐眼光与勇气等，这些开放、合作、积极的心态和使用统计知识的本领需要通过营造相应的学习环境来达到.师资培训需要给予教师在这方面更多的支持.

上面我们从概率统计教育的宣传、内容的扩充、评价方式的改进、师资的培训这四方面展望了未来我们可以做的一些工作，这些工作要由统计学家、统计教育工作者、数学教师、计算机软件开发者等各方人士共同努力.

他山之石可以攻玉，我国统计教育虽然起步较晚，但是西方已有的理论研究、教学实践经验也为我们设计自己的课程计划提供了有益的借鉴.凭借我国教育工作者的聪明才智，我们一定能做得很好，并为世界贡献来自中国的研究成果和实践经验.让我们一起期待概率统计教育美好的明天！

参考文献

［1］安婷婷. 关于几种概率分布的高中教材比较研究［D］. 上海：华东师范大学，2013.

［2］巴桑卓玛. 中小学生对统计的认知水平研究［D］. 长春：东北师范大学，2006.

［3］蔡金法. 中美学生数学学习的系列实证研究［M］. 北京：教育科技出版社，2007.

［4］陈长华. 高中生对变量相关性的理解的认知研究［D］. 上海：华东师范大学，2009.

［5］程伶俐. 中学数学教师对概率概念及其教学的认识［D］. 上海：华东师范大学，2006.

［6］陈希孺. 概率论与数理统计学的产生和发展，［R/OL］. （2008）［2016－11－19］. ＊http://course33.gzedu.com/a1018/kecheng/chenxiru/shulitongji_chen_1.htm.

［7］陈希孺. 对基础教育的建议与对中小学生的期望，［R/OL］. （2008）［2016－11－19］. ＊http://course33.gzedu.com/a1018/kecheng/chenxiru/shulitongji_chen_6.htm.

［8］陈翔，喻华.《超级画板》环境下的模拟概率试验［J］. 中国数学教育，2012（11）：46—48.

［9］大众数学的理论与实践课题组. 21世纪中国数学教育展望②［M］. 北京：北京师范大学出版社，1995.

［10］范良火，朱雁. 从大型国际数学比较研究的视角看：华人学生在数学方面的表现如何？［M］. 范良火等. 华人如何学习数学（中文版）. 南京：江苏教育出版社，2005：3—23.

［11］冯士雍. 对高等院校《统计学》教材建设的若干建议［J］. 统计研究，2004（6）：52—54.

［12］龚亚霞. 两所省重点中学高二学生对相互独立事件的理解［D］. 上海：华东师范大学，2006.

［13］关琪. 初中学生统计图理解能力的研究［D］. 上海：华东师范大学，2003.

标注"＊"的网站目前已经停止运营，相关文章也可通过以下网址查询：http://blog.sina.com.cn/s/blog_5c654d7f01016887.html

［14］ 贺铿. 关于统计学的性质与发展问题［J］. 中国统计,2001(9)：5—7.

［15］ 何莎莎. 9～12 年级学生对标准差概念理解的调查研究［D］. 上海：华东师范大学,2007.

［16］ 黄华胜. 学生对统计推断的理解［D］. 上海：华东师范大学,2014.

［17］ 姜启源等. 大学数学实验［M］. 北京：清华大学出版社,2005.

［18］ 中华人民共和国教育部. 全日制义务教育数学课程标准(实验稿)［M］. 北京：北京师范大学出版社,2001.

［19］ 中华人民共和国教育部. 普通高中数学课程标准(实验)［M］. 北京：人民教育出版社,2003.

［20］ 中华人民共和国教育部. 义务教育数学课程标准(2011 年版)［M］. 北京：北京师范大学出版社,2011.

［21］ 课程教材研究所. 20 世纪中国中小学课程标准·教学大纲汇编(数学卷)［M］. 北京：人民教育出版社,2001.

［22］ 李慧华. 高中生对平均数的认知调查［D］. 上海：华东师范大学,2008.

［23］ 李俊. 学习概率中认知的发展［J］. 数学教育学报,2002,11(4)：1—5.

［24］ 李俊. 中小学概率的教与学［M］. 上海：华东师范大学出版社,2003a.

［25］ 李俊. 关于"可能性大小无法比较"的一项调查研究［J］2003b. 数学教学,2003(6)：30—34.

［26］ 李俊. 教学途径：理论的还是实验的？［M］//范良火,黄毅英,蔡金法,李士锜. 华人如何学习数学. 南京：江苏教育出版社,2005.

［27］ 李俊. 论统计素养的培养［J］. 浙江教育学院学报,2009(1)：10—16.

［28］ 李俊,黄华. PISA 与上海中考对统计素养测评的比较研究［J］. 上海教育科研,2013(12)：39—42.

［29］ 李俊,张洁铭. 美国 AP 统计学课程考试之特色分析［J］. 数学教学,2006(7)：34—37.

［30］ 李新芳. 中外四套教材对学生"相关"错误认知的应对策略［D］. 上海：华东师范大学,2012.

［31］ 梁绍君. "算术平均数"概念的四个理解水平及测试结果［J］. 数学教育学报,2006,15(3)：35—37.

［32］ 刘冰. 非随机抽样与随机抽样的比较优势［J］. 辽宁行政学院学报,2006,8(1)：122—123.

［33］ 柳延延. 概率与决定论［M］. 上海：上海社会科学院出版社,1996.

［34］ 陆璟,朱小虎. 如何看待上海 2009 年 PISA 测试结果［J］. 上海教育科研,2011(1)：17—19.

［35］ 茆诗松,程依明,濮晓龙. 概率论与数理统计教程［M］. 北京：高等教育出版社,2004.

［36］ 茆诗松,随倩倩,李俊. 漫谈中心极限定理［J］. 数学通报,2010(12)：16—20.

［37］ 茆诗松,乐培正,李俊. 漫谈方差［J］. 数学教学,2010(7)：封 2,1—3.

[38] 苗航. 新课程下高中生对抽样知识的认识[D]. 上海：华东师范大学,2011.

[39] 彭立民. 长知识、增智力——趣味概率小集锦[M]. 长沙：湖南科学技术出版社,1983.

[40] 人民教育出版社,课程教材研究所小学数学课程教材研究开发中心. 义务教育课程标准实验教科书数学(第八册)[M]. 北京：人民教育出版社,2003.

[41] 人民教育出版社. 普通高中课程标准实验教科书数学必修 3 A 版[M]. 北京：人民教育出版社,2007.

[42] 人民教育出版社. 普通高中课程标准实验教科书数学选修 2 - 3 A 版[M]. 北京：人民教育出版社,2009.

[43] 数学课程标准研制组. 数学课程标准解读[M]. 北京：北京师范大学出版社,2002.

[44] 宋玉连. 中学生对统计表的理解能力的研究[D]. 上海：华东师范大学,2005.

[45] 苏连塔. 初中生统计图理解能力的调查研究[D]. 上海：华东师范大学,2004.

[46] 随倩倩. 评估学生条件概率学习的困难[D]. 上海：华东师范大学,2012.

[47] 权贤佐. 探索：统计创新与现代化[M]. 北京：中国统计出版社,2002.

[48] 王建磐主编. 义务教育教科书数学[M]. 上海：华东师范大学出版社,2014.

[49] 王静龙,梁小筠. 定性数据分析[M]. 上海：华东师范大学出版社,2005.

[50] 王锁国. "求平均数"教学"四要"[J]. 中小学教材教学,2005(1)：95—96.

[51] 王秀军. 中学生对抽样知识的理解[D]. 上海：华东师范大学,2003.
吴惠红. 中学生对概率值的理解[D]. 上海：华东师范大学,2004.

[52] 吴喜之. 统计学到底是什么？一个本不应成为问题的问题[J]. 中国统计,1997(12)：29—30.

[53] 徐明. 相互独立事件的学习误区[J]. 中学数学杂志,2003(7)：62—64.

[54] 颜其鹏. 高中数学社会需要调查报告[J/OL]. 中小学教材教学,2002(9)(中学理科第 3 期). [2016 - 11 - 19]. http://old. pep. com. cn/czsx/jszx/jxyj_1/zjlt_1/201008/t20100824_713665.htm

[55] 阴志红. 中学生对数学期望的认知[D]. 上海：华东师范大学,2006.

[56] 臧丽娜. 经典题目欣赏与解析——以"三门"问题为例[J]. 数学教学,2009(12)：28 29.

[57] 张奠宙. 大千世界的随机现象[M]. 南宁：广西教育出版社,1999.

[58] 张福生,邹一心,赵小平. 贴近生活,重视应用,强调参与[J]. 数学教学,1998(6)：3—7.

[59] 张洁铭. 学生对概率统计中变异性的认识[D]. 上海：华东师范大学,2006.

[60] 张敏,何小亚. 贝特朗悖论之争的终结[J]. 数学教育学报,2015,24(3)：51—54.

[61] 朱莉琪,方富熹,皇甫刚. 儿童"期望值"判断的研究[J]. 心理学报,2002(5)：517—521.

[62] 朱珉仁. 用 Venn 图表示相互独立事件及其概率[J]. 工科数学,1998,14(3)：158—160.

[63] 朱迅宇. 新课程背景下学生对概率统计的理解[D]. 上海：华东师范大学,2009.

［64］竺欢乐.用柯西不等式解释样本线性相关系数［J］.数学通讯,2004(7):12.

［65］C. R. 劳.统计与真理——怎样运用偶然性［M］.北京:科学出版社,2004.

［66］D. S. 穆尔.统计学的世界［M］.郑惟厚译.北京:中信出版社,2003.

［67］L. A. 斯蒂恩.站在巨人的肩膀上［M］.胡亚玄等译.上海:上海教育出版社,2002.

［68］J. L. 福尔克斯.统计思想［M］.魏宗舒,吕乃刚译.上海:上海翻译出版公司,1987.

［69］NCTM(全美数学教师理事会).美国学校数学教育的原则和标准［M］(2000).蔡金法等译.北京:人民教育出版社,2004.

［70］NCTM(全美数学教师理事会).美国学校数学课程与评价标准［M］(1989).人民教育出版社数学室译.北京:人民教育出版社,1994.

［71］Abrahamson, D. Seeing chance: Perceptual reasoning as an epistemic resource for grounding compound event spaces ［J］. *ZDM — The International Journal on Mathematics Education*, 2012, 44(7): 869 - 881.

［72］Bakker, A. , Biehler, R. & Konold, C. Should Young Students Learn About Box Plots? ［C］// In G. Burrill & M. Camden (Eds.), *Proceedings of the International Association for Statistical Education (IASE) Roundtable on Curricular Development in Statistics Education*. Auckland: IASE, 2004: 163 - 173.

［73］Batanero, C. & Borovcnik, M. *Statistics and probability in high school* ［M］. Rotterdam: Sense publishers, 2016.

［74］Batanero, C. , Estepa, A. , Godino, J. D. & Green, D. R. Intuitive strategies and preconceptions about association in contingency tables ［J］. *Journal for Research in Mathematics Education*, 1996, 27(2): 151 - 169.

［75］Batanero, C. , Tauber, L. M. & Sánchez, V. Students' reasoning about the normal distribution ［M］// In D. Ben-Zvi & J. Garfield. (Eds.) *The challenge of developing statistical literacy, reasoning and thinking*. Dordrecht, The Netherlands: Kluwer Academic Publishers, 2004: 257 - 276.

［76］Ben-Zvi, D. & Arcavi, A. (2001). Junior high school students' construction of global views of data and data representations ［J］. *Educational Studies in Mathematics*, 2001, 45(1): 35 - 65.

［77］Borko, H. & Livingston, C. Cognition and improvisation: Differences in mathematics instruction by expert and novice teachers ［J］. *American Educational Research Journal*, 1989, 26(4): 473 - 498.

［78］Burrill, G. & Biehler, R. Fundamental statistical ideas in the school curriculum and in training teachers ［M］//. In C. Batanero, G. Burrill, & C. Reading (Eds.), *Teaching statistics in school mathematics — Challenges for teaching and teacher education: A joint ICMI/IASE study*. New York: Springer, 2011: 57 - 69.

［79］Cadwallader Olsker, T. When 95% accurate isn't: Exploring Bayes' Theorem through three perspectives ［J］. *Mathematics Teacher*, 2011, 104(6): 426 - 431.

［80］Cebulla, K. J. *High school students' conceptions of correlation after instruction*

[D]. University of Iowa, 2002.

[81] delMas, R. & Liu, Y. *Students' understanding of factors that affect the standard deviation* [R]. Tenth International Congress on Mathematical Education. Lyngby, Denmark, 2004.

[82] Diaz, C. & Batanero, C. University students' knowledge and biases in conditional probability reasoning [J]. *International Electronic Journal of Mathematics Education*, 2009, 4(3): 132 – 162.

[83] English, L. D. Children's strategies for solving two- and three-dimensional combinatorial problems [J]. *Journal for Research in Mathematics Education*, 1993, 24(3): 255 – 273.

[84] Falk, R. Children's choice behaviour in probabilistic situations [C]// In D. R. Grey, P. Holmes, V. Barnett & G. M. Constable (Eds.), *Proceedings of the First International Conference On Teaching Statistics*, *Volume 2*. Sheffield, U. K.: Teaching Statistics Trust, 1983: 714 – 726.

[85] Fischbein, E. *The intuitive sources of probabilistic thinking in children* [M]. Boston: D. Riedel, 1975.

[86] Fischbein, E. & Gazit, A. Does the teaching of probability improve probabilistic intuitions? [J]. *Educational Studies in Mathematics*, 1984, 15: 1 – 24.

[87] Fischbein, E., Nello, M. S. & Marino, M. S. Factors affecting probabilistic judgments in children and adolescents [J]. *Educational Studies in Mathematics*, 1991, 22: 523 – 549.

[88] Fischbein, E. & Schnarch, D. The evolution with age of probabilistic, intuitively based misconceptions [J]. *Journal for Research in Mathematics Education*, 1997, 28(1): 96 – 105.

[89] Franklin, C., Kader, G., Mewborn, D. S., Moreno, J., Peck, R., Perry, M. & Scheaffer, R. *A curriculum framework for K-12 statistics education. GAISE report* [R/OL]// American Statistical Association, 2005, [2016 – 07 – 18]. http://www.amstat.org/education/gaise/GAISEPreK-12.htm.

[90] Friel, S. N., Curcio, F. R. & Bright, G. W. Making sense of graphs: Critical factors influencing comprehension and instruction implications [J]. *Journal for Research in Mathematics Education*, 2001, 32(2): 124 – 158.

[91] Gal, I. Statistical literacy-Meanings, components, responsibilities [M]// In D. Ben-Zvi & J. Garfield. (Eds.) *The challenge of developing statistical literacy, reasoning and thinking*. Dordrecht, The Netherlands: Kluwer Academic Publishers, 2004: 47 – 78.

[92] Garfield, J. The Challenge of Developing Statistical Reasoning [J/OL]. *Journal of Statistics Education*, 2002, 10(3). [2016 – 11 – 19]. https://ww2.amstat.org/publications/jse/v10n3/garfield.html.

[93] Garfield, J. B. & Ben-Zvi, D. *Developing students' statistical reasoning: Connecting research and teaching practice* [M]. Springer, 2008.

[94] Gigerenzer, G. & Hoffrage, U. How to improve Bayesian reasoning without instruction: Frequency formats [J]. *Psychological Review*, 1995, 102: 684 – 704.

[95] Gould, R. DataFest: Celebrating data in the data deluge [C/OL]// In K. Makar, B. de Sousa & R. Gould (Eds.), *Sustainability in statistics education. Proceedings of the Ninth International Conference on Teaching Statistics*, 2014. [2017 – 02 – 17]. http://iase-web.org/icots/9/proceedings/pdfs/ICOTS9_4F2_GOULD.pdf

[96] Green, D. R. *Probability concepts in 11 – 16 year old pupils* [M]. 2nd edition. Centre for Advancement of Mathematical Education in Technology, University of Technology, Loughborough, 1982.

[97] Ho, F. , Khor, D. , Lam, Y. P. , Ong, B. S. *H2 mathematics: A comprehensive guide (volume 2)* [M]. Panpac Education, Singapore, 2007.

[98] Holmes, P (2002). Some lessons to be learned from curriculum developments in statistics [C/CD].// In B. Phillips (Ed.), *Proceedings of the Sixth International Conference on Teaching Statistics*, Cape Town, South Africa. International Statistics Institute, 2002.

[99] Huff, D. *How to lie with statistics* [M]. New York: Norton, 1954.

[100] Jacobs, V. R. How do students think about statistical sampling before instruction? [J]. *Mathematics in the Middle School*, 1999, 5(4): 240 –246, 263.

[101] Kapadia, R. & Borovcnik, M. Chance encounters: *Probability in education* [M]. Dordrecht: Kluwer, 1991.

[102] Kelly, I. W. & Zwiers, F. W. Mutually exclusive and independence: Unravelling basic misconceptions in probability theory [C/OL]// In *The proceedings of the second international conference on teaching statistics*, 1988. [2016 – 07 – 18]. http://iase-web.org/documents/papers/icots2/Kelly.Zwiers.pdf

[103] Li, J. *Chinese students' understanding of probability* [D]. National Institute of Education, Nanyang Technological University, Singapore, 2000. http://iase-web.org/documents/dissertations/00.Li.Dissertation.pdf

[104] Lipson, K. , Francis, G. & Kokonis, S. Developing a computer interaction to enhance student understanding in statistical inference [C/OL]// *Proceedings of the 7th International Conference on Teaching Statistics*, 2006, [2017 – 02 – 28]. http://iase-web.org/documents/papers/icots7/6E2_LIPS.pdf

[105] Liu, Y. *Teachers' understandings of probability and statistical inference and their implications for professional development* [D]. Vanderbilt University,

2005. http://iase-web.org/documents/dissertations/05.liu.Dissertation.pdf

[106] Makar, K. M. & Confrey, J. Secondary teachers' reasoning about comparing two groups [M]// In D. Ben-Zvi & J. Garfield (Eds.), *The challenges of developing statistical literacy, reasoning, and thinking.* Dordrecht: Kluwer, 2004: 353 - 373.

[107] Makar, K. M. & Rubin, A. A framework for thinking about informal statistical inference [J]. *Statistics Education Research Journal, 2009, 8*(1): 82 - 105.

[108] Martignon, L. Future teachers' training in statistics: The situation in Germany [M]// In C. Batanero, G. Burrill, & C. Reading (Eds.), *Teaching statistics in school mathematics: Challenges for teaching and teacher education: A joint ICMI/IASE study.* Netherlands: Springer, 2011: 33 - 36.

[109] McConnell, J. W., Brown, S. A., Karafiol, P. J., Brouwer, S., Ives, M., Lassak, M., McCullagh, R., Jakucyn, N. & Usiskin, Z. *Functions, statistics, and trigonometry (Third edition)* [M]. Chicago, IL: University of Chicago School Mathematics Project, 2010.

[110] Mullis, I. V. S., Martin M. O., Gonzalez, E. J., et al. *Mathematics benchmarking report: TIMSS 1999 - Eighth Grade* [R]. Chestnut Hill, MA: Boston College, Lynch School of Education, IEA TIMSS International Study Center, 2001.

[111] New Zealand MOE. *The New Zealand Curriculum: Mathematics Standards for years 1 - 8*[M/OL]. Wellington: Learning Media, 2009[2017 - 02 - 28]. http://nzcurriculum.tki.org.nz/National-Standards/Mathematics-standards/The-standards.

[112] Noelting, G. The development of proportional reasoning and the ratio concept. Part I — Differentiation of stages [J]. *Educational Studies in Mathematics, 1980a, 11*: 217 - 253.

[113] Noelting, G. The development of proportional reasoning and the ratio concept. Part II — Problem-structure at successive stages: Problem-solving strategies and the mechanism of adaptive restructuring [J]. *Educational Studies in Mathematics, 1980b, 11*: 331 - 363.

[114] OECD. *PISA 2009 Results: What students know and can do — Student performance in reading, mathematics and science (Volume I)* [M]. Paris: OECD Publishing, 2010.

[115] OECD. *PISA 2012 Assessment and Analytical Framework: Mathematics, Reading, Science, Problem Solving and Financial Literacy* [M]. Paris: OECD Publishing, 2013.

[116] OECD. *PISA 2012 Results: What Students Know and Can Do — Student Performance in Mathematics, Reading and Science (Volume I, Revised edition)* [M]. Paris: OECD Publishing, 2014.

[117] Opolot-Okurut, C. & Eluk, P. Statistics school curricula for Uganda [M]// In C. Batanero, G. Burrill & C. Reading (Eds.), *Teaching statistics in school mathematics: Challenges for teaching and teacher education: A joint ICMI/IASE study.* Netherlands: Springer, 2011: 15 – 19.

[118] Parsian, A. & Rejali, A. A report on preparing mathematics teachers to teach statistics in high school [C/OL]// In C. Batanero, G. Burrill, C. Reading, & A. Rossman (Eds.), *Joint ICMI/IASE Study: Teaching Statistics in School Mathematics. Challenges for teaching and teacher education. Proceedings of the ICMI study 18 and 2008 IASE round table conference*, 2008. [2016 – 05 – 04]. http://iase-web.org/documents/papers/rt2008/T5P4_Rejali.pdf

[119] Reston, E. & Bersales, L. G. Reform efforts in training statistics teachers in the Philippines: Challenges and prospects [C/OL]// In C. Batanero, G. Burrill, C. Reading & A. Rossman (Eds.), *Joint ICMI/IASE Study: Teaching Statistics in School Mathematics. Challenges for teaching and teacher education. Proceedings of the ICMI study 18 and 2008 IASE round table conference*, 2008. [2016 – 05 – 04]. http://iase-web. org/documents/papers/rt2008/T5P2_Reston.pdf

[120] Peterson, I. (1991). Pick a sample [J/OL]. *Science News*, 1991, 140: 56 – 58. [2016 – 12 – 17]. http://www.resample.com/pick-a-sample.

[121] Pfannkuch, M. (2006). Informal inferential reasoning [C/OL]. In A. Rossman & B. Chance (Eds.), *Working cooperatively in statistics education: Proceedings of the Seventh International Conference on Teaching Statistics, Salvador, Brazil.* 2006. [2017 – 02 – 28]. http://iase-web. org/documents/papers/icots7/6A2_PFAN.pdf

[122] Piaget, J. & Inhelder, B. *The origin of the idea of chance in children* [M]. L. Leake, Jr. , P. Burrell & H. D. Fishbein, Trans. New York: Norton. 1975. (Original work published 1951).

[123] Pollatsek, A. , Lima, S. & Well, A. Concept or computation: Students' misconceptions of the mean [J], *Educational Studies in Mathematics*, 1981, 12: 191 – 204.

[124] Reading, C. & Canada, D. Teachers' knowledge of distribution [M]// In C. Batanero, G. Burrill & C. Reading (Eds.), *Teaching statistics in school mathematics-Challenges for teaching and teacher education: A joint ICMI/IASE study.* Netherlands: Springer, 2011: 223 – 234.

[125] Russell, S. J. & Friel, S. N. Collecting and analyzing real data in the elementary school classroom [M]// In P. R. Trafton & A. P. Shulte (Eds.), *New directions for elementary school mathematics.* Reston, VA: National Council of Teachers of Mathematics, 1989: 134 – 148.

[126] Schield, M. Three kinds of statistical literacy: what should we teach? [C/OL]. // In B. Phillips (Ed.), *Proceedings of the Sixth International Conference on Teaching Statistics*, Cape Town, South Africa. International Statistics Institute, 2002. [2016 – 08 – 23]. http://iase-web.org/documents/papers/icots6/1a2_schi.pdf

[127] Schlottmann, A. Children's probability intuitions: Understanding the expected value of complex gambles [J]. *Child Development*, 2001, 72(1): 103 – 122.

[128] Shaughnessy, J. M. Research in probability and statistics: Reflections and directions [M]// In D. A. Grouws (Ed.), *Handbook of research on mathematics teaching and learning*. New York: Macmillan. 1992: 465 – 494.

[129] Singer, J. & Resnick, L. Representations of proportional relationships: Are children part-part or part-whole reasoners? [J]. *Educational Studies in Mathematics*, 1992, 23: 231 – 246.

[130] Strauss, S. & Bichler, E. The development of children's concepts of the arithmetic average [J]. *Journal for Research in Mathematics Education*, 1988, 19: 64 – 80.

[131] Sullivan, P. & Lilburn, P. *Open-ended maths activities: Using 'good' questions to enhance learning* [M]. Melbourne: Oxford University Press, 2004.

[132] The School Mathematics Project. *SMP AS/A2 Mathematics: Statistics 1 for AQA*. Cambridge University Press, 2004.

[133] Tversky, A. & Kahneman, D. Judgment under uncertainty: Heuristics and biases [M]// In D. Kahneman, P. Slovic & A. Tversky (Eds.), *Judgment under uncertainty: Heuristics and biases*. Cambridge: Cambridge University Press, 1974: 3 – 20.

[134] Tversky, A. & Kahneman, D. Belief in the law of small numbers [J]. *Psychological Bulletin*, 1971, 76(2): 105 – 110.

[135] Watson, J. M. Developing reasoning about samples [M]// In D. Ben-Zvi & J. Garfield (Eds.), *The challenge of developing statistical literacy, reasoning and thinking*. Dordrecht, The Netherlands: Kluwer Academic Publishers, 2004: 277 – 294.

[136] Watson, J. M. *Statistical literacy at school: Growth and goals* [M]. Mahwah, NJ: Lawrence Erlbaum Associates, 2006.

[137] Watson, J. & Chance, B. Building intuitions about statistical inference based on resampling [J]. *Australian Senior Mathematics Journal*, 2012, 26(1): 6 – 18.

[138] Watson J. M. & Moritz J. B. Developing concepts of sampling [J]. *Journal for research in mathematics education*, 2000, 31(1): 44 – 70.

[139] Wild, C. & Pfannkuch, M. Statistical thinking in empirical enquiry [J]. *International Statistical Review*, 1999, 67: 223 – 265.

网址索引

为方便查询和使用,本书中涉及的以下教学资源网站的网址快速链接文档,可扫一扫下方的二维码进行下载,也可至华东师范大学出版社基础教育分社网站(www.hdsdjc.com)中查找或下载.

(注:网址后的数字为其所出现在书中的页码,方括号中的数字为参考文献的序号)

(1) https://ww2. amstat. org/publications/jse/v10n3/garfield. html 269[92]
期刊论文——发展统计推理的挑战

(2) http://ariehbennaim. com/simulations/simulation7. htm 202
模拟掷多枚骰子,考察掷得点数之和的情况

(3) http://data. stats. gov. cn/swf. htm? m=turnto&id=429 51
中国人口变化数据茎叶图

(4) http://datacenter. mep. gov. cn 107
我国生态环境部数据中心网站

(5) http://fathom. concord. org 27
Fathom 动态数据软件

(6) http://iase-web. org 237
国际统计教育学会网站

(7) http://iase-web. org/documents/dissertations/00. Li. Dissertation. pdf 270[103]
博士学位论文——中国学生对概率的理解

(8) http://iase-web. org/documents/dissertations/05. liu. Dissertation. pdf 270[105]
博士学位论文——教师对概率和统计推断的理解及其对专业发展的启示

(9) http://iase-web. org/documents/papers/icots2/Kelly. Zwiers. pdf 270[102]
会议论文——互斥与独立:剖析概率论的基本误区

(25) http://www.resample.com/pick-a-sample　272[120]
　　　关于重复抽样的一篇论文

(26) http://www.rossmanchance.com/applets/GuessCorrelation.html　42
　　　猜相关系数与回归直线的小程序

(27) http://www.rossmanchance.com/applets/NormCalc.html　13
　　　正态分布概率计算器

(28) http://www.rossmanchance.com/applets/OneSample53.html? population=model　11
　　　通过模拟试验对面粉厂是否短斤缺两进行统计推断

(29) http://www.rossmanchance.com/applets/RegShuffle.htm　42,138
　　　分析两变量之间关系的小程序

(30) http://www.stats.gov.cn/tjsj/pcsj/rkpc/6rp/indexch.htm　56
　　　我国 2010 年人口普查数据

(31) http://www.worldofstatistics.org/primary-secondary-school-teacher-resources　237
　　　给中小学教师提供的教学素材

(32) http://www.worldometers.info/cn　51
　　　世界"实时"数据

(33) http://www.rossmanchance.com/applets/RandomGen/GenRandom01.htm　45
　　　产生随机数的小程序